옛적 길로
돌아가다

원초적 믿음과 처음 사랑을 회복하는 길
옛적 길로 돌아가다

펴낸날 1판 1쇄 2025년 11월 15일

지은이 케빈 제다이
옮긴이 임은묵
펴낸이 이환호
디자인 박지영

펴낸곳 도서출판 예찬사
등록 1979.1.16 제 2018-000103호
주소 경기도 고양시 덕양구 중앙로 557번길 8-9
　　　엠앤지프라자 407-2호
전화 02-798-0147
팩시밀리 02-798-0145, 031-979-0145
블로그 blog.naver.com/yechansa
이메일 octo0691@naver.com

ISBN 978-89-7439-533-9 03230

*좋은 책은 좋은 사람을 만듭니다.
예찬사는 기독교 출판 실천윤리강령을 준수합니다.

원초적 믿음과 처음 사랑을 회복하는 길

옛적 길로 돌아가다

케빈 제다이 지음 | 임은묵 옮김

예찬사

일러두기
1. 본문 성구는 개역개정이 기본으로 사용되었습니다. 그 외 번역본은 따로 표기했습니다.
2. 본문에 사용된 성경역 중에 '새생활성경'은 New Living Translation이며, '더패션성경'은 The Passion Translation이며, '확대역'은 Amplified Bible이며, '새킹제임스역'은 New King James Version, '새미국표준성경'은 New American Standard Version입니다.

이 책을 주 예수 그리스도께 바칩니다. 내가 수술을 받던 중 죽음을 맞이하여 저편에서 예수님을 만났을 때, 그분은 내가 이 땅의 삶으로 돌아와 사람들의 운명을 돕도록 강력히 권하셨습니다. 예수님의 사랑과 사람들을 향한 관심 때문에, 주님은 실제로 죽음에서 한 사람을 되돌려 보내시어 그 도움을 받아들일 모든 사람이 그분 안에서 자신의 운명과 목적을 확고히 하도록 돕게 하셨습니다.

주님, 언젠가 저를 주님께로 데려가실 때, 사람들이 저를 기억하는 것이 아니라 주님께서 저를 통해 드러내신 예수 그리스도의 계시를 기억하기를 진심으로 바랍니다. 저는 그저 하나님의 각 자녀를 위한 신성한 운명의 완성을 향한 당신의 계획을 드러내는, 주님의 부르심과 사명에 순종하고 있을 뿐이라는 것을 다른 이들이 알기를 원합니다.

차례

옮긴이의 글 　8

들어가는 글 　11

Chapter 01　예언자들의 외침 　16

Chapter 02　예수님과 한 멍에를 메라 　35

Chapter 03　하나님의 계획의 단순성 　56

Chapter 04　초자연적인 나타내심 　70

Chapter 05　하나님의 선택된 길에는 선택된 금식이 있다 　85

Chapter 06　당신은 이미 기름 부음을 받았다 　108

Chapter 07　하나님의 은혜가 족하다 　125

Chapter 08	변하지 않는 하나님의 말씀	136
Chapter 09	회개라는 선물	154
Chapter 10	겸손을 통한 승진	172
Chapter 11	성령의 인도하심을 받다	193
Chapter 12	초지일관하라	208
Chapter 13	성장에서 성숙으로	222
Chapter 14	거룩한 제단들을 되찾다	238
Chapter 15	당신에게는 신성한 유산이 있다	259

| 부록_ 케네스 E. 해긴이 전달한 예언 | 273 |

옮긴이의 글

하나님의 크신 은혜로 케빈 제다이의 책을 세 권째 번역하게 되었습니다. 이전에 번역하여 도서출판 예찬사가 펴낸 『능력 언어를 사용하라』와 『내가 응답하리라』는 한국 교계에 큰 파장을 일으켰고, 수많은 독자가 능력 언어의 강력함과 천국에서 응답되는 기도를 경험하도록 보조했습니다. 이제 세 번째 번역서인 『옛적 길로 돌아가다』를 한국 독자 앞에 내놓습니다. 이 책은 저자의 신간 도서이며, 현재 영미권 독자들에게 뜨거운 반응을 얻고 있습니다. 이 책은 우리 심령을 다시금 하나님께로 향하게 하고, 성령의 강력한 임재를 경험하도록 이끄는 영적 가이드입니다.

이 책의 핵심은 옛적 길에 있는 제단과 신성한 유산입니다. 저자는 족장들이 쌓았던 제단이 하나님을 만나고 그분과의 언약을 기억하며 임재를 경험하는 접근 지점임을 역설합니다. 이는 우리의 삶 자체가 하나님께 드려지는 거룩한 제단이 되어야 한다는 강력한 호소입니다. 특정 목회자나 영적 은사를 가진 자만이 하나님을 만나는 것이 아니라, 모든 성도가 왕 같은 제사장으로서 하나님의 보좌 앞에 담대히 나아가 그분의 임재를 누릴 수 있음을 일깨워줍니다. 골로새서 1장 27절처럼 그리스도가 우리 안에 계심으로 우리는 이미 모든 것을 소유한 자들이며, 내 안에 계신 성령을 통해 우리의 신성한 유산에 접근할 수 있습니다. 이는 우리가 다른 사람의 기름부음을 갈망하기보다, 주님 안에서 자신감을 가지고 내 안에 주신 주님의 것을 발휘하도록 촉구합니다.

저자는 영웅의 시대는 끝났다고 선언하며 많은 사람의 역할이 중요하다고 말합니다. 이는 교회가 한두 명의 리더에게 의존하기보다, 모든 성도가 각자의 은사와 부르심에 따라 교회의 지체로서 기능을 다 해야 한다는 메시지입니다.

오늘날 영적인 혼란 속에서 참된 예언을 분별하는 기준 또한 중요하게 제시됩니다. 저자는 개인의 주민등록번호를 언급하는 식의 점치는 행위는 결코 성령의 역사가 아님을 경고합니다. 참된 예언은 하나님께서 이미 우리 마음에 말씀하신 것을 확증하는 것이지, 새로운 것을 점치는 것이 아니라는 점은 우리가 영적 분별력을 잃지 않도록 돕는 귀한 식견입니다. 모든 성도가 말씀과 성령 안에서 하나님의 음성을 듣고 분별하는 능력을 길러야 함을 다시금 상기시켜 줍니다.

이 책은 가속이 일어나야 한다는 긴급한 외침을 담고 있습니다. 영적 잠에 빠져 있는 사람들은 깨어나야 합니다. 특히 미래 세대인 젊은이들이 세상의 모든 분야에서 하나님의 능력과 지혜를 가지고 영향력을 행사하며 모든 것을 소유하게 될 것이라는 비전은 우리에게 새로운 희망과 도전을 안겨줍니다. 이는 우리가 영적 영역에만 머무르지 않고 실제 삶의 현장을 변화시키려는 하나님의 강력한 의지를 보여줍니다.

   나는 독자가 이 책을 읽으면서 자기 안에 잠자고 있던 하나님의 불이 다시 타오르고, 영적 눈이 열리며, 신성한 유산을 깨닫고 담대히 세상 속으로 나아가게 될 것을 믿습니다. 독자의 삶이 하나님의 거룩한 제단이 되어, 주님의 영광이 얼굴에서 빛나고, 수많은 영혼이 주님께로 돌아오는 놀라운 역사를 경험하기를 간절히 바랍니다.

옛적 길로 행하며
임은묵

들어가는 글

아버지께서 『옛적 길로 돌아가다』를 쓰도록 내 마음에 감동을 주셨을 때, 그분은 교회가 얼마나 심각하게 그 신성한 궤도를 벗어났는지, 그리고 우리가 처음에 우리를 위해 의도되었던 기초로 돌아가는 것이 얼마나 중요하고 핵심적인지를 나에게 강조하셨습니다.

그분은 아버지의 위대한 사랑 안에서 우리 각 사람이 그분과 함께 거룩함의 대로로 행하도록 예정하셨습니다. 그곳에서 우리는 우리의 정체성과 방향, 그리고 진정한 삶을 발견하게 됩니다. 예수님은 친히 우리의 모범으로 사셨고, 2000년 전 십자가에서 완성하신 사역을 통해 우리를 위한 길을 만드셨습니다. 그러나 그분은 거기서 멈추지 않으셨습니다. 그분은 우리를 돕기 위해 성령을 주셨습니다. 이 성령은 우리의 궤도를 조정하고 제자리로 돌아오라고 말씀하시는 분입니다.

2003년, 케네스 E. 해긴은 천국으로 옮겨가기 전에 마지막으로 대중에게 예언의 말씀을 전했습니다. 나는 그가 전한 말씀에 크게 감동받았습니다. 왜냐하면 그것이 그리스도의 몸을 성숙시키는 데 도움을 주라는 예수님에게서 받은 사명과 유사한 요소들을 담고 있었기 때문입니다. 이 예언의 말씀은 오늘날 우리에게 여전히 유효하며, 어쩌면 지금이 더 시의적절할지도 모릅니다. 그 말씀의 일부를 이곳에서 당신과 나누고자 합니다.

세상 사람들은 그들이 걸어왔던 그 길을 계속 걸을 것입니다. 그리고 어둠이 그들을 덮칠 것입니다. 그러나 여러분은 빛 가운데 걸으십시오. 여러분이 그분의 말씀을 받아들이면, 그분께서 빛을 주십니다. 말씀대로 행하십시오. 말씀 안에서 행하십시오. 성령 안에서 행하십시오. 그러면 능력이 여러분 위에 임할 것입니다. 그리고 하나님의 영광이 여러분의 얼굴에서 보일 것입니다. 많은 사람이 주께로 돌아올 것입니다. 위대한 날들, 위대한 시대, 위대한 복들이 앞에 놓여 있습니다. 그러니 기뻐하고 즐거워하십시오.

많은 사람이 일어난 일들, 즉 많은 사람의 마음을 사로잡은 두려움에 대해 염려합니다. 많은 사람이 전쟁에 대해 염려합니다. 많은 사람이 미래에 대해 염려합니다. 어둠이 짙어지고 있는 것처럼 보입니다. 어두운 구름이 시간의 지평선에 드리워져 있습니다. 그러나 만군의 주께서는 "육신의 눈으로 보는 것을 따라 행하지 말라. 나의 말씀을 따라 행하라. 성령이 너희에게 말씀하시는 바에 따라 행하라. 그는 모든 심령에 말씀하고 계시기 때문이다. 그런데 그들은 자연적인 영역에서 행하며 자기 마음에 주의를 기울이지 않는다. 그들은 정신의 영역에서 행하며, 자기 생각만 하고 자기 방식대로 계획한다"라고 말씀하십니다.

우리는 말씀의 교회이며 말씀의 백성이라는 것을 자랑합니다. 그리고 그것은 옳고 선합니다. 주님께서는 당신이 실로 말씀의 백성이라고 하십니다.

그러나 여러분은 또한 성령의 백성(영적 존재)임을 잊지 마십시오. 그렇습니다. 말씀은 나아갑니다. 그러나 성령께서 여러분 가운데서 활동하시려 하셨으나 여러분은 그분을 무시했고, 잠자코 있었습니다. 어떤 이들은 일시적으로 성령께 순종했습니다. 성령께서 자신을 나타내려 하시며, 지식의 말씀, 지혜의 말씀, 영 분별을 통해 여러분에게 계시로 자신을 나타내실 것입니다.

그러나 온전히 응답할 이들이 있을 것이며, 그들은 이렇게 말할 것입니다, "예, 주님. 예, 주님. 제가 과거에 잘못했습니다. 심지어 불순종하기도 했습니다. 저를 용서해 주십시오." 그리고 그분께서 용서하신다는 것을 기억하십시오. 자비가 있다는 것을 기억하십시오. 성경은 "그러므로 우리는 긍휼하심을 받고 때를 따라 돕는 은혜를 얻기 위하여 은혜의 보좌 앞에 담대히 나아갈 것이니라"(히 4:16) 하고 말씀한다는 것을 기억하십시오.

많은 사람이 성도의 교제를 떠났습니다. 그러나 교제 안으로 들어오십시오. 서로 교제하십시오. 그리고 하나님을 찬양하고 예배하는 일에 한마음이 되십시오. 그러면 이전에는 결코 보지 못했던 방식으로 영광이 임할 것입니다.

그러므로 기뻐하고 즐거워하십시오. 원수는 패배한 적입니다. 예수님께서 승리하셨습니다. 승리는 모든 사람에게 속합니다. 아무도 빈손으로 돌아가지 않을 것이며, 모두가 그리스도 예수 안에서 자신들의 권리와 특권을 명령하고 요구하며 완전한 승리 안에서 행해야 합니다. 아버지께는 아무것도 요구하지 마십시오. 그분은 공급하시는 분이십니다. 그러나 하나님의 계획을 좌절시키려 하고, 그것이 이루어지지 못하게 하려 하는 마귀에게는 요구하십시오. 그러나 모든 것이 결국 이루어질 것입니다. 모든 것이 마침내 이루어질 것입니다.

성령께서는 오늘 밤 이곳에 있는 많은 사역자에게 말씀하셨습니다. 그분은 지난번에 여러분에게 말씀하셨습니다. 그분은 여러분에게 정확히 무엇을 해야 할지 말씀하셨습니다. 여러분은 아직 그것을 행하지 않았습니다. 그리고 여러분은 왜 그분이 특정한 것들을 보류하시는지 궁금해합니다. 여러분은 왜 힘든지, 혹은 길이 험해 보이는지 궁금해합니다. 먼저 성령께서 말씀하시는 것에 귀 기울이십시오. 여러분의 교회를 말씀대로 행하는 교회뿐만 아니라 성령 충만한 교회로 만드십시오. 항상 말씀을 첫째로 두십시오. 말씀에 따라 성령 안에서 움직이십시오.

그러면 영광이 나타날 것입니다. 많은 사람이 영광을 보게 될 것입니다. 그리고 주님의 축복이 강물처럼 흐를 것입니다. 주 예수님, 감사합니다.[1]

---

[1] 케네스 E. 해긴, "겨울 성경 세미나-오클라호마 털사," 2003년 2월 18일, https://www.tlgdesign.it/rhemaconnection_files/prophecies/kennethhagin/KEH_2-18-03_The%20Latter%20Rain.htm

오늘날 우리 교회의 어떤 것들은 더는 작동하지 않지만, 누구도 나서서 우리가 잘못했다고 말하려 하지 않습니다. 누구도 우리가 틀렸다고 말하고 싶어 하지 않습니다. 성령께서는 이제 전 세계의 신자들에게 "옛적 길을 구하라" 하고 말씀하십니다. 우리는 선한 길이 있는 곳으로 돌아가야 합니다. 지금은 다시 본궤도에 오를 때입니다. 이 책을 읽는 동안 당신의 마음에 빛이 넘치기를 기도합니다. 당신은 이 세상에 주 예수 그리스도를 나타내는 자로써 그분이 세우신 풍성한 유산 위에 세우도록 부르심을 받았습니다.

축복하며
케빈 제다이

CHAPTER 01
예언자들의 외침

"여호와께서 이와 같이 말씀하시되 너희는 길에 서서 보며 옛적 길 곧 선한 길이 어디인지 알아보고 그리로 가라. 너희 심령이 평강을 얻으리라 하나 그들의 대답이 우리는 그리로 가지 않겠노라"(렘 6:16).

오늘날 우리 교회의 몇몇 프로그램과 방식들은 더 이상 효과가 없습니다. 예레미야가 자기 시대에 그랬던 것처럼, 누군가는 현실 그대로를 말해야 합니다. 예레미야는 하나님께 완전히 헌신했던 위대한 예언자였습니다. 그 당시 예언자들은 헌금을 받거나 말씀을 전하는 데 대가를 요구하지 않았습니다.

예레미야 6장 16절은 옛 길이 존재한다고 말하는데, 그렇다면 하나님은 왜 우리가 그 길을 걸을 수 있도록 단순히 그 길이 어디인지 알려주시지 않으셨을까요? 왜 그분은 우리에게 묻기를 원하실까요? 그것은 자유 의지 때문입니다. 주님은 우리가 적극적으로 참여하고 그분께 허락하도록 만드셔야 합니다. 하나님은 예레미야를 통해 "옛적 길을 물어보라"[2]고 말씀하셨습니다. 성령께서는 전 세계의 믿는 자들에게 동일하게 말씀하고 계십니다. "옛적 길을 물어보라."

> 선한 길이 어디인지 하나님께 묻는
> 옛적 길로 돌아가라.

옛적 길을 물어보라—원초적 믿음

"그들은 믿음으로 나라들을 이기기도 하며 의를 행하기도 하며 약속을 받기도 하며 사자들의 입을 막기도 하며 불의 세력을 멸하기도 하며 칼날을 피하기도 하며 연약한 가운데서 강하게 되기도 하며 전쟁에 용감하게 되어 이방 사람들의 진을 물리치기도 하며 여자들은 자기의 죽은 자들을 부활로 받아들이기도 하며 또 어떤 이들은 더 좋은 부활을 얻고자 하여 심한 고문을 받되 구차히 풀려나기를 원하지 아니하였으며"(히 11:33-35).

우리는 옛적 길인 본궤도로 돌아와야 합니다. 옛적 길은 연기를 조명으로 사용하는 현대적인 예배가 아니라, 선한 길이

---

[2] 저자가 사용한 영어 성경에는 "ask"라는 단어가 사용되었다. 이는 "알아보라"가 아닌 "물어보라"이며, 문맥상의 이유로 "물어보라"로 통일한다. 역주

있는 곳입니다. 바로 그 길을 우리가 걸어야 합니다. 우리는 자신들이 전한 말씀 때문에 목숨을 잃은 그런 예언자들이 필요합니다. 그들은 자신들이 믿는 것이 너무나 실제적이었기 때문에 하나님의 말씀을 전하다가 죽는 것도 마다하지 않았습니다. 예수 그리스도를 포함하여 성경의 예언자들과 성도들은 대가를 계산해 보고 하나님이 그럴 만한 가치가 있다는 것을 깨달았습니다. 그것이야말로 진정한 믿음입니다.

"내가 그리스도와 함께 십자가에 못 박혔나니 그런즉 이제는 내가 사는 것이 아니요 오직 내 안에 그리스도께서 사시는 것이라. 이제 내가 육체 가운데 사는 것은 나를 사랑하사 나를 위하여 자기 자신을 버리신 하나님의 아들을 믿는 믿음 안에서 사는 것이라"(갈 2:20).

만약 당신의 믿음을 세우고 싶다면, 당신의 욕망에 대해 죽으십시오. 그리하면 그리스도를 위해 살 수 있습니다. 많은 사람이 자기 자신의 믿음에 방해가 되는 삶을 살고 있습니다. 다시 말해, 당신은 자기 자신과 싸우는 것이 종식되어야 합니다. 나는 내가 무슨 말을 하는지 압니다. 나는 우리 안에서 반드시 무엇을 조정해야 하는지를 천국에서 보았습니다. 우리는 옛적 길, 즉 하나님께서 세상의 기초를 놓으시기 전에 이미 정해 놓으신 그 길을 물어야 합니다. 이 길 위에서 당신은 원래 돌의 기초를 볼 수 있는데, 이것이 바로 내가 걷고 싶어 하는 길입니다.

진정한 예언자를 만나기 전까지는 모든 것이 괜찮아 보입니다. 그러고 나면, 당신은 비(非)예언자들의 말을 듣고 있었다는 것을 깨닫게 됩니다. 어쩌면 사역자들은 일터로 돌아가야 할 필요가 있을지도 모릅니다. 우리가 애초에 일터에 있어야 한다면 어떨까요? 우리가 모든 것을 소유해야 한다면 어떨까요? 정부는 그것을 몹시 두려워합니다. 왜냐하면 소유는 당신에게 권위를 주기 때문입니다.

많은 사람이 하나님과 동행하기를 거부한다

앞서 언급했듯이, 예레미야 6장 16절은 우리가 옛적 길, 즉 선한 길이 있는 곳을 물어보고 그 길로 행하라고 지시합니다. 다섯 살짜리 아이도 이것을 할 수 있습니다. 그저 묻고 하나님의 말씀대로 행하면 됩니다. 그러면 당신의 영혼에 쉼을 얻을 것입니다. 성경은 계속해서 "그들의 대답이 우리는 그리로 가지 않겠노라" 하고 말씀합니다. 당신은 '그들'이 누구인지 궁금할 것입니다. 그것은 하나님의 백성을 가리킵니다. 당신은 모든 성경이 하나님의 백성을 위해 기록되었다는 것을 알고 있습니까? 성경의 서신들은 신자들에게 예언하는 것입니다. 안타깝게도, 그들은 옛적 길을 걷지 않겠다고 말했고, 이것이 여러 세대에 걸쳐 일어난 일입니다.

몇 년 전, 나는 예언자 케네스 해긴을 통해 하나님께서 말씀하시는 것을 들었습니다. 나는 1987년 레마 성경학교에 다녔는데, 그때 주님께서 그에게 나타내셨고, 그는 『계획, 목적, 그리고 추구』(Plans, Purposes, and Pursuits) 라는 책을 썼습니다. 내가 청소년들과 함께 사역하는 동안, 해긴은 주님의 말씀을 선포했고, 하나님의 능력이 매우 강하게 임했습니다. 그는 예수님께서 서서 그에게 모든 것을 설명하시면서 말씀하셨다고 했습니다.

주님께서는 해긴을 통해 이렇게 말씀하셨습니다. "마지막 날에 성령을 따르지 않고 떨어져 나갈 많은 사람이 있을 것입니다." 그는 이 말을 여러 번 반복한 다음, "그들은 성령을 따르지 않고 그분께 순종하기를 멈출 것입니다. 만약 우리가 말씀의 백성일뿐만 아니라 성령의 백성이 되지 않는다면, 하나님의 온전한 역사는 일어나지 않을 것입니다"라고 계속해서 말했습니다.

다시 말해, 예레미야 6장 16절은 하나님의 백성에게 옛적 길로 돌아가 그 길로 행하라고 권면합니다. 구약 시대 사람들이 "우리는 그리로 가지 않겠노라" 하고 말했던 것처럼, 레마 성경학교의 몇몇 사람은 해긴을 통한 주님의 말씀을 거부했고, 이것은 나를 정말 놀라게 했습니다. 그 후 주님은 나를 그곳을 떠나 30년간 세속적인 직장에 다니게 하셨고, 그곳에서 나는 매일 사람들이 구원받고 치유되는 것을 보았습니다.

"기록된 바 내가 너를 많은 민족의 조상으로 세웠다 하심과 같으니 그가 믿은 바 하나님은 죽은 자를 살리시며 없는 것을 있는 것으로 부르시는 이시니라"(롬 4:17).

당신은 믿는 자로서 하나님과 유효한 관계를 맺고 있다는 것을 절대로 잊지 마십시오. 당신은 거듭났고, 죽음에서 일으킴을 받았으며, 하나님의 능력으로 충만합니다. 당신 안에는 믿음의 말씀이 있습니다. 그러므로 당신이 말하고 발을 구르면, 마귀는 당신이 아는 것보다 당신을 더 두려워합니다. 당신은 없는 것들을 있는 것처럼 부를 수 있습니다. 마귀는 당신이 무엇을 하고 있는지 알고 있으며, 당신을 대적하려 할 것입니다. 그는 이성을 잃고 모든 이상한 가족들이 당신에게 전화하여 미쳐버리게 만들려고 할 것입니다. 당신은 사건들이 뒤섞이는 것을 보기 시작할 것입니다. 당신이 진리 안에 굳건히 설 때, 당신 주변의 몇몇 사람은 그 진리 안에서 걷지 않고 올바른 길로 가기를 거부할 것입니다

하나님의 길은 통로다

"좁은 문으로 들어가라. 멸망으로 인도하는 문은 크고 그 길이 넓어 그리로 들어가는 자가 많고 생명으로 인도하는 문은 좁고 길이 협착하여 찾는 자가 적음이라"(마 7:13-14).

오늘날 나는 진리가 그리스도인들에게 선포되고 드러나고 있는 것을 봅니다. 그러나 많은 사람이 좁은 길을 따르려 하지 않습니다. 대신, 그리스도인들은 성경에 자신만의 해석과 방식을 덧붙이려고 합니다. 하나님께서는 이미 특정한 길을 정해 놓으셨고, 그것은 그분께서 당신을 위해 선택하신 길입니다.

당신을 위한 그분의 길은 옛적 진리로 포장되어 있습니다. 비록 그 길이 좁고 찾는 이가 적을지라도, 그분은 당신이 그 길을 찾고 구하기를 원하십니다. 당신이 그 길을 구할 때, 그분은 먼저 자신의 성품을 드러내심으로써 당신에게 그 길을 계시하십니다. 그분의 성품이 당신에게 드러날 때, 당신의 성품

은 변화되기 시작하여 하나님의 방식을 이해할 수 있게 될 것입니다.

나는 다른 어떤 길도 알고 싶지 않고, 다른 어떤 통로도 원하지 않습니다. 나는 하나님께서 일하시는 방식을 원하며, 그분의 방식이 통로(좁은 길)라는 것을 알고 있습니다. 우리는 그분께서 우리를 위해 선택하신 길을 걷습니다. 그 길을 걷다 보면, 당신은 하나님의 완벽한 뜻 안에 있음을 발견하게 됩니다. 당신은 적시에 적절한 장소에 있습니다. 당신은 올바른 직업을 가지고 있고, 올바른 사람들에게 둘러싸여 있으며, 올바른 일들을 하고 있습니다.

우리의 최우선 순위는 그분의 방식을 배우는 것이어야 합니다. 하나님은 우리에게 그분의 성품을 이해할 수 있는 본보기와 방법을 주셨습니다. 만약 당신이 그분의 방식을 따르고 그분께서 좋아하시는 것을 배우기로 선택한다면, 당신은 하나님께서 당신을 예정해 놓으신 이 옛적 좁은 길 위에서 자신을 발견하게 될 것입니다.

탐욕과 기만이 교회에 들어왔다

"이는 그들이 가장 작은 자로부터 큰 자까지 다 탐욕을 부리며 선지자로부터 제사장까지 다 거짓을 행함이라"(렘 6:13).

하나님은 예레미야를 통해 이스라엘 백성에게 진리에 관한 유사한 문제들을 말씀하셨습니다. 나는 이 성경 구절들을 읽을 때, 예레미야가 오늘날 미국과 세상에 말하고 있다고 생각합니다.

    이 구절은 제사장과 예언자들 사이의 부패를 다루고 있습니다. 이는 예수님께서 바리새인들을 다루셨을 때와 다르지 않습니다. 그분은 종교 단체뿐만 아니라 주님을 갈망하는 이들에게도 말씀하셨습니다. 예레미야를 돌아보면, 우리는 하나님께서 근본적인 문제를 다루고 계심을 알 수 있습니다. 부당한 이득을 향한 기만과 탐욕이 사역자들에게 침투했습니다.

    사람들은 부패한 지도력 아래에서 고통을 받으며, 이것은 수년 동안 나를 크게 화나게 했습니다. 마가복음 14장 27절에 따르면, 목자가 해를 입으면 양 떼가 흩어집니다. 원수의 계략은 당신을 고립시킬 뿐만 아니라 교회의 기초 자체를 파괴하는 것을 목표로 합니다. 교회는 하나님의 뜻이며, 그분께서 기초를 놓으셨습니다.

"그들이 내 백성의 상처를 가볍게 여기면서 말하기를 평강하다 평강하다 하나 평강이 없도다"(렘 6:14).

    예레미야는 14절에서 여전히 사역자들에게 말씀하고 있습니다. 그는 제사장과 예언자들이 피 흘리며 상처 입은 사람들을 대수롭지 않게 다루었다고 말합니다. 그들은 단지 외적인 꾸밈에만 신경 쓰고 있습니다. 오늘날 사람들이 자신의 브랜드를 홍보하고 특정 방식으로 보이게 하려고 선행을 하는 것을 촬영하고, 실제로는 그 이면에서 그것이 사실이 아님을 알게 되는 것과 같습니다.

    이것은 정치적이 됩니다. 당신은 정치인들이 아기들에게

입맞춤하고 피상적인 방식으로 사람들을 섬기는 것을 봅니다. 그래서 예레미야는 사람들이 상처받고 부서졌지만, 제공되는 도움은 말뿐이라고 말하고 있습니다. 제사장과 예언자들은 '샬롬, 샬롬', 혹은 '치유받으세요', '해방되십시오', '형통하십시오'라고 말하지만, 실제로는 평화가 없고 사역자들은 그들을 전혀 돕지 않고 있습니다. 사역자들은 입으로는 다 말하지만, 마음으로는 신경 쓰지 않습니다.

이것은 내가 그리스도인이 되었을 때 경험한 것이었습니다. 나는 교회의 관대함이 피상적으로만 드러나는 것을 보았습니다. 이것은 내가 사도행전에서 읽었던 내용과 고린도 교회에서 일어났던 초자연적인 사건들과는 매우 대조적이었습니다. 거듭난다는 것은 이 모든 놀라운 경험들을 포함해야 합니다. 사람들은 불타올라야 하고, 사역자들은 말씀이 뒤따르는 표적과 기사로 확증될 때(막 16:20 참조) 말씀을 전해야 합니다.

이 땅에 있는 거듭난 신자들의 몸은 초기 교회에서 보았던 것보다 더 분명하고 강해야 합니다. 하나님의 옛적 길은 믿는 자들이 거룩함 가운데 행하고 불타올라 불꽃처럼 걸어 다니는 것입니다(히 1:7 참조).

하나님의 나라에서 불같이 뜨겁고
적극적으로 되는
옛적 길로 돌아가라.

내가 새 신자로서 교회에 다닐 때, 나는 한때 불타올랐던 사람들이 이제 미지근해진 이 그룹들이 부패했음을 발견했습니다. 그들은 무력해졌고 더는 하나님의 왕국 안에서 적극적이지 않았습니다.

나는 이러한 대조를 보았을 때 이런 종류의 기독교에 순응할 것인지, 아니면 뭔가 조치를 해야 할 것인지 결정해야 했습니다. 나는 수년 동안 매우 좌절했습니다. 나는 내가 좋아하는 사역자를 따르고 모든 가르침을 들었지만, 뭔가 이상하다고 느끼기 시작하면 다른 사람을 찾았습니다.

자의로 간 것이 아니라 보내심을 받았다

"가면서 전파하여 말하되 천국이 가까이 왔다 하고 병든 자를 고치며 죽은 자를 살리며 나병환자를 깨끗하게 하며 귀신을 쫓아내되 너희가 거저 받았으니 거저 주라"(마 10:7-8).

내가 세속적인 직업을 가지고 천국을 경험하고 나서야 비로소 이 땅에서 일어나고 있는 일과 교회를 향한 하나님의 뜻 사이에서 엄청난 차이를 경험했습니다. 나는 천국에 머물고 싶었지만, 다시 이 땅에 보내졌을 때는 불쏘시개로 보내졌습니다. 나는 천상의 불꽃 속에 앉아 있었고, 변화되었으며, 나의 신앙생활의 옛 방식으로 돌아갈 수 없었습니다. 그 후에 나는 내가 뭔가 조치를 해야 하며, 다른 누군가가 해주기를 앉아서 기다릴 수 없다는 것을 깨달았습니다.

내가 천국에 갔을 때, 나는 사우스웨스트 항공사에서 5년째 일하고 있었고, 주님은 거의 20년 동안 그에 대해 말하는 것을 허락하지 않으셨습니다. 그 기간 동안 나는 책을 쓰지도 않았고 설교단에도 서지 않았습니다. 내가 예수님을 만났을 때, 그분은 나를 케빈이라고 부르셨습니다. 그분은 내가 운명을 바꾸고 사람들의 삶의 경로를 바꾸고 있다고 말씀하셨습니다. 그분은 내가 스스로 간 것이 아니라 보내심을 받았기 때문에 사람들이 원래 그랬을 것보다 다르게 끝맺을 것이라고 말씀하셨습니다. 그분은 내가 한 세대 전체를 바꿀 수 있다고 말씀하시며, 돌아가서 더 많은 사람들의 삶의 경로를 바꾸라고 지시하셨습니다.

나는 거의 매일 밤 외출하여 사우스웨스트 항공사에서 식비와 여가비로 준 돈을 사용하여 가난한 사람들을 먹일 음식을 제공했습니다. 사람들에게 음식을 제공하고 전도하는 것 외에도, 매일 모든 승무원과 많은 승객에게 복음을 전했습니다.

내가 일할 때 하나님의 능력이 나에게 너무나 강하게 임했습니다. 승객들은 화장실에 가려고 하다가 내가 음료를 준비하는 동안 나에게 부딪히면 떨고 울기 시작했습니다. 그들은 무슨 일이 일어나는지 이해하지 못했습니다. 내가 통로를 걸어갈 때, 어떤 사람들은 웃기 시작했고, 다른 사람들은 울기 시작했습니다. 나는 그들에게 무슨 일이 일어나고 있는지 물었고, 그들은 "모르겠어요. 당신이 지나갈 때마다 당신에게 뭔가 있어요"라고 대답했습니다.

내가 언급했듯이, 나는 천국에서 돌아온 후 거의 20년 동안 책을 쓰지 않았습니다. 나는 TV 쇼도 출연하지 않았고 어떤 공개 강연도 하지 않았습니다. 나는 여러 교회에서 보조 목사로 일했지만, 설교 요청조차 받지 못했습니다. 천국에 다녀왔음에도 불구하고 설교단을 만지는 것조차 허락되지 않았습니다. 아무도 나를 설교자로 초대하지 않았습니다. 결국, 나의 담임목사들은 내가 시드 로스의 『이것은 초자연적이다』(It's Supernatural!)에 출연했을 때 나를 보았습니다. 그렇게 해서 그들은 내가 천국에 갔다는 것을 알게 되었습니다. 그 후에 그들은 나를 설교자로 초대했습니다.

당신의 행동을 판단하고 자신을 주님께 드려라

"그들이 가증한 일을 행할 때에 부끄러워하였느냐? 아니라 조금도 부끄러워하지 않을 뿐 아니라 얼굴도 붉어지지 않았느니라. 그러므로 그들이 엎드러지는 자와 함께 엎드러질 것이라. 내가 그들을 벌하리니 그 때에 그들이 거꾸러지리라. 여호와의 말씀이니라"(렘 6:15).

고린도전서 11장에서 바울은 우리가 성찬식에 참여할 때, 우리 자신이 판단을 받는 것이 징계를 받는 것임을 알아야 한다고 설명합니다. 우리는 우리 삶에 책임을 받아들이고, 올바르게 삽니다. 우리는 옛적 길로 들어섭니다. 왜냐하면 우리가 우리 자신이 판단받고 징계을 받으면 세상과 함께 심판 받지 않을 것이기 때문입니다.

마찬가지로 여기서 예레미야는 "그들이 엎드러지는 자와 함께 엎드러질 것이라" 하고 말합니다. 그는 그들이 세상과 함께 심판 받을 것이라고 말하고 있습니다. 이 말씀은 이스라엘에게 그대로 일어났고, 오늘날 교회에도 그대로 일어납니다. 우리가 값을 치르고 구원받았기 때문에 그리스도인들이 세상과 함께 심판 받는 것은 끔찍한 일입니다. 그러나 예언자는 그들이 자신을 판단하지 않았으며 위험한 위치에 있다는 경고를 하고 있습니다.

15절에서 예레미야는 계속해서 "내가 그들을 벌하리니 그 때에 그들이 거꾸러지리라. 여호와의 말씀이니라." 하고 말합니다. 주님은 백성에게 벌이 임하는 것을 허락하십니다. 하나님이 벌을 가하시는 것이 아닙니다. 아담과 하와가 죄를 지었을 때, 그들은 동산에서 쫓겨나야 했고 하나님은 일어날 모든 일들을 선포하셨습니다. 벌은 전부 죄의 결과였지, 하나님께서 그들을 해치고 싶으셨기 때문이 아닙니다. 원수는 묶여 있으며 많은 것을 할 수 없게 되어 있습니다. 만약 당신이 죄와 반역에 들어선다면, 당신은 자신을 사탄과 그의 계략에 걸리는 것입니다.

"그러나 너를 책망할 것이 있나니 너의 처음 사랑을 버렸느니라. 그러므로 어디서 떨어졌는지를 생각하고 회개하여 처음 행위를 가지라. 만일 그리하지 아니하고 회개하지 아니하면 내가 네게 가서 네 촛대를 그 자리에서 옮기리라"(계 2:4-5).

우리는 미지근한 시대에 있으며, 회개가 부족하고 주님에 대한 두려움이 없습니다. 이 시대는 예레미야 시대처럼 평화가 없습니다. 우리는 일어나 교회가 옛적 길로 돌아가고 첫사랑으로 돌아가도록 격려해야 합니다. 우리는 천국에서 세워진 하나님의 원래 의도를 붙들고 그 메시지를 전파해야 합니다. 인류를 향한 하나님의 사랑과 치유하고 구원하며 놀라운 방식으로 자신을 드러내시려는 그분의 뜻에 대해 설교해야 합니다. 회개하고 선한 길이 있는 곳, 좁은 길, 즉 하나님께서 당신이 걷도록 예정하신 그 길로 돌아가십시오. 하나님의 방식이 우리를 교정하고, 우리를 뜨겁게 하며, 다시 한번 효과적이 되도록 합시다.

주님의 나팔 소리에 응답하는
옛적 길로 돌아가라.

"여호와께서 이와 같이 말씀하시되 너희는 길에 서서 보며 옛적 길 곧 선한 길이 어디인지 알아보고 그리로 가라. 너희 심령이 평강을 얻으리라 하나 그들의 대답이 우리는 그리로 가지 않겠노라 하였으며 내가 또 너희 위에 파수꾼(선지자들)을 세웠으니 (경고의) 나팔 소리를 들으라 하나 그들의 대답이 우리는 듣지 않겠노라 하였도다"(렘 6:16-17 괄호는 저자의 설명).

이것은 완전한 반역입니다. 하나님께서 선지자들을 보내어 나팔처럼 말씀하게 하시지만, 사람들은 들으려 하지 않습니다. 실제로는 이해하기 어렵지만, 이것이 오늘날 많은 교인 가운데 일어나고 있는 일입니다. 우리는 훈련을 받고, 교육을 받고, 격려를 받아야 합니다. 선지자는 이스라엘이 자신을 분리하여 그들 중에서 나오지 않았다고 설명했습니다. 이것은 구약에서 신약으로, 그리고 오늘날까지 이어지는 경고입니다. "그러므로 너희는 그들 중에서 나와서 따로 있고 부정한 것을 만지지 말라. 내가 너희를 영접하여"(고후 6:17).

진정한 오중 사역자들은 사람들을 돌본다

"그리스도 안에서 일만 스승이 있으되 아버지는 많지 아니하니 그리스도 예수 안에서 내가 복음으로써 너희를 낳았음이라"(고전 4:15).

예레미야 시대의 제사장들과 선지자들 및 예수님 시대의 바리새인들에 대해 우리가 논의했던 것과 비슷하게, 오늘날에도 사역자들이 피상적으로 대우받는 사역 단체들이 많이 있습니다. 지도층은 사람들을 돌보는 것처럼 가장하지만, 실제로는 그렇지 않습니다. 그것은 겉모습뿐입니다. 진정한 오중 사역자들은 사람들을 돌봅니다. 진정한 사도들은 슈퍼히어로(superhero-초능력자)가 아닙니다. 그들은 아버지입니다. 바울은 당신에게 많은 스승은 있지만, 많은 아버지는 없다고 말했습니다. 그는 본질적으로 "내가 너희를 낳았다. 나는 너희에 대해 질투한다. 너희는 내 것이다"라고 말한 것입니다.

바울은 자기 사람들을 돌보는 아버지였고, 그들을 낳았기 때문에 그들에 대한 권위를 가지고 있었습니다. 사도적 권위는 어떤 사람이 그리스도께로 인도한 이들의 아버지가 될 때 주어집니다. 그것은 세상에서 나온 사람들을 새로운 제자로 만드는 것에 관한 것입니다. 바울은 이 사람들에 대한 사도적 권위를 가지고 있었습니다. 그의 가르침 아래 들어온 사람들은 그가 오중 사역에서 초정부적(super governmental) 관리자가 아니라 아버지였기 때문에 변화되었습니다.

"그가 어떤 사람은 사도로, 어떤 사람은 선지자로, 어떤 사람은 복음 전하는 자로, 어떤 사람은 목사와 교사로 삼으셨으니 이는 성도를 온전하게 하여 봉사의 일을 하게 하며 그리스도의 몸을 세우려 하심이라. 우리가 다 하나님의 아들을 믿는 것과 아는 일에 하나가 되어 온전한 사람을 이루어 그리스도의 장성한 분량이 충만한 데까지 이르리니"(엡 4:11-13).

사도들과 선지자들은 오늘날 더는 성경을 기록하지 않습니다. 하나님 말씀의 기초는 이미 놓였습니다. 신약의 오중사역 교회는 하나님에 의해 세워졌습니다. 에베소서 4장 11절은 그분께서 교회에 모든 사람을 세우시는 것이 아니라 일부를 세우신다고 말하며, 당신은 스스로 자신을 임명할 수 없습니다. 당신은 온라인 강좌를 듣고 수료증을 인쇄하여 사도나 선지자가 되는 것이 아닙니다. 하나님은 이 사람들을 교회에 세우셔서 자기 백성을 온전하게 하고 세우십니다.

"사랑을 추구하며 신령한 것들을 사모하되 특별히 예언을 하려고 하라"(고전 14:1).

신약의 선지자들은 백성을 위해 울고, 중보하며, 하나님의 불로부터 말하도록 부름을 받았습니다. 그러나 성령께서 우리에게 주어졌으므로 우리는 모두 하나님에게서 들을 수 있습니다. 성경에 따르면 우리 각 사람은 예언할 수 있습니다. 바울은 모든 사람이 가장 좋은 은사, 즉 예언하기를 사모하라고 말했습니다.

왜 당신은 사도나 선지자가 되기를 원합니까? 만약 당신이 그러한 사람이라면, 그것은 하나님께서 당신을 교회에 세우셔서 그리스도의 몸을 믿음의 연합과 성숙으로 세우기 위함입니다. 나는 천국에서 두 가지를 보았는데, 그것은 이 땅에서는 보이지 않는 연합과 성숙이었습니다. 만약 당신이 사도, 선지자, 목사, 교사, 또는 복음 전도자가 되기를 원한다면, 당신은 당신의 수고의 열매(성과)를 기꺼이 보여줄 수 있어야 합니다.

오중사역은 권위를 가지는 것에 관한 것이 아닙니다. 어떤 아이들은 그들의 하나님을 알기 때문에 어른들보다 더 많은 권위 안에서 행합니다. 당신이 권위 아래 있을 때, 당신은 권위를 가집니다. 당신은 스스로 그것을 가지는 것이 아닙니다. 귀신들은 당신의 사역 때문에 당신의 말을 듣는 것이 아닙니다. 그들은 당신의 목소리에서 예수님을 듣고 당신이 보내심을 받았다는 것을 알기 때문에 듣습니다.

"그러나 진리의 성령이 오시면 그가 너희를 모든 진리 가운데로 인도하시리니 그가 스스로 말하지 않고 오직 들은 것을 말하며 장래 일을 너희에게 알리시리라"(요 16:13).

당신은 보내심을 받았습니까? 당신은 아버지입니까? 당신은 예언하기 전에 웁니까? 주님의 말씀을 전하는 것이 큰 기쁨을 가져다주기 때문에 예언한 후에 웃습니까? 기쁨은 생명을 주는 예언을 나누는 것에서 나옵니다. 그러나 주님의 말씀은 또한 교정적이기도 합니다. 그것은 단지 미래를 예언하는 것이 아닙니다. 그것은 현재를 선포하는 것입니다. 대부분의 선지자들은 선포해야 합니다. 하나님께서 지금 말씀하시는 것을 선언해야 합니다.

하나님의 영은 누구에게나 미래를 알려줄 수 있습니다. 요한복음 16장 13절에서, 예수님은 성령께서 오시면 장래 일을 알려주실 것이라고 말씀하셨습니다. 예수님은 선지자들에게 말씀하신 것이 아니라, 모든 믿는 자를 포함하는 그리스도의 몸에게 말씀하신 것입니다. 우리는 모두 진리 안에서 행하고, 기도하며, 하나님에게서 듣기 위해 자세를 취해야 합니다.

"그들이 떠나매 예수께서 무리에게 요한에 대하여 말씀하시되 너희가 무엇을 보려고 광야에 나갔더냐? 바람에 흔들리는 갈대냐? 그러면 너희가 무엇을 보려고 나갔더냐? 부드러운 옷 입은 사람이냐 부드러운 옷을 입은 사람들은 왕궁에 있느니라. 그러면 너희가 어찌하여 나갔더냐? 선지자를 보기 위함이었더냐? 옳다. 내가 너희에게 이르노니 선지자보다 더 나은 자니라. 기록된 바 보라. 내가 내 사자를 네 앞에 보내노니 그가 네 길을 네 앞에 준비하리라 하신 것이 이 사람에 대한 말씀이니라"(마 11:7-10).

예수님께서는 무리에게 세례 요한을 찾으러 나갔을 때 무엇을 보러 나갔는지 물으셨습니다. 요한의 메시지는 회개에 관한 것이었습니다. 요한과 같은 사람들은 자신들이 믿는 것을 위해 죽을 각오가 되어 있었습니다. 하나님의 말씀이 요한과 그와 같은 사람들을 열정으로 이끌었습니다.

우리는 단순히 성경 페이지에 적힌 것만이 아니라 그 말씀의 의도를 살펴보아야 합니다. 앵무새는 말할 수 있지만 자신이 무슨 말을 하는지 전혀 알지 못합니다. 안타깝게도 오늘날 우리는 헌금을 받고 말을 많이 하지만 자신이 실제로 무슨 말을 하는지 모르는 앵무새들이 많습니다. 우리는 의도를 가지고 말해야 합니다.

"내 입에서 나가는 말도 이와 같이 헛되이 내게로 되돌아오지 아니하고 나의 기뻐하는 뜻을 이루며 내가 보낸 일에 형통함이니라"(사 55:11).

*다른 영역에서 의도를 가지고 말함으로써
하나님의 계획에 순종하는
옛적 길로 돌아가라.*

하나님께서 자신의 말씀을 하실 때, 그 말씀은 그분의 입에서 나와 그분의 의도를 성취합니다. 그것은 헛되이 돌아오지 않고, 주님의 뜻을 이루게 합니다. 다시 말하지만, 말씀의 의도를 이해하는 것이 중요합니다. 하나님은 왜 자신이 말씀하시는 것을 말씀하시고, 행하시는 것을 행하실까요? 그것은 그분께서 모든 계획을 이미 그려 놓으셨고, 그것이 이루어지는 것을 보셔야 하기 때문입니다. 하나님은 자신의 계획인 옛적 길에 충실할 사람들을 찾고 계십니다.

CHAPTER 02
예수님과 한 멍에를 메라

"수고하고 무거운 짐 진 자들아 다 내게로 오라. 내가 너희를 쉬게 하리라. 나는 마음이 온유하고 겸손하니 나의 멍에를 메고 내게 배우라. 그리하면 너희 마음이 쉼을 얻으리니 이는 내 멍에는 쉽고 내 짐은 가벼움이라 하시니라"(마 11:28-30).

내가 예수님을 얼굴을 맞대고 만났을 때, 나는 마치 매일 아침 다시 태어난 것처럼 깨어나도록 하는 어떤 일이 일어났습니다. 여전히 오늘날까지도 매일 아침은 내가 다시 태어난 첫날 같습니다. 이것이 그리스도의 몸에게는 일반적인 상태가 되어야 합니다. 나는 우리가 하나님을 향한 우리의 사랑과 그분을 향한 하나님의 단순한 사랑으로 돌아가야 한다고 믿습니다. 우리는 주님과 함께 사랑하는 여정으로 돌아가야 합니다. 그것은 발견의 여정이며, 하나님은 자신의 백성에게 강력하게 자신을 보여주고 계십니다. 그분은 우리에게 선한 길이 어디인지 보여주고 계시며, 이제 우리는 그 길을 걸어야 합니다.

이 책은 하나님께서 세우신 옛적 길을 걷는 근본적인 진리들로 돌아가는 것에 관한 것입니다. 이것은 쉽습니다. 왜냐하면 당신은 그분과 멍에를 메고 그분에게서 배우고 있기 때문입니다. 이것은 예수님께서 어렵지 않을 것이라고 말씀하셨기 때문에 어렵지 않습니다. 만약 이것이 어렵다면, 당신은 그 과정에 얼마나 많이 관여했는지 생각해 보고, 자신을 내어주고, 회개하며, 하나님께서 무거운 짐을 지도록 맡기는 것을 고려해 볼 수 있습니다.

"그런즉 가라지를 거두어 불에 사르는 것 같이 세상 끝에도 그러하리라. 인자가 그 천사들을 보내리니 그들이 그 나라에서 모든 넘어지게 하는 것과 또 불법을 행하는 자들을 거두어 내어"(마 13:40-41).

이 책의 시작 부분에서 내가 나눈 예언에서 해긴이 설명했듯이, 믿는 자들과 사역자들의 대열에서도 배교가 있을 것입니다. 그러므로 우리는 성령의 자녀로서 살아야 합니다. 나는 당신이 낙심하지 않기를 바랍니다. 왜냐하면 일어나고 있는 일은 예수님께서 자신의 비유에서 말씀하셨고 성경 전체에서 예언되었던 분리이기 때문입니다. 그것은 지금 일어나고 있으며, 괜찮을 것입니다. 어린아이 같은 믿음으로 돌아갑시다. 우리가 주님을 영접했을 때 어떠했는지 기억합시다. 일단 당신이 하나님께서 당신의 삶에 개입하시는 것을 경험하고 만나고 나면, 절대로 예전으로 돌아갈 수 없습니다.

우리는 거짓 교리를 거부해야 합니다. 나는 누구도, 어떤 기독교 운동도 반대하지 않습니다. 나는 단지 교회에 들어온 남용(濫用)에 반대하며, 이것이 끝나기를 원합니다. 논의의 여지가 없는 하나님의 특정한 명령들이 있습니다. 요한복음 14장 15절에서 예수님은 "너희가 나를 사랑하면 나의 계명을 지키리라" 하고 말씀하십니다. 하나님의 사랑의 언어는 음식이나 신앙고백이 아니며, 금식도 아닙니다. 하나님의 사랑의 언어는 순종입니다. 만약 당신이 그분을 사랑한다면, 그분께 순종할 것입니다. 만약 당신이 그분을 존경한다면, 그분께 순종할 것입니다. 만약 당신이 그분을 경외한다면, 그분께 순종할 것입니다. 당신은 하나님이 아닙니다. 그분이 하나님이십니다. 그러므로 당신은 그분께 복종해야 합니다.

온전히 확신함

"믿음이 없어 하나님의 약속을 의심하지 않고 믿음으로 견고하여져서 하나님께 영광을 돌리며 약속하신 그것을 또한 능히 이루실 줄을 확신하였으니"(롬 4:20-21).

신약 전체에서 예수 그리스도의 복음이 얼마나 단순하게 우리에게 주어졌는지 주의 깊게 살펴보십시오. 그리고 오순절 날에 하나님의 영이 강한 바람 소리 같은 하늘의 소리와 함께 임했습니다. 그곳에 있던 모든 신자는 성령으로 영광스럽게 충만하게 되었습니다(행 2:1-13). 그러나 2000년이 지난 후,

교회는 개선되지 않았습니다. 우리는 하나님께서 우리를 위해 정해 놓으신 옛적 길에서 멀리 벗어났습니다. 그리스도의 몸은 시급히 그분의 길로 돌아가야 합니다.

오순절 날, 신자들의 연합 자체가 기적이었지만, 불 같은 혀도 그들의 머리 위에 임했습니다. 그들은 알 수 없는 언어로 말했고, 아침 9시에 술 취한 것처럼 보였습니다. 베드로는 그때 무리에게 그들이 어떤 이들이 생각하는 것처럼 술 취한 것이 아니라, 예언자 요엘이 말했던 것의 성취라고 설명했습니다(욜 2:28-32, 행 2:14-21).

"예수를 죽은 자 가운데서 살리신 이의 영이 너희 안에 거하시면 그리스도 예수를 죽은 자 가운데서 살리신 이가 너희 안에 거하시는 그의 영으로 말미암아 너희 죽을 몸도 살리시리라"(롬 8:11).

성령강림은 2000년 전에 일어났지만, 예수님을 죽은 자들 가운데서 일으키신 동일한 성령, 동일한 능력이 오늘날 우리 안에 있습니다. 예수님을 죽은 자들 가운데서 일으키신 동일한 성령께서 지금 당신의 몸에 생명을 주고 계십니다. 나는 당신의 몸에서 싸우고 있는 그 어떤 것이 그 후에 어떻게 머물게 되는지 모르겠습니다. 그것이 남아있을 방법은 없습니다. 나는 당신에게 거짓말하고, 괴롭히고, 당신의 것을 훔치고 있는 귀신들이 어떻게 더 머물게 되는지 이해할 수 없습니다.

"거기에 대로가 있어 그 길을 거룩한 길이라 일컫는 바 되리니 깨끗하지 못한 자는 지나가지 못하겠고 오직 구속함을 입은 자들을 위하여 있게 될 것이라. 우매한 행인은 그 길로 다니지 못할 것이며 거기에는 사자가 없고 사나운 짐승이 그리로 올라가지 아니하므로 그것을 만나지 못하겠고 오직 구속함을 받은 자만 그리로 행할 것이며"(사 35:8-9).

이사야 35장은 주님의 거룩한 대로를 묘사합니다. 그 길을 걷는 사람들은 자신의 길과 삶, 정체성이 굳건히 잠겨 있습니다. 이 길은 너무나 거룩하고 강력해서, 만약 어리석은 자가 우연히 그 길을 발견한다면, 그는 어리석은 자이기를 멈출 것입니다. 거룩함은 우리가 어떻게든 행동과 연관시켰기 때문에 오해되고 있습니다. 그러나 거룩함은 세상과 분리되는 것이며, 하나님께서 당신을 소유하시는 것과 관련이 있습니다.

하나님께 소유되어
거룩함의 대로를 걷는
옛적 길로 돌아가라.

당신은 하나님의 소유다

"그러나 너희는 택하신 족속이요 왕 같은 제사장들이요 거룩한 나라요 그의 소유가 된 백성이니 이는 너희를 어두운 데서 불러 내어 그의 기이한 빛에 들어가게 하신 이의 아름다운 덕을 선포하게 하려 하심이라"(벧전 2:9).

거룩함은 사실상 소유됨입니다. 당신은 값으로 사신 바 되었고, 이제 하나님의 특별한 소유로서 전시되고 있습니다. 당신은 그분의 사적인 소유이며, 그분께서 당신을 소유하시기 때문에 세상 시스템과 분리되어 있습니다. 하나님은 당신에게 질투하시고, 당신을 누구와도 공유하고 싶어 하지 않으십니다. 당신은 그분의 것이기 때문에 거룩합니다. 하나님은 자신의 백성을 우상과 공유하지 않으시고, 그들의 마음을 자신을 위해 보존하십니다. 당신은 성경 전체에서 이것을 볼 수 있습니다.

"그의 얼굴을 볼 터이요 그의 이름도 그들의 이마에 있으리라"(계 22:4).

하나님은 자신의 이름을 자신의 백성의 안팎에 새기십니다. 그분은 우리를 소유하시고 우리가 누구인지 매우 자랑스러워하시지만, 우리를 보호하시기도 합니다. 우리는 진정한 거룩함의 단순함으로 돌아가야 합니다. 행동을 수정하는 것이 거룩함으로 이어진다는 믿음은 귀신들의 교리입니다(딤전 4:1 참조). 당신은 예수님의 피를 통해 이미 거룩한 것보다 더 거룩해지기 위해 할 일이 없습니다. 당신의 위치는 봉인되었습니다(히 13:12 참조).

"하늘 영역에 있는 모든 영적인 축복은 우리의 놀라운 하늘 아버지, 우리 주 예수님의 아버지로부터 오는 사랑의 선물로서 이미 우리에게 아낌없이 부어졌습니다. 이 모든 것은 그분께서 우리를 그리스도 안에서 감싸인 것으로 보시기 때문입니다. 이것이 우리가 온 마음으로 그분을 찬양하는 이유입니다"(엡 1:3 더패션성경).

아버지께서는 우리의 상상할 수 없는 모든 영적인 축복을 우리에게 아낌없이 부어 주셨습니다. 우리의 놀라우신 하늘 아버지께서는 이미 이러한 선물들을 우리에게 풍성히 주셨습니다. 그분은 우리가 그리스도 안에 감싸여 있음을 보시므로, 우리의 인간적인 면을 보시지 않습니다. 아버지께서는 당신의 흠을 보시지 않습니다. 그분은 자신의 아들을 보십니다. 당신은 예수님 안에 싸여 있습니다.

"그리고 사랑 안에서 그분은 우주의 기초를 놓으시기 전에 우리를 택하셨다! 그분의 위대한 사랑 때문에 그분은 우리를 예정하셨으니, 이는 우리가 그분의 눈에 흠 없는 순결함으로 거룩하게 보이기 위함이다"(엡 1:4 더패션성경).

하나님 아버지는 사랑 안에서 세상의 기초를 놓으시기 전에 우리를 택하셨습니다. 그러므로 우리는 찬양해야 합니다. 찬양은 행복한 시간이므로, 우리는 그분에 대해 더욱 기뻐해야 합니다. 당신은 하나님께서 당신이 태어나기 전에 이미 당신을 택하셨다는 것을 깨닫습니까? 그분은 이미 당신을 받아들이셨습니다! 마치 그분께서 당신 어머니의 자궁 속 당신에게 숨을 불어넣으시기 전에 이미 당신의 사진을 냉장고에 붙여 놓으신 것과 같습니다.

바울은 주후 61년에서 63년 사이에 에베소 교인들에게 편지를 썼습니다. 이제 오늘날 우리가 어디에 있는지 보십시오.[3] 이것은 앞뒤가 맞지 않습니다. 이 문제들에 대해 용감하게 말할 사람이 많지 않습니다. 예언자들은 예레미야와 이사야 시대에 하나님의 백성이 얼마나 길을 벗어났는지 드러냈습니다. 그들은 오늘날 우리가 말해야 할 동일한 것들을 말했지만, 아무도 나서서 우리가 틀렸고 잘못했다고 말하려 하지 않습니다.

2000년이 지난 지금, 예수님께서 다시 운전대를 잡으려 하십니다. 그분은 교회에 "너희들 모두 쉬는 시간이 필요하다. 뜨거워져야 한다"라고 말씀하고 계십니다. 그분은 당신을 좀 더 뜨겁게 만들고 심장을 뛰게 하기 위해 당신을 사우나에 넣으셔야 할 수도 있습니다. 그분은 내가 "하늘의 입맞춤"이라고 부르는 것, 즉 우리가 받을 자격이 없지만 그분의 위대한 사랑의 표현인 과분한 만남을 당신에게 주셔야 할 수도 있습니다. 에베소서 1장 4절은 하나님께서 이미 우리를 예정하셨다고 말합니다. 그분은 우리를 자신을 위해 선택하시고 구별하셨습니다. 그러므로 당신은 안수받거나 구별되는 과정을 거칠 필요가 없습니다. 그것은 이미 이루어졌으므로 당신은 즉시 문서를 요청하기만 하면 됩니다.

내가 수술대에서 죽었을 때 천국에서 본 모든 것은 바로 성경 안에 있었습니다. 나는 우리가 역사나 이미 세워진 기초로부터 아무것도 배우지 못했다는 것을 깨달았습니다. 교회는

---

3   "에베소서," Blue Letter Bible, 2024년 4월 8일 접속, https://www.blueletterbible.org/study/eo/Eph/Eph000.cfm.

이미 세워진 것을 다시 세우려 노력하고 있습니다. 우리는 주어진 것을 단지 유지하라는 부르심을 받은 것이 아니라 그 위에 건축하라는 부르심을 받았습니다(고전 3:10 참조). 당신이 그렇게 할 수 있는 유일한 방법은 영혼의 생각에 이끌리지 않고 그리스도께서 당신 안에 사시도록 허용하는 것입니다(갈 2:20 참조).

"이는 그분의 완벽한 계획 안에 항상 우리를 기뻐하시는 자녀로 입양하는 것이 있었기 때문이다. 기름 부음 받은 자 예수와의 연합을 통해서, 우리에게 쏟아져 내리는 그분의 엄청난 사랑이 그분의 은혜를 영화롭게 하도록 그분께서 사랑하시는 자 예수에게 가지시는 동일한 사랑을 우리에게도 가지시기 때문이다. 그리고 이 펼쳐지는 계획은 그분께 큰 기쁨을 가져다준다"(엡 1:5-6 더패션성경).

우리가 태어나기 전에 하나님은 우리를 흠 없는 순결함으로 거룩하게 보셨는데, 이것은 항상 그분의 완벽한 계획이었습니다. 그분은 사랑 안에서 우리를 택하시고 예정하셨습니다. 그러므로 우리는 그분의 눈에 거룩합니다. 그분은 우리를 입양하는 것을 항상 완전하게 계획하셨습니다. 에베소서 1장 5-6절은 우리가 기름 부음 받은 자 예수님과의 연합을 통해 아버지의 기뻐하시는 자녀들이라고 표현합니다. 아버지께서 자신의 사랑하시는 예수님께 가지신 동일한 사랑이 우리에게 쏟아지고 있습니다!

우리를 위해 이미 놓인
기초 위에 세우는
옛적 길로 돌아가라.

예수님과 함께하는 상속자

"내가 비옵는 것은 이 사람들만 위함이 아니요 또 그들의 말로 말미암아 나를 믿는 사람들도 위함이니 아버지여, 아버지께서 내 안에, 내가 아버지 안에 있는 것 같이 그들도 다 하나가 되어 우리 안에 있게 하사 세상으로 아버지께서 나를 보내신 것을 믿게 하옵소서. 내게 주신 영광을 내가 그들에게 주었사오니 이는 우리가 하나가 된 것 같이 그들도 하나가 되게 하려 함이니이다. 곧 내가 그들 안에 있고 아버지께서 내 안에 계시어 그들로 온전함을 이루어 하나가 되게 하려 함은 아버지께서 나를 보내신 것과 또 나를 사랑하심 같이 그들도 사랑하신 것을 세상으로 알게 하려 함이로소이다"(요 17:20-23).

예수님께서 우리를 위해 기도하셨다면, 당신은 그분께서 자신의 기도에 대한 응답을 받으셨을 것이라고 믿습니까? 요한복음 17장에서 예수님은 우리가 모두 그분처럼 아버지의 사랑을 경험하기를 기도하셨습니다. 그분은 아버지께서 자신을 사랑하신 것처럼 우리를 사랑하시고, 우리도 그분과 아버지께서 공유하시는 동일한 사랑을 가지고 동일한 연합을 경험하기를 기도하셨습니다. 그것은 놀라운 일입니다. 예수님은 이미 우리의 연합과 사랑을 위해 기도하셨습니다.

우리 신자들은 예수님과 동일한 성령과 유산을 가지고 있습니다. 우리는 예수님과 공동 상속자이며, 그분은 자신이 얻으신 것을 우리와 나누십니다. 우리는 하나님의 가족으로 입양되었고 이제 예수님의 이름을 가지고 있습니다(엡 1:5, 갈 4:4-7, 롬 8:14-17 참조).

"내가 진실로 진실로 너희에게 이르노니 나를 믿는 자는 내가 하는 일을 그도 할 것이요 또한 그보다 큰 일도 하리니 이는 내가 아버지께로 감이라"(요 14:12).

내가 천국에 다녀온 후, 사람들은 내가 무엇을 보았는지에 대해 온갖 종류의 질문을 하고, 예수님의 머리색 같은 모든 세부 사항을 알고 싶어 합니다. 그러나 그들은 나에게 "우리가 무엇을 놓치고 있나요? 우리가 무엇을 무시했나요? 우리가 이 생명에 대해 무엇을 알아야 하나요?"라고 물어야 합니다. 우리는 예수님께서 가졌던 능력을 가져야 합니다. 왜냐하면 그분은 우리가 그분께서 하셨던 동일한 사역과 일들을 하기를 원하시기 때문입니다. 요한복음 14장 12절에서 그분은 우리가 그분께서 하셨던 것보다 더 큰 일들을 할 것이라고 말씀하셨습니다. 왜냐하면 그분께서 아버지께로 돌아가셨기 때문입니다.

"내가 아버지께 구하겠으니 그가 또 다른 보혜사를 너희에게 주사 영원토록 너희와 함께 있게 하리니 그는 진리의 영이라. 세상은 능히 그를 받지 못하나니 이는 그를 보지도 못하고 알지도 못함이라. 그러나 너희는 그를 아나니 그는 너희와 함께 거하심이요 또 너희 속에 계시겠음이라. 내가 너희를 고아와 같이 버려두지 아니하고 너희에게로 오리라... 보혜사 곧 아버지께서 내 이름으로 보내실 성령 그가 너희에게 모든 것을 가르치고 내가 너희에게 말한 모든 것을 생각나게 하리라"(요 14:16-18, 26).

예수님께서 아버지께로 돌아가셨을 때, 그분은 자신과 같은 또 다른 분을 보내주시겠다고 약속하셨습니다. 그분은 자신과 똑같은 친구가 될 것이라고 말씀하셨습니다. 요한복음 14장 16-18절은 성령께서 당신의 상담자이자 보혜사가 되어 모든 진리로 인도하실 것이라고 말씀합니다. 요한복음 14장 26절에 따르면, 그분은 당신에게 미래를 보여주시고 예수님께서 말씀하신 것들을 기억나게 하실 것입니다. 우리는 예수님과 똑같은 분(성령)이 오셨기 때문에 예수님께서 아버지의 보좌에 이르셨다는 것을 압니다. 이제 우리는 성령님을 모시고 있으며, 우리가 예수님이 하신 일들을, 심지어 그보다 더 큰 일들을 할 수 있는 능력을 부여받는 지점까지 탁월함의 기준이 높아졌습니다.

그리스도를 위한 대사들

하나님은 우리 세상에 끔찍한 질병과 비극을 보내지 않으시지만, 그것들을 허락하십니다. 이 책은 3년간의 코로나19 팬데믹 이후에 쓰였습니다. 치유의 물결이 일어날 완벽한 기회가 있었지만, 그 기간 동안 모든 치유 전도자들은 사라졌습니다. 어쩌면 그들은 엘리야가 그랬던 것처럼 동굴에 숨어 있었을지도 모릅니다(왕상 19:9-18 참조). 그들은 자신들이 치유자라고 생각했기 때문에 사라졌습니다. 당신 중 아무도 치유자가 아닙니다. 당신은 기도자이며 설교자입니다. 주님께서 치유하시는 분이십니다. 당신은 도시로 가서 사람들과 이야기하고, 그리스도를 위한 대사로서 좋은 소식을 전해야 합니다.

> 그리스도의 대사로 행하며
> 가는 곳마다 기쁜 소식을 전하는
> 옛적 길로 돌아가라.

"그러므로 우리가 그리스도를 대신하여 사신이 되어 하나님이 우리를 통하여 너희를 권면하시는 것 같이 그리스도를 대신하여 간청하노니 너희는 하나님과 화목하라. 하나님이 죄를 알지도 못하신 이를 우리를 대신하여 죄로 삼으신 것은 우리로 하여금 그 안에서 하나님의 의가 되게 하려 하심이라"(고후 5:20-21).

당신은 사람들의 죗값이 이미 치러졌고, 그들이 지옥에 갈 필요가 없다는 것을 선포하는 대사로 부르심을 받았습니다. 예수님은 그들에게 들어오도록 강권하라고 말씀하셨습니다(눅 14:23 참조). 당신은 죄 용서를 선포해야 합니다. 그것은 성경에 분명히 나와 있습니다. 그래서 예수님께서 당신이 누구의 죄든지 용서하면, 그들의 죄가 용서받을 것이라고 말씀하셨습니다(요 20:23 참조). 예수님은 그런 말씀을 하셨다는 이유로 교회에서 쫓겨나셨고, 당신도 그럴 수 있습니다! 우리는 죄를 용서하는 것이 아니라, 그들의 죄가 하나님에 의해 용서받았음을 선포해야 합니다.

"주의 성령이 내게 임하셨으니 이는 가난한 자에게 복음을 전하게 하시려고 내게 기름을 부으시고 나를 보내사 포로 된 자에게 자유를, 눈 먼 자에게 다시 보게 함을 전파하며 눌린 자를 자유롭게 하고 주의 은혜의 해를 전파하게 하려 하심이라 하였더라"(눅 4:18-19).

대사로서 우리는 또한 예수 그리스도께서 사람들의 치유를 위해 값을 치르셨고, 빚 탕감을 포함하는 희년(레 25:8-17 참조)을 선포하셨다는 것을 선포하도록 부르심을 받았습니다. 우리는 그분께서 죄의 속박, 중독, 그리고 사람들이 희생자가 되게 하는 모든 것을 끊으셨음을 선포합니다. 그분은 모든 것을 물리치셨습니다! 지금 지옥의 모든 귀신은 당신과 같은 사람들이 이 복음을 전파할 것이기 때문에 떨고 있습니다. 당신은 가서 사람들에게 그들이 자유롭게 되었다고 말하도록 부르심을 받았습니다. 당신은 멍에를 끊기 위해 보내심을 받았습니다.

우리는 좋은 소식을 선포해야 하는 것이지, 수행하는 것이 아니라는 점을 이해해야 합니다. 우리는 사람들의 죄가 용서받았고, 그들의 속박이 끊어졌으며, 마귀가 그들의 발 아래 있다는 것을 선언하도록 부르심을 받았습니다. 우리는 희년(빚과 죄의 탕감)을 선포해야 합니다. 수천 년 동안 가능했으며 지금도 가능한 부활의 능력을 선포하십시오. 어떤 이들은 이 메시지를 이곳에서 처음 읽고, '이런 것은 한 번도 들어본 적이 없어'라고 생각할 것입니다. 예수님과 바울, 그리고 과거의 선진들이 그것을 전파했음에도 불구하고 너무나 많은 사람이 듣지 못했다는 것은 부끄러운 일입니다.

해긴은 우리가 특정한 길만 계속 간다면 믿는 자들의 심령이 메마를 것이라고 예언했습니다. 우리는 단순히 말씀의 사람이 될 수 없습니다. 우리는 또한 성령의 사람이 되어야 합니다. 균형을 유지하려면 둘 다 가지고 있어야 합니다. 당신은 연료가 있어야 하지만, 불도 필요합니다. 연소를 위해서는 둘 다 필요합니다. 엔진 뒤에서 나오는 불꽃은 그것을 앞으로 밀어내고, 영적인 영역에서 당신을 앞으로 나아가게 합니다.

말씀과 성령의 역동적인 사람이 되어
앞으로 나아가는
옛적 길로 돌아가라.

당신은 패배할 수 없다

"내가 이미 얻었다 함도 아니요 온전히 이루었다 함도 아니라 오직 내가 그리스도 예수께 잡힌 바 된 그것을 잡으려고 달려가노라"(빌 3:12).

우리 모두는 우리 자신을 다루어야 합니다. 당신이 어떻게 당신 자신의 가장 열렬한 팬이 되었다가도, 동시에 당신 자신과 결별하는지 살펴보십시오. 당신은 내면에서 논쟁하다가, '내가 이 사람이나 저 사람 같았으면', '이것이나 저것을 가졌으면' 하고 생각하며 자신과 결별할 수도 있습니다. 다른 사람들과 자신을 비교할 때, 당신은 이랬다저랬다 합니다. 예를 들어, 열왕기상 18장 21절에서 엘리야는 "두 의견 사이에서 머뭇거리는"[4] 하나님의 백성에게 말했습니다.

당신이 불확실할 때, 마귀가 와서 당신에게 의문을 제기할 수 있습니다. "정말로 하나님이 그렇게 말씀하셨는가?"(창 3:1) 우리가 뱀과 하나님에 대해 이야기하고 그와 교리에 대해 논쟁하면, 우리는 결국 타락한 세상에 이르게 됩니다. 당신은 하나님 안에서 철저히 확신하고 그분을 향해 불타올라야 합니다. 당신은 말할 때 불을 뿜어내야 합니다. 당신은 성령으로부터 말해야 합니다. 당신이 무엇을 느끼는지는 중요하지 않습니다. 중요한 것은 온전히 확신하는 것입니다. 만약 당신의 아버지께서 당신을 위해 얼마나 많은 것을 예비해 두셨는지 안다면, 당신은 잃을 것이 없다는 것을 알 것입니다.

"나의 부르심에 대한 확신이 나로 하여금 부끄럼 없이 모든 어려움을 극복하게 합니다. 이는 내가 이 하나님에 대한 친밀한 계시를 가지고 있기 때문입니다. 그리고 그분에 대한 나의 믿음은 그분께서 나의 모든 것을 그분의 손에 안전하고 확실하게 지키실 수 있으며, 그분의 나타나심이 충만하게 이루어질

---

4   "렉시콘: Strong's H6452-pāsaḥ," Blue Letter Bible, 2024년 5월 2일 접속, https://www.blueletterbible.org/lexicon/h6452/kjv/wlc/0-1/.

때까지 그러하실 것이라는 것을 나에게 확신시킵니다"(딤후 1:12 더패션성경).

빌립보서 3장 12절에서 바울은 그리스도께서 자신을 붙잡으셨던 그것을 자신이 붙잡았다고 말했습니다. 그는 하나님께서 자신에게 맡긴 것을 그날까지 지키실 수 있다는 것을 온전히 확신했습니다. 그는 본질적으로 디모데후서 1장 12절에서 "나는 나의 하나님을 알고 그분께서 나에게 맡긴 것을 능히 지키실 수 있음을 온전히 확신한다"라고 말한 것입니다. 다시 말해, 당신은 패배할 수 없습니다.

"그분은 우리를 그리스도와 함께 일으키셨고, 그분과 함께 영광스러운 완전함과 하늘 영역의 권위 속으로 오르게 하셨으니, 이제 우리는 그리스도와 함께 하나 되어 앉아 있습니다"(엡 2:6 더패션성경)

당신은 예수님과 함께 하늘에 앉아 있습니다. 그곳에서 편안하게 지내십시오. 왜냐하면 그곳이 당신의 새로운 집이기 때문입니다. 이 땅에서는 잠시 방문하는 것입니다. 주님과 함께 당신의 자리에 앉아서 이 땅으로 돌아와 가는 곳마다 귀신들을 때려잡기 시작하십시오. 당신은 마귀에게 거칠게 대해야 합니다. 이 세상의 질병과 악함 때문에 그를 두려워하지 마십시오. 당신은 성령 안에서 다시 본 궤도에 올라야 합니다. 당신 안에 살아 계시는 위대하신 분 안에서 온전히 확신하는 상태로 돌아가십시오(요일 4:4 참조).

나는 이제 가짜와 허풍을 거부합니다. 나는 당신이 행복하고 기쁨이 충만하고 패배할 수 없다는 것을 깨닫기를 바랍니다. 당신이 패배할 수 없다는 말은 반복할 가치가 있습니다. 그리스도와 함께 앉아 있는 것에 익숙해지고, 매일 이곳으로 돌아와 당신의 삶에서 사역을 하십시오. 당신은 이 세상에 주 예수 그리스도를 드러내도록 부르심을 받았습니다. 우리는 그리스도의 몸이니, 일을 마무리하고 주님의 오심을 앞당깁시다(벧후 3:11-12 참조).

그리스도의 몸은 연합함으로 이 시대를 마무리할 것입니다. 우리는 성령께 동의하고 순종해야 합니다. 그분은 삼위일체의 강력한 존재로서 항상 최전선에 계셔야 합니다. 성령께서 당신을 통해 분명하고 자유롭게 말씀하시도록 허용하십시오. 당신은 더는 개인적인 의견을 가질 필요가 없고 진리를 말해야 합니다. 그러면 당신 주변의 모든 사람이 당신이 말하는 것이 진리라는 것을 알게 될 것입니다.

나는 당신을 위해 천국에서 다시 보내졌습니다. 나는 돌아오고 싶지 않았지만, 예수님께서 나에게 말씀하셨습니다. "케빈, 이것은 너 때문이 아니다. 이것은 네가 돌아가서 만날 사람들 때문이다. 돌아가서 네가 보고 들은 것을 그들에게 말해라. 그들에게 나와 아버지를 변증해라. 왜냐하면 우리는 이 모든 끔찍한 일들을 행하지 않기 때문이다." 지옥의 모든 귀신들은 그들이 당신을 잃었고 당신에게 더는 아무런 영향력도 없다는 것을 알아야 합니다(요 14:30 참조). 어떤 것에도 더는 중독되지 마십시오. 당신의 하나님께서 당신의 모든 필요를 채우신다는 것을 온전히 확신하십시오(빌 4:19 참조).

당신이 그리스도와 함께 앉아 있으며
결코 패배할 수 없다고 확신하는
옛적 길로 돌아가라.

초기 교회와 오늘의 교회

만약 세례 요한이 오늘날 살아 있다면 어떨까요? 그는 아마 기독교 텔레비전에 출연할 기회를 얻지 못했을 것입니다. 왜냐하면 그는 책을 쓰지 않았기 때문입니다. 만약 그들이 그에게 설교를 요청했다면, 그들은 그를 30분짜리 시간에 맞춰야 했을 것입니다. 인터뷰를 상상해 보십시오. 방송 진행자가 묻습니다.

"요한, 당신은 무엇을 합니까?"

그가 대답합니다. "네, 저는 그저 설교합니다."

방송 진행자가 메시지가 얼마나 긴지 묻자, 요한이 대답합니다. "약 4초 정도입니다."

그러자 방송 진행자가 묻습니다. "네, 무슨 말을 합니까?"

요한이 말합니다. "하나님 나라가 여기 있으니 회개하시오."

진행자는 그에게 말합니다. "아 그렇군요. 나중에 다시 연락드릴게요."

성경을 기록한 사람들은 오늘날의 사역에 적합하지 않을 것입니다. 대부분의 교회는 야고보가 자기 교회에서 설교하는 것을 원하지 않을 것입니다. 그는 그들의 믿음에 관한 설교를 찢어버리고 "당신이 행하는 것으로 당신의 믿음을 보여주십시오. 나를 내 차로 데려다 주십시오. 여기를 떠나겠습니다"라고 말할 것입니다.

바울이 초청 연사로 왔다고 상상해 보십시오. 그는 목사에게 묻습니다. "제가 시간을 얼마나 쓸 수 있습니까?"

목사는 대답합니다. "네, 전체 예배 시간은 있지만, 헌금에 대해 가르치고, 헌금을 걷고, 유아 세례를 하고, 그리고 다른 헌금을 걷어야 합니다."

바울은 말합니다. "네, 아버지의 아내와 함께 사는 그 남자는 어쩌죠? 유아 세례 후에 우리는 그를 사탄에게 넘겨줄 것입니다."

이것이 예배의 일부라고 생각해 보십시오. 먼저 아기들이 앞으로 나오고, 사탄에게 넘겨질 사람들은 다른 편에 줄을 설 것입니다. 심각하게 말하자면, 바울은 고린도 교회에게 그 남자를 사탄에게 넘겨주어 그의 육체가 파괴되고 그의 영혼이 구원받도록 지시했습니다(고전 5:4-5 참조).

베드로가 설교하는 것을 원하십니까? 그는 헌금을 위해 치킨 통(chicken bucket)을 사용하지 않고, 당신이 직접 나와서 그의 발 아래 바치게 할 것입니다. 그가 당신의 눈을 응시하며 "이것이 당신이 주기로 결정한 것입니까? 이것이 전부입니까?"라고 말하는 것을 상상해 보십시오. 그가 당신을 바라볼 때 그의 어깨 너머로 구급차와 장의사들이 보일 것입니다.

베드로의 설교에서 아나니아와 삽비라는 부부가 자신들의 헌금에 대해 성령께 거짓말을 했다가 즉사했습니다. 이것은 초기 교회에서 실제로 일어났습니다. 성경은 큰 두려움과 경외감이 온 교회를 사로잡았고, 도시의 모든 사람이 그 소식을 들었다고 말합니다(행 5:1-11 참조). 교회에서 일어난 일 때문에 마을이 깃발을 조기 게양하는 것을 상상해 보십시오.

오늘날 이것을 상상해 보십시오. 교회는 1부 예배에서 아나니아를 잃었지만, 머리를 단장하는 데 한 시간 반이 걸린 그의 아내 삽비라는 그가 죽었다는 것을 전혀 몰랐습니다. 그녀는 몇 시간 후에 마침내 2부 예배에 나타났고, 베드로 목사는 그녀를 돕기 위해 노력조차 하지 않았습니다. 아무도 그녀에게 "당신 남편이 죽었으니 당신의 이야기를 잘 꾸며야 할 것이오"라는 경고 문자 메시지를 보내지 않았습니다.

베드로는 그녀에게 "땅을 얼마에 팔았소?"라고 물었습니다. 그날 일요일 1부 예배와 2부 예배는 꽤 큰 사건으로 판명되었습니다. 자, 이제 베드로가 당신의 교회에 오기를 원합니까? 우리는 예수님께 멍에를 메고 우리와 교회를 향한 그분의 원래 계획으로 돌아가야 합니다. 옛적 길, 곧 선한 길이 어디인지 물어보고 그 길로 행하라는 말을 들었을 때, "우리는 그리로 가지 않겠노라!" 하고 고집스럽게 대답했던 사람들처럼 되지 마십시오.

2. 예수님과 한 멍에를 메라

CHAPTER 03
하나님의 계획의 단순성

"이에 예수께서 제자들에게 이르시되 누구든지 나를 따라오려거든 자기를 부인하고 자기 십자가를 지고 나를 따를 것이니라"(마 16:24).

성공이란 무엇일까요? 세상은 그것이 명성과 부라고 믿습니다. 그러나 하늘의 관점에서 성공은 순종입니다. 사실, 당신은 하나님께 순종하고도 돈을 잃을 수 있습니다. 순종은 당신에게 모든 것을 요구할 것입니다.

내가 대학생이었을 때, 주님께서 "21일 금식하라"고 말씀하시는 것을 들었습니다.

나는 '21분은 어떨까?' 하고 생각했습니다. 그러나 나는 주님의 요구대로 했습니다. 21일이 끝났을 때, 나는 영어를 말할 수 없었고 오직 방언으로만 말할 수 있었습니다. 나는 성령 안에서 다른 곳으로 옮겨져 미래가 일어나기 전에 그것을 보았습니다. 나는 그것이 정말 멋지다고 생각했고 더는 텔레비전을 보지 않기로 결정했습니다. 텔레비전이 더는 필요 없었기 때문에 내다 버렸습니다. 나는 오로지 방언으로 기도하고 싶었습니다.

21일 금식이 끝났을 때, 주님께서 "잘했다. 피자헛에 가서 미디엄 피자 슈프림을 사 먹어도 좋다"라고 말씀하셨습니다. 그분은 그것이 내가 가장 좋아하는 것임을 아셨습니다. 그래서 나는 그곳에 갔고, 무제한 뷔페가 있었습니다. 나는 "주님, 아시겠어요? 미디엄은 8.99달러이고 무제한은 10.99달러입니다"라고 말하며 후자를 바랐습니다. 주님께서 "그것은 내가 너에게 하라고 한 것이 아니다"라고 말씀하셨습니다. 나는 미디엄 피자를 사서 앉아 먹으려 했지만, 주님께서 "오, 안 된다. 너는 방으로 돌아가서 기도해야 한다"라고 말씀하셨습니다.

나는 내 방에 그 피자를 내려놓고 차가워질 때까지 다시 기도해야 했습니다. 하나님은 잔인한 분이 아니시지만, 나의 태도나 생각하는 방식을 좋아하지 않으셨습니다. 나는 나만의 계획을 세웠습니다. 나는 '금식하고 기도하면, 그 대가로 무엇인가를 얻을 것이다. 돈을 주시면, 돈을 얻을 것이다. 내가 하는 모든 일에서 무엇인가를 얻을 것이다'라고 생각했습니다. 만약 당신이 하나님께서 당신에게 하라고 하신 것을 정확히 하고도 아무것도 얻지 못한다면 어떨까요? 만약 당신이 즉시 보상받지 못한다면 어떨까요?

아무도 이것을 논의하고 싶어 하지 않지만, 하나님이 원하시는 것은 당신 자신입니다. 그분은 당신이 세상과 맺고 있는 이 모든 관계들을 원치 않으십니다. 당신이 모든 영역에서 자신을 놓아줄 때, 돈은 당신을 뒤에서 덮칠 것입니다. 왜냐하면 당신은 그것을 쫓지 않기 때문입니다. 당신은 신뢰할 수 있습니다. 마찬가지로, 당신이 다른 사람들이 무엇을 생각하는지 신경 쓰지 않을 때, 당신의 말을 들을 사람이 많이 있을 것입니다.

"누구든지 제 목숨을 구원하고자 하면 잃을 것이요 누구든지 나를 위하여 제 목숨을 잃으면 찾으리라"(마 16:25).

나는 1981년부터 하나님과 동행해 왔습니다. 이 글을 쓰는 시점에서, 그것은 43년간은 자기 부인하는 시간이었습니다. 주님과 함께 걷기 위해 나의 십자가를 지는 것은 고통스러웠습니다. 당신이 내가 오늘날 있는 곳에 이르기 위해 무엇이 필요했는지 알았다면, 당신은 그것을 하고 싶지 않을 수도 있습니다. 당신은 그분을 위해 모든 것을 잃을 각오가 되어 있어야 하고, 결코 인정받지 못하며, 항상 소외되고, 뒷담화 당하고, 베풀지만 받지 못하며, 당신을 미워하는 사람들을 사랑해야 할 것입니다.

나는 당신이 주님을 따르기 위해 손실을 겪었음을 압니다. 당신이 더 많은 것을 원하지 않았다면 여기에 와서 이것을 읽고 있지 않을 것입니다. 당신이 필요한 것을 얻고 있었다면 괜찮았겠지만, 깊은 내면에서 모든 사람은 사랑받고 가치 있게 여겨지기를 원합니다. 모든 사람은 안전함을 느끼기를 원하는데, 그것이 바로 예수님께서 나에게 주신 것입니다. 내가 그분을 얼굴과 얼굴을 맞대고 만났을 때, 그분은 안전, 사랑, 가치, 그리고 나의 운명을 제공해 주셨습니다. 하나님의 자녀로서 우리의 운명은 그분을 기쁘시게 하는 것입니다.

당신의 의제를 내려놓고,
당신의 생명을 잃으며, 그분을 기쁘시게 하는
옛적 길로 돌아가라.

하늘이 가치 있게 여기는 것

하나님께서는 당신 안에 이 세대를 위해 당신이 성취해야 할 어떤 것을 두셨습니다. 그것은 옛적 길로 들어서는 것에서 시작됩니다. 당신은 계획의 단순함, 즉 예수 그리스도의 복음으로 돌아가야 하며, 그분의 메시지를 당신의 것으로 만들어야 합니다. 그것이 그분에게 충분했다면, 당신에게도 충분합니다. 예수님께서 그것을 전파하셨다면, 당신도 그렇게 해야 합니다.

"너희 몸은 너희가 하나님께로부터 받은 바 너희 가운데 계신 성령의 전인 줄을 알지 못하느냐? 너희는 너희 자신의 것이 아니라 값으로 산 것이 되었으니 그런즉 너희 몸으로 하나님께 영광을 돌리라"(고전 6:19-20).

나는 당신에게 당신의 주 하나님께 주의를 기울이라고 경고합니다. 어서 와서 깨끗이 하고, 당신의 가치가 하늘에 기록되어 있다는 것을 깨달으십시오. 당신은 이곳에서 당신의 가치에 따라 대우받지 않을 것입니다. 하나님께서 당신을 위해 하신 일 때문에 당신은 이 세상에게는 너무나 값집니다. 천국에서 나는 사람들이 걸어 다니는 것을 보았는데, 그들이 화폐 시스템이었습니다. 그것은 지폐나 금이 아니었습니다. 금은 천국 어디에나 있습니다. 그곳에서는 자원들이 값쌉니다. 천국에서 가장 값비싼 소유물은 바로 당신, 즉 구원받은 영혼들입니다.

"그분께서 그들로 하여금 우리 하나님을 위한 제사장들의 왕국이 되게 하셨고, 그들은 땅에서 다스릴 것입니다"(계 5:10 새생활성경).

나는 천국에서 당신의 지위와 자리가 당신이 이곳에서 행한 것에 기초하고 있음을 보았습니다. 당신은 신용으로서 당신과 함께 가는 계정을 가지고 있었습니다. 예수님께서는 나에게 "너는 천년왕국에서 네 자리를 위한 훈련을 위해 이곳에 잠시 내려와 있는 것이다"라고 말씀하셨습니다. 그분은 내가 영원한 삶에서 나의 자리를 위해 자격을 얻고 있다고 말씀하셨습니다. 그분은 이 땅에서의 나의 삶을 수습 기간이라고 언급하셨습니다. 예수님께서는 나에게 "너는 나와 함께 어깨를 나란히 하고 영원히 다스릴 것이다"라고 말씀하셨습니다.

예수님께서 나에게 말씀하셨을 때, 나는 천년왕국에서 입도록 정해진 예복을 입고 있었습니다. 당신이 천국에 가면 그것을 보게 될 것입니다. 그것은 로즈 골드 색이고 장식되어 있었습니다. 나의 예복은 내가 다스렸던 영역을 나타내는 옆구리의 패치들로 동양적인 모습이었습니다. 이 나라들에서는 전쟁이 벌어졌고 국경이 바뀌었습니다. 나는 소매에 일곱 개의 줄무늬가 있었습니다. 그러자 예수님께서 "돌아가서 사람들에게 신실하고, 성령께 순종하며, 배우라고 말해라. 왜냐하면 그들은 다음 생에서 자신들의 자리를 위해 훈련받고 있기 때문이다"라고 말씀하셨습니다.

당신이 이곳에서 끝나는 곳이 하늘에서 시작되는 곳입니다. 당신은 그곳에서 학교에 다니고 싶지 않을 것입니다. 당신은 이곳에서 신실하고 교훈을 배우기를 원할 것입니다. 마지막 남은 한 조각의 음식도 먹지 않고 다른 사람에게 심는 것을 확실히 하십시오. 당신에게 갚을 수 없는 사람에게 당신이 줄 수 있는 모든 것을 주십시오. 당신의 씨앗을 먹지 마십시오. 다른 사람에게 주십시오. 나에게가 아닙니다. 당신의 마지막 부분을 내어주십시오.

만약 당신에게 말씀이 필요하다면, 다른 사람에게 하나 주십시오. 방언으로 기도하고 주님께 누군가를 위한 격려의 말씀을 달라고 요청하십시오. 나는 당신이 말씀을 줄 때마다 주님께서 더 많은 계시를 주실 것이라고 장담합니다. 때때로 나는 설교를 시작하기 전까지는 할 말이 없습니다. 그러다가 주님께서 내가 말할 때 나에게 소통하기 시작하시고, 지시를 주시며, 무슨 일이 일어날지 보여주십니다. 내가 설교하는 모든 예배 동안, 나는 미래를 봅니다. 우리는 연합하여 함께 있어야 합니다. 하나님의 영은 기꺼이 하시지만, 우리는 그 안에 머물러야 합니다.

구원은 당신 자신이다

"너희는 지금 그로 하여금 그의 때에 나타나게 하려 하여 막는 것이 있는 것을 아나니 불법의 비밀이 이미 활동하였으나 지금은 그것을 막는 자가 있어 그 중에서 옮겨질 때까지 하리라"(살후 2:6-7).

천국에서 나는 거의 모든 음모론이 사실임을 보았습니다. 이제 그것이 드러나고 있습니다. 당신이 궁금해했던 모든 것이 실제로 일어났습니다. 이 세상은 공중 권세 잡은 자(엡 2:2 참조)에 의해 통제되지만, 수천 년 동안 그는 적그리스도로서 자리에 앉는 것이 막혔습니다. 이 세상의 영은 적그리스도를 그의 자리에 앉힐 수 없었습니다. 왜냐하면 그가 교회에 의해 제지되고 있기 때문입니다. 항상 이 땅에는 적그리스도가 되기 위해 준비되는 사람이 있지만, 사탄이 항상 그의 사람을 준비해 놓더라도 교회가 제거되기 전에는 그 자리에 앉을 수 없습니다. 지금까지 그들은 모두 자리에 앉지 못하고 죽었습니다.

당신의 종말론 DVD들을 버리십시오. 음식을 나누어주고 사람들을 도우십시오. 우리는 스스로 자유로워져야 하고, 그러고 나서 그것을 나누어 주어야 합니다(마 10:8 참조). 사람들의 상처를 싸매 주기 시작합시다.

"예수께서 이르시되 사탄이 하늘로부터 번개 같이 떨어지는 것을 내가 보았노라. 내가 너희에게 뱀과 전갈을 밟으며 원수의 모든 능력을 제어할 권능을 주었으니 너희를 해칠 자가 결코 없으리라. 그러나 귀신들이 너희에게 항복하는 것으로 기뻐하지 말고 너희 이름이 하늘에 기록된 것으로 기뻐하라 하시니라"(눅 10:18-20).

구원은 당신이 행하는 어떤 것이 아니라, 당신이 누구인지를 말해줍니다. 당신이 구원받았을 때, 당신은 그 구원 안에서 행합니다. 그러면 당신이 나타날 때, 귀신들은 당신이 구원 안에 있다는 것을 압니다. 예수님은 구원자이셨지만, 그분은 이 땅에서의 사역에서 사람들을 구원하기 위해 애쓸 필요가 없으셨습니다. 그분께서 나타나셨을 때, 귀신들은 즉시 그분에게 소리치기 시작했습니다. 예수님께서 구명조끼를 메고 배에서 내리거나 배를 묶기도 전에, 귀신들은 흥분하며 자신들을 드러냈습니다(막 5:1-2). 당신이 어떤 장소로 걸어 들어갈 때, 사람들 안에 있는 귀신들은 당신이 도착한 것에 대해 불쾌해해야 합니다.

예수님은 자신이 아버지께로 가시므로 당신이 그분보다 더 큰 일들을 할 것이라고 말씀하셨습니다(요 14:12 참조). 당신이 방에 들어섰는데 사람들이 흥분해서 날뛰기 시작한다고 상상해 보십시오. 어쩌면 지금 당신에게도 추수감사절 저녁 식사나 크리스마스 이브, 심지어 교회에서 그런 일이 일어날 수도 있습니다. 그러나 우리는 모두 먼저 구원받아야 한다는 것을 깨달아야 합니다. 그것은 삶의 양식입니다. 수년 동안 나는 "말씀을 실천해야 한다"라는 가르침을 들었습니다. 그러다가 나는 말씀(예수님)을 만났고, 그분께서 내내 나를 훈련시키고 계셨다는 것을 알게 되었습니다. 예수님은 내가 이해하기 전까지 잠시 동안 내가 그분에게 무엇인가를 하도록 영향을 줄 수 있다고 생각하도록 내버려 두셨습니다. 나는 내 머리가 다시 자랄 수 있다는 것과 심지어 금식할 필요도 없다고 생각했습니다.

예수님께서 당신에게
영향을 미치시도록 허락하는
옛적 길로 돌아가라.

나는 또한 번영이 지위가 아니라는 것을 단호히 말합니다. 번영은 구원처럼 당신이 누구인지를 말해줍니다. 하나님께서 번영하시기 때문에, 당신은 그것을 위해 노력하거나 그분을 조작할 필요가 없습니다. 당신은 행위로 당신의 영적인 지위를 향상시킬 수 없습니다. 당신은 세상의 기초를 놓으실 때 삼위일체가 이 진리를 세우셨던 회의에 참석하지도 않았습니다.

우리는 성령이 필요하다

"우리 주 예수 그리스도의 하나님, 영광의 아버지께서 지혜와 계시의 영을 너희에게 주사 하나님을 알게 하시고"(엡 1:17).

나는 신학대학에서 헬라어 수업을 들었는데, 그때는 구원받은 지 겨우 1년 정도 되었을 때였습니다. 학생들은 전문가인 교수들에게 어떤 성경 번역본이 더 좋은 지 물었습니다. 한 교수는 거의 속삭이듯이 "헬라어에 따르면 『확대역』(The

Amplified Bible)이 아마도 가장 정확할 것입니다"라고 대답했습니다. 당시에는 모두가 그 번역본을 비판했기 때문에 나는 놀랐지만, 그것은 지금도 읽히고 있습니다. 이제 『더패션성경』(The Passion Translation)도 같은 비판을 받고 있습니다.

수업 시간에 한 학생이 일어나서 말했습니다. "저는 킹제임스역을 고수할 것입니다. 킹제임스역이 예수님께 충분했다면 저에게도 충분합니다." 그 말을 들었을 때, 나는 내 등록금을 돌려받고 싶었습니다! 분명히 해야 할 것은, 예수님은 주후 33년 사셨고, 킹제임스역은 1611년에 번역되었습니다. 물론 예수님은 킹제임스역을 사용하신 적이 없습니다. 나는 이 학교에 다니기 위해 내가 추구하고자 했던 것들을 포기했기에, 번역본에 대한 의견 불일치보다 훨씬 더 많은 것을 원했습니다. 우리는 주님께서 정해 놓으신 기초와 옛적 길로 돌아가야 합니다.

수업 후에 모든 학생은 채플에 참석해야 했습니다. 그들은 모두가 예언자가 되고 싶어 했기 때문에 모두 강사가 숨을 고르기를 기다렸습니다. 그들은 일어나서 강사의 설교 중간중간에 예언하려고 했습니다. 그들은 자신들이 사역자라고 생각했기 때문에, 하나님의 능력을 느끼면 주님의 말씀을 전하고 싶어 했습니다. 한 남자가 일어나서 말했습니다. "주님께서 이같이 말씀하신다. '두려워하지 말라. 솔직히 말해서 나도 때때로 두렵다.'"

다른 채플 시간에 또 다른 학생이 예언했습니다. "주님께서 이같이 말씀하신다. '하나님께서 모세를 방주 안에서 보호하셨으니, 너희도 보호하실 것이다.'" 그는 앉았다가 다시 일어나서 말했습니다. "다시 주님께서 말씀하신다. 내가 실수했다. 노아를 뜻했다." 이것은 실제로 일어난 일입니다. 헬라어 수업과 채플 예배 사이에서 나는 그만두고 싶은 유혹을 너무나 많이 받았습니다. 결국, 이러한 어리석음을 막기 위해 채플 강사들은 절대로 설교를 멈추지 않았습니다. 때로는 마치 카니발 같아 보였습니다. 그러나 그곳에는 옛적 길에서 오는 성령의 진정한 흐름이 있었습니다. 그것은 성령으로 충만하고 하나님을 아는 것과 관련이 있습니다.

관계적 거룩함

예수님께서 한번은 나에게 말씀하셨습니다. "케빈, 네가 무엇을 듣는지는 중요한 것이 아니다. 네가 무엇을 가지고 떠나고 내가 말한 것을 이해하는지가 중요하다. 너는 내 말을 들을 수 있지만 이해하지 못할 수도 있다." 당신은 주님께서 말씀하시는 것을 항상 이해하고 있는지 확인해야 합니다. 우리가 논의했던 것처럼, 당신은 관계적인 말씀의 의도를 확인해야 합니다. 예수님은 나에게 관계적인 거룩함과 의로움 대 위치적인 거룩함과 의로움에 대해 말씀하셨습니다.

예수님은 아브라함과 같은 사람들이 어떻게 관계적인 거룩함을 가졌는지 설명해 주셨는데, 그것이 그들에게 의로움으로 여겨졌습니다(롬 4:20-22 참조). 오늘날 어떤 사람들은 거룩함에 대한 자신들의 위치를 알지만 관계는 없습니다. 예수님은 나에게 당신이 그분에게 당신의 위치를 강요하는 것보다 관계를 통해서 더 멀리 나아갈 수 있다고 말씀하셨습니다. 옛적 길은 주님과의 관계에 관한 것입니다.

"그 날에 많은 사람이 나더러 이르되 주여 주여 우리가 주의 이름으로 선지자 노릇 하며 주의 이름으로 귀신을 쫓아 내며 주의 이름으로 많은 권능을 행하지 아니하였나이까 하리니 그 때에 내가 그들에게 밝히 말하되 내가 너희를 도무지 알지 못하니 불법을 행하는 자들아 내게서 떠나가라 하리라"(마 7:22-23).

많은 사람이 예수님의 이름으로 초자연적인 일들을 행하지만, 그분을 친밀하게 알지는 못합니다. 사도행전 19장 13-16절에 나오는 스게와의 일곱 아들의 이야기를 읽으면, 당신이 하나님의 영을 가지고 있지 않으면 귀신을 쫓아낼 수 없다는 것을 알 수 있습니다. 당신은 또한 예수 이름의 권위를 사용해야 합니다. 마태복음 7장 22-23절에 언급된 사람들은 귀신을 쫓아내고 기적을 행했으며, 오늘날 믿는 자들로 간주될 것이지만, 예수님은 그들을 결코 (관계적으로) 알지 못했다고 말씀하셨습니다. 아나니아와 삽비라는 관계의 부족 때문에 죽었습니다(행 5:1-11). 언급했듯이, 그들이 사도들의 발 아래에 헌금을 바쳤을 때, 그들은 성령께 거짓말을 했고 돈의 일부를 자신들을 위해 남겨두었습니다.

"내가 예언하는 능력이 있어 모든 비밀과 모든 지식을 알고 또 산을 옮길 만한 모든 믿음이 있을지라도 사랑이 없으면 내가 아무 것도 아니요"(고전 13:2).

고린도전서 13장 2절에서 당신이 이 모든 일을 할 수 있지만 사랑이 없으면 아무것도 아니라고 말하는 이유는 무엇이라고 생각합니까? 당신은 산을 옮길 만한 믿음을 가질 수 있지만, 사랑이 없으면 아무것도 아닙니다. 나는 하나님과 우리의 관계가 그분과 함께하는 동역자가 되는 것에 관한 것임을 보았습니다. 다시 말해, 우리는 사랑으로 복음을 전파하기 위해 그분과 동반하여 일합니다.

"또 이르시되 너희는 온 천하에 다니며 만민에게 복음을 전파하라. 믿고 세례를 받는 사람은 구원을 얻을 것이요 믿지 않는 사람은 정죄를 받으리라. 믿는 자들에게는 이런 표적이 따르리니 곧 그들이 내 이름으로 귀신을 쫓아내며 새 방언을 말하며 뱀을 집어 올리며 무슨 독을 마실지라도 해를 받지 아니하며 병든 사람에게 손을 얹은즉 나으리라 하시더라"(막 16:15-18).

아버지와 친밀하게 걷는
옛적 길로 돌아가라.

말씀이 선포될 때 기적들이 따를 것입니다. 만약 당신이 믿는 자라면, 그것들은 당신을 따를 것입니다. 표적과 기사들은 좋은 소식이 전파될 때 그것을 확증합니다. 우리가 기적과 표적과 기사를 보지 못하는 이유는 말씀을 전파하지 않기 때문입니다. 하나님의 말씀의 의도를 이해하는 것은 듣는 자들에게 모든 것입니다. 사람들은 복음을 들어야 합니다. 하나님의 말씀을 듣는 것이 당신이 치유받고 구원받는 방법입니다. 복음은 반드시 전파되어야 합니다. 그러나 복음은 설교단이나 지위에 관한 것이 아니라, 당신의 직장과 당신이 가는 모든 곳에서 그리스도와 당신의 관계에 관한 것입니다. 사람들을 사랑하고, 당신에게 갚을 수 없는 사람들에게 주고, 가는 곳마다 복음을 전파하는 하나님의 계획의 단순함으로 돌아갑시다.

CHAPTER 04
초자연적인 나타내심

"그러므로 회개에 합당한 열매를 맺고 속으로 아브라함이 우리 조상이라 말하지 말라. 내가 너희에게 이르노니 하나님이 능히 이 돌들로도 아브라함의 자손이 되게 하시리라"(눅 3:8).

기적은 하나님과의 관계에서 흘러나와야 합니다. 기적은 이미 주어졌지만, 우리 각자가 그것을 받아야 합니다. 마찬가지로, 당신이 그랬던 것처럼 모든 사람이 복음을 들어야 합니다. 지금 지옥에 있어야 할 사람은 없습니다.

당신은 당신 자신을 택하지 않았습니다. 하나님께서 당신을 택하셨습니다. 그러나 그분은 당신이 회개의 결과로 열매 맺기를 원하십니다. 기적은 그 열매의 일부이며, 우리에게서 오는 것이 아니라 하나님에게서 오는 것입니다. 기적은 다른 영역에서 오는 초자연적인 나타내심입니다. 기적은 당신이 항복하고 그분께서 당신을 통해 역사하시도록 허용할 때 하나님과의 관계 때문에 일어납니다. 주님은 당신이 그분과 함께 사역하기를 원하십니다.

"그의 신기한 능력으로 생명과 경건에 속한 모든 것을 우리에게 주셨으니 이는 자기의 영광과 덕으로써 우리를 부르신 이를 앎으로 말미암음이라. 이로써 그 보배롭고 지극히 큰 약속을 우리에게 주사 이 약속으로 말미암아 너희가 정욕 때문에 세상에서 썩어질 것을 피하여 신성한 성품에 참여하는 자가 되게 하려 하셨느니라"(벧후 1:3-4).

베드로는 하나님께서 우리에게 주신 보배로운 약속들을 통해 우리가 신성한 성품에 참여하는 자로 부르심을 받았다고 말했습니다. 당신은 이것이 어떤 모습일지 상상할 수 있습니까? 모세의 얼굴은 실제로 빛났습니다(출 34:29-35). 나는 그가 산에서 내려올 때 사람들이 "얼굴의 광채를 좀 꺼줄 수 있습니까? 무섭습니다"라고 말하는 모습을 상상합니다. 주님께서는 모세가 산 위에서 그분과 함께 있을 때, 그가 아담의 순수한 혈통(하나님의 본래 아들들)으로 다시 변화하기 시작했다고 말씀하셨습니다. 아담과 그의 자녀들은 하나님의 순수한 형상으로 만들어졌습니다(창 1:27). 신성한 성품은 사람의 얼굴을 통해 전달됩니다.

초자연적인 나타남을 경험함으로써
신성한 성품에 참여하는
옛적 길로 돌아가라.

지극히 높으신 분, 당신의 거처

"네가 말하기를 여호와는 나의 피난처시라 하고 지존자를 너의 거처로 삼았으므로 화가 네게 미치지 못하며 재앙이 네 장막에 가까이 오지 못하리니"(시 91:9-10).

모세는 출애굽기 31-34장에 기록된 바와 같이, 바위 틈에서 하나님과 만나는 동안 시편 91편을 기록했습니다. 이 장들을 읽고 그 안에 거한다면, 당신은 항상 기적을 경험할 것입니다. 이것이 나의 비결입니다. 모세는 하나님께서 지나가실 때 어떤 악도 자신을 건드릴 수 없다는 것을 깨달았습니다. 어떤 마귀도, 질병도, 그 어떤 것도 그를 해칠 수 없었습니다. 모세는 지극히 높으신 분을 자신의 거처로 삼고 지극히 높으신 분의 그늘 아래 거하면, 아무것도 자신을 해칠 수 없다는 것을 이해했습니다(시 91:1-2). 모세는 그 계시를 얻었습니다. 이것이 비결입니다.

모세는 하나님의 친구였고 그분과 관계를 맺었습니다. 그러나 주님은 나머지 이스라엘 백성에게 진노하셨고 그들을 전멸시키기를 원하셨습니다(출 32:9-10). 그분은 그들을 목이 뻣뻣하고 반역적이라고 부르시며 더는 그들 가운데 있을 수 없다고 말씀하셨습니다. 예레미야 6장 16절에서도 동일한 일이 일어났습니다. 백성들이 옛적 길을 묻지 않고 그 길로 가기를 거부했습니다. 하나님은 이스라엘 백성에게 크게 진노하셨고 그들을 멸망시키려고 하셨습니다.

하나님께서는 모세와만 동행하시고 그의 자손을 큰 민족

으로 만들겠다고 말씀하셨습니다. 주님께서 그렇게 말씀하셨을 때, 모세는 자신이 중재해야 한다는 것을 깨달았습니다. 그는 하나님께 이스라엘 백성에게 대한 진노를 거두어달라고 간청하며 그들을 "주의 백성"(출 32:11-14)이라고 불렀습니다. 그는 본질적으로 주님께 "오, 안 됩니다. 그들은 주의 백성이고, 우리는 어디로도 가지 않을 것입니다. 저는 진심입니다"라고 말했습니다.

> "여호와께서 이르시되 '내가 친히 가리라'(My Presence will go with you) 내가 너를 쉬게 하리라. 모세가 여호와께 아뢰되 주께서 친히 가지 아니하시려거든 우리를 이 곳에서 올려 보내지 마옵소서. 나와 주의 백성이 주의 목전에 은총 입은 줄을 무엇으로 알리이까? 주께서 우리와 함께 행하심으로 나와 주의 백성을 천하 만민 중에 구별하심이 아니니이까"(출 33:14-16)?

우리 영어 번역본들에는 "My presence"(나의 임재)라고 되어 있지만, 히브리어에는 '임재'라는 단어가 없다는 것을 아십니까? 여기에 사용된 단어는 '파님'(pānîm)인데, 이는 "얼굴들"[5]을 의미합니다. 출애굽기 33장 14절에서 하나님은 문자적으로 "나의 얼굴들이 너와 함께 갈 것이다"라고 말씀하고 계십니다.

---

5 "렉시콘: Strong's H6440-pānîm," Blue Letter Bible, accessed May 2, 2024, https://www.blueletterbible.org/lexicon/h6440/kjv/wlc/0-1/.

하나님의 얼굴을 보고 육체가 살 수 있는 방법은 없습니다(출 33:20). 내가 천국에 있을 때, 나는 아버지의 얼굴을 보지 못하도록 보호받았습니다. 예수님께서 내가 지구로 돌아갈 것이라고 말씀하셨기 때문에 나는 그분의 얼굴을 볼 수 없었습니다. 나는 '내가 그분을 보면 돌아갈 필요가 없을 텐데, 그렇지 않을까?'라고 생각했습니다. 그래서 나는 몰래 엿보려 했고, 예수님께서 내 몸을 막으셨습니다.

그분은 내 앞에 나서서 말씀하셨습니다. "아니, 너는 네 아버지의 얼굴을 보고는 지구에서 살 수 없다." 내 몸은 나를 다시 데려갈 수 없었을 것이고 녹아 내렸을 것입니다. 당신이 하나님의 얼굴을 보면, 당신의 영은 영원히 각인될 것이고, 당신의 몸은 타락한 상태에 있기 때문에 그것을 감당할 수 없을 것입니다.

하나님의 임재 안에서 변화되는
옛적 길로 돌아가라.

모세는 아버지의 얼굴을 볼 수 있을 정도로 가까이 다가갔던 사람입니다. 그는 시내 산에서 예수님의 얼굴을 보았습니다. 왜냐하면 율법을 주신 분이 예수님이었기 때문입니다(출 34:1-28). 그분과의 만남이 어떠했는지 엿보기를 원한다면, 변화산에서 일어난 일에 대해 읽어보십시오. 베드로는 예수님께서 율법을 제시하시는 것을 초자연적으로 목격했습니다. 그분은 그들 모두를 시내 산으로 데려가셨고 엘리야도 데려오셨습니다(마 17:1-13). 엘리야와 모세는 예수님을 전에 만난 적이 있었기 때문에 그분과 함께 있는 것이 편안했습니다. 하나님의 임재에 이끌리는 것은 선한 길이 있는 곳으로 돌아가는 것의 일부입니다. 우리가 그분의 임재 안에서 걷고 그분께서 우리를 인도하시도록 할 때 우리는 변화되고 변모됩니다.

성령께서 당신을 이끄실 때

"기록된 바 하나님이 자기를 사랑하는 자들을 위하여 예비하신 모든 것은 눈으로 보지 못하고 귀로 듣지 못하고 사람의 마음으로 생각하지도 못하였다 함과 같으니라. 오직 하나님이 성령으로 이것을 우리에게 보이셨으니 성령은 모든 것 곧 하나님의 깊은 것까지도 통달하시느니라"(고전 2:9-10).

예수님께서 실체적으로 방에 들어오실 때, 하나님의 영이 너무나 강력하여 당신의 영 안에서 무슨 일이 일어나고 있는지 전혀 알 수 없습니다. 당신은 앉아 있는 동안 변모하기 시작하거나 미래로 이끌려 갈 수도 있습니다. 나는 항상 그렇게 느끼며, 내가 있는 곳에 거의 머무를 수 없는 지경에 이릅니다. 누군가가 나에게 눈을 흘기거나 사랑한다고 말하더라도, 그분은 변하지 않으시므로 아무것도 나에게 영향을 미치지 않습니다. 당신은 성령께서 당신을 원하시는 곳으로 이끄실 수 있는 지경에 이르러야 합니다. 그분은 당신을 미래로 데려가 당신이 살아내야 할 것을 보여주실 수도 있습니다.

"예수께서 그들을 보시며 이르시되 사람으로는 할 수 없으나

하나님으로서는 다 하실 수 있느니라"(마 19:26)

당신이 당신의 영 안에서 받는 인상들은 단순한 섬광이나 환상이 아닙니다. 당신은 말 그대로 당신의 미래를 보고 있는 것입니다. 하나님께서 당신이 가야 할 길을 드러내고 계십니다. 그러나 많은 사람은 이 인상들이 너무 좋은 것이라서 믿기 어렵다고 생각하며 이것들을 불신합니다. 그들이 보는 것은 가능해 보이지 않습니다. 나의 가족, 직원들, 그리고 나에게 매일 일어나는 모든 일은 하나님이 없었다면 불가능했을 것입니다.

주님께서는 코로나19 팬데믹 이전에 나에게 나타나셔서 말씀하셨습니다. "너는 폭포의 물이 벽을 타고 위로 흐르는 것을 보게 될 것이다. 너의 사역은 다음 달에 네 배로 커질 것이고, 너는 기적들을 보게 될 것이다. 그것은 절대로 멈추지 않을 것이다." 그분은 본질적으로 내가 물이 중력을 거슬러 벽을 타고 흐르는 것과 같은 초자연적인 경험을 하게 될 것이라고 말씀하셨습니다! 나는 그것이 불가능한 일임에도 불구하고 주님께서 나에게 말씀하셨기 때문에 그 약속을 붙잡기로 선택해야 했습니다.

주님께서 '워리어 노츠'(Warrior Notes)에 대해 말씀하신 지난 3-4년 동안 사역 학교는 기하급수적인 성장을 경험했습니다. 5년 전, 캐시와 나는 우리가 가지고 있던 6명의 파트너 목록을 놓고 기도했습니다. 이제 우리는 하나님께서 우리와 함께하고 이 사역을 돕도록 부르신 수천 명의 파트너와 함께하고 있습니다. 우리 파트너들이 없었다면, 우리는 가는 곳마다 돈을 잃었을 것입니다. 나는 사람들에게 "주고 싶지 않으면 주지 마세요. 그리고 그것에 대해 웃을 수 없다면 제발 주지 마세요. 그리고 돈이 없으면 책 판매대에 있는 책들을 그냥 가져가세요"라고 말합니다. 전문가들은 이것이 사역 자살행위라고 말했습니다. 그러나 하나님은 당신을 위해 나를 다시 보내셨고, 당신은 필요한 것을 가져야 합니다. 그러므로 나는 내가 책임지는 동안 그것이 이루어지도록 할 것입니다.

그게 다야?

당신은 성령께서 당신을 뜨겁게 달구시도록 허용해야 합니다. 그래서 귀신들이 당신을 싫어하고, 당신 주변에 있기를 원하지 않으며, 당신에게 말하기 전에 두 번 생각하게 될 것입니다. 귀신들이 무언가 말하는 것을 듣고, 그들이 당신을 괴롭힌다고 느낄 때, 그냥 어깨에서 털어내십시오. 한번은 캐시와 내가 짐을 꾸리고 모든 준비를 마친 후 비행기로 가려고 했습니다. 내가 차에 짐을 싣기 위해 밖에 나갔는데 타이어가 펑크 난 것을 보았습니다. 나는 "그게 다야? 네가 할 수 있는 게 그게 다야?"라고 말했습니다. 나는 하나님께서 항상 수풀에 숫양을 예비하신다는 것을 압니다(창 22:13-14). 그분은 항상 길을 만드십니다.

당신은 이것을 이해해야 합니다. 실패는 우리를 진리로 이끄는 학습 과정의 일부입니다. WD-40 오일의 이야기는 이 제품이 39번 실패했고, 40번째 시도에서 물을 대체했다는 것입니다. 우리는 WD-39가 있던 곳에 있을 수 있지만, WD-40처럼 돌파하려고 합니다. 그 변화는 시간 문제일 뿐입니다. 당신은 당신을 진정으로 사랑하고 아끼는 사람을 만나고, 진정으로 사랑하고 당신을 위해 기도해 주는 교회를 찾게 될 것입니다. 그것은 이루어질 것입니다. 단지 시간 문제일 뿐입니다.

"예수께서 대답하시되 첫째는 이것이니 이스라엘아 들으라. 주 곧 우리 하나님은 유일한 주시라. 네 마음을 다하고 목숨을 다하고 뜻을 다하고 힘을 다하여 주 너의 하나님을 사랑하라 하신 것이요, 둘째는 이것이니 네 이웃을 네 자신과 같이 사랑하라 하신 것이라. 이보다 더 큰 계명이 없느니라"(막 12:29-31).

나는 교회가 망가진 시스템을 고치는 데 부름받았다고 믿지 않습니다. 대신, 우리는 하나님께서 우리를 복음의 순수함으로 되돌리시도록 허용해야 합니다. 그것은 성경 공부가 될 수도 있고, 음식과 담요를 나눠주는 일이 될 수도 있습니다. 그것은 효과가 있는 단순한 것들로 돌아가는 것입니다. 그것은 사람들을 사랑하는 것입니다.

당신의 이웃을 당신 자신처럼 사랑하는
옛적 길로 돌아가라.

예수님께서는 대형 교회를 작은 성경 공부 모임으로 바꾸는 공식을 주셨습니다. 그분은 말씀하셨습니다. "내 살을 먹지 아니하고 내 피를 마시지 아니하면 너희 속에 생명이 없느니라." 성경은 그날 대부분의 사람들이 그분을 떠났다고 말씀합니다. 예수님은 본질적으로 "우리는 다시 가정 교회로 돌아왔다"라고 말씀하신 것입니다. 예수님에게 남은 것은 오직 제자들뿐이었습니다(요 6:53-66 참조).

> "예수께서 열두 제자에게 이르시되 너희도 가려느냐? 시몬 베드로가 대답하되 주여 영생의 말씀이 주께 있사오니 우리가 누구에게로 가오리이까? 우리가 주는 하나님의 거룩하신 자이신 줄 믿고 알았사옵나이다"(요 6:67-69).

예수님은 열두 제자에게 그들도 자신을 떠나고 싶은지 물으셨습니다. 시몬 베드로는 예수님께 자신들이 어디로 가겠느냐고 물었습니다. 그분에게는 생명의 말씀이 있었습니다. 그들은 예수님과 함께 살았기 때문에 그분께 사로잡혔고, 그분께서 하신 모든 말씀이 그들을 매료시켰습니다. 왜일까요? 그분께서 진심으로 그들을 사랑하셨기 때문입니다.

구속받은 자들의 노래

"그 두루마리를 취하시매 네 생물과 이십사 장로들이 그 어린 양 앞에 엎드려 각각 거문고와 향이 가득한 금 대접을 가졌으니 이 향은 성도들의 기도들이라. 그들이 새 노래를 불러 이르되 두루마리를 가지시고 그 인봉을 떼기에 합당하시도다. 일찍이 죽임을 당하사 각 족속과 방언과 백성과 나라 가운데에서 사람들을 피로 사서 하나님께 드리시고 그들로 우리 하나님 앞에서 나라와 제사장들을 삼으셨으니 그들이 땅에서 왕

노릇 하리로다 하더라. 내가 또 보고 들으매 보좌와 생물들과 장로들을 둘러 선 많은 천사의 음성이 있으니 그 수가 만만이요 천천이라"(계 5:8-11).

우리는 주 예수 그리스도께로 이끌릴 종말에 매우 가까이 와 있습니다. 신부가 준비되고 있습니다. 내가 전하도록 보내진 메시지를 나눌 때, 내 영은 미래로 향합니다. 내가 천국에 있었을 때, 예수님은 우리가 모두 함께 있을 종말을 보여주셨습니다. 나는 흰 옷을 입은 사람들이 구속받은 자들의 노래를 부르고 있었는 것을 보았습니다. 천사들은 엎드려 "거룩하다, 거룩하다"라고 외치고 있었습니다. 언젠가 우리는 모두 보좌 앞에 서서 하나님의 어린 양에게 노래할 것입니다.

나는 예수님을 경배하는 천사들과 성도들을 보았습니다. 경배에서 흘러나오는 숨결은 황금 가루로 된 구름 같았고, 그것이 나와 예수님 위로 흘러내렸습니다. 그분의 백성과 천사들의 경배가 그분 위로 씻겨 내려갔습니다. 아버지께서 죽임을 당하신 어린 양이 그의 고난에 대한 보상을 받고 있다고 선포하셨습니다. 우리 모두는 그분을 섬기고 있었고, 그것은 너무나 아름다웠습니다. 예수님께서 그분의 보좌에 계실 때, 나는 그분께서 모든 사람(우리 모두)의 사랑에 압도당하는 것을 보았습니다. 나는 우리가 그날 모두 그곳에 있을 것이고, 모든 것이 가치 있을 것이라는 점을 깨달았습니다.

예수님께서 걸어오셨고, 나는 마치 선 같지만 영원히 이어지는 빛의 줄을 보았습니다. 예수님께서 엄지 손톱으로 빛의 줄을 따라 선을 긋는 것을 보았습니다. 그분은 광대한 빛의 줄이 영원을 나타내고, 그 안에 그어진 작은 엄지 손톱 선은 비교적 인류의 존재를 나타낸다고 말씀하셨습니다. 그러고 나서 그분은 나에게 물으셨습니다. "무엇을 걱정하느냐?"

성경의 모든 선지자는 하나님의 백성이 그분께로 돌아오라고 외쳤습니다. 우리는 또한 요한계시록에서도 이것을 봅니다. 예수님께서 요한을 통해 말씀하시며 교회가 그들의 첫사랑으로 돌아가라고 말씀하십니다(계 2:4-5 참조). 내가 구원받기 일주일 전, 거울을 보고 있었을 때 예수님께서 내 뒤에 나타나셔서 분명히 말씀하셨습니다. "언제까지 너답지 않은 사람으로 살려고 하느냐?" 나는 일주일 후에 구원받았고, 이전에는 절대로 울지 않았는데 울기 시작했습니다.

예수님께서 나에게 분명히 말씀하셨을 때, 나는 아직 구원받지도 않은 상태였습니다. 그러나 나는 예배 중에 있었습니다. 거울 속의 나 자신을 예배하고 있었습니다. 나는 너무 잘생겨서 어떤 여자도 나에게 합당하지 않다고 생각하여 나 자신과 결혼할 생각까지 했습니다. 나는 마귀의 체제인 종교를 추구하려고 시도해 보았지만 소용이 없었습니다. 그리고 지금처럼 예수님을 알지 못했기 때문에, 나는 그저 나 자신을 예배했습니다. 그래서 하나님께서 나의 예배를 중단시키신 것입니다.

나는 '나를', '나 자신', 그리고 '나' 운동의 일부였습니다. 그것은 약 3피트 폭의 작은 세상이었습니다. 하나님께서 나에게 분명히 말씀하셨을 때, 나는 그분께서 나를 그분의 완벽한 계획에 맞도록 창조하셨다는 것을 깨달았습니다. 나는 가치와 목적을 가지고 있었고, 이 세상에 순응하도록 만들어지지 않앉습니다. 그분은 지금 당신에게도 똑같은 것을 말씀하고 계십니다.

하나님의 완벽한 계획에 맞춰지는
옛적 길로 돌아가라.

당신을 위한 예언적 메시지와 기도

모든 것을 내려놓으세요. 모든 실패, 과거, 그리고 모든 비현실적인 기대를 내려놓으십시오. 그저 모든 것을 내려놓고 주님을 예배하십시오. 그분께서 당신에게 말씀하시도록 하십시오. 그분은 당신을 치유하고 계십니다. 성령께서 당신을 조정하시며 말씀하십니다. "내가 이미 너에 대해 말한 것에 맞서 싸우지 마라. 너는 중독을 내려놓아야 한다. 왜냐하면 너는 그것보다 더 나은 존재이기 때문이다. 너는 왕족이다! 너는 학대받았지만, 그것은 내가 한 것이 아니다. 다시 그런 것들에게 돌아가지 마라. 왜냐하면 너는 그것보다 더 나은 존재이기 때문이다. 나는 너를 사랑한다. 해방이 오고 있다."

당신에게 더 좋은 일이 생길 것입니다. 당신은 숨 쉴 수 있게 될 것입니다. 당신의 친척들과 당신을 해친 자들을 통해 말했던 모든 거짓말하는 귀신들은 자신들이 무엇을 했는지 전혀 모릅니다. 사탄의 권세는 당신의 삶에서 끊어졌고, 치유가 오고 있습니다. 지금 흘러나오고 있습니다. 주님은 이 모든 것을 통해 당신을 이 시간과 장소로 데려오셨습니다. 당신이 겪어 온 모든 것은 당신의 준비를 위한 것입니다. 주님은 진정으로 당신과 함께하십니다. 그분은 당신의 인격을 형성하고 계십니다. 우상숭배(다른 것들을 숭배하는 것)를 내려놓으십시오. 원수의 권세는 예수님의 이름으로 깨어졌습니다. 하나님은 당신의 돈을 원하지 않으십니다. 그분은 당신을 원하십니다.

> 아버지, 우리에게 자비를 베푸십시오.
> 주의 성령으로 우리의 마음을 치유하십시오.
> 주님, 우리가 주께 부르짖습니다.
> 주께서 우리를 도와주셔야 합니다.
> 주님, 우리 안에서 크게 일어나십시오.
> 예수님의 이름으로 기도합니다. 아멘.

주님께서 "나는 무에서 유를 창조할 것이다. 그것은 너에게 올 것이다"라고 말씀하셨습니다. 시편 139편 16절은 우리 각자의 날들이 책에 기록되어 있다고 말합니다. 주 예수 그리스도께서 오늘 당신에 대해 기록된 것에 그분의 손가락을 대고 계십니다. 이것은 되돌아갈 수 없는 지점입니다. 뒤의 문들은 닫혔습니다. 당신은 돌아가지 않을 것입니다. 당신 안에는 책들이 있습니다. 당신 안에는 노래들이 있습니다. 하나님의 아들이 당신 안에 계시니, 그분께서 말씀하시도록 하십시오. 당신이 믿는다면, 당신에게 불가능한 것은 없을 것입니다. 믿는 자들에게는 모든 것이 가능합니다.

놀랍고 위엄 있는 성령과의 교제를 경험하기 위해 구하십시오. 이것은 하나님과의 동행을 향상시키고 당신을 발전시킬 것입니다. 성령께서 당신의 기도 생활에 영향을 미칠 것이라는 점을 고려하십시오. 성령께서 당신을 통해 무언가를 말씀하고 싶어 하시며 당신을 재촉하고 계신 지 감지할 수 있어야 합니다. 당신의 혀는 키(rudder)이니, 당신이 가는 곳을 말해야 합니다. 나는 당신이 역사를 바꿀 것이라고 믿습니다. 옛적 길로 돌아가서 하나님께서 우리를 위해 정하신 근본적인 진리(선한 길이 있는 곳) 안에서 걸어야 할 때입니다.

주님, 우리가 부르심을 받은 소망을 보고 알 수 있도록 우리의 눈을 열어주십시오.
성도들 안에 있는 영광스러운 유산과 예수님을 죽은 자 가운데서 살리신 권능이 우리 안에 거하고 있음을 이해하도록 도와주십시오.
주님, 지금 바로 주의 계시의 빛으로 우리를 채워주십시오.
아버지, 우리 안에서 주의 권능과 하나님의 영의 조명이 터져 나오게 하십시오.
예수님의 이름으로 기도합니다. 아멘.

CHAPTER 05
하나님의 선택된 길에는 선택된 금식이 있다

"내가 원하는 금식은 부당하게 갇힌 자들을 풀어주고, 당신을 위해 일하는 자들의 짐을 가볍게 해주며, 억압받는 자들을 자유롭게 하고, 사람들을 묶는 사슬을 끊어주는 것이다. 굶주린 자들과 음식을 나누고, 집 없는 자들에게 잠자리를 제공하며, 옷이 필요한 자들에게 옷을 주고, 도움이 필요한 친척들에게 숨지 마라"(사 58:6-7 새생활성경).

당신이 무엇을 하든지 주님을 위해 전심으로 하십시오. 그것이 당신의 삶에 선택된 길이며, 그리스도 안에서 당신의 운명으로 나아가게 할 길임을 아십시오. 당신은 주님의 음성을 들어야 합니다. 그분은 당신을 이 세상에서 빠지도록 하려고 하는 모든 것을 제거하기를 원하십니다. 하나님은 당신의 모든 것을 원하십니다.

하나님은 우리 삶의 모든 우상을 없애기를 원하십니다. 만약 당신의 우상이 돈이라면, 당신은 항상 돈 문제에 시달릴 것입니다. 만약 당신이 돈을 쫓으면 돈은 항상 당신에게서 세 발자국 떨어져 있을 것입니다. 당신은 돈을 잡을 수 없을 것이고 절대로 충분하다고 느끼지 못할 것입니다. 그러나 하나님은 충분함 이상이십니다. 그분은 너무나 풍성하십니다. 그분은 마치 쓰나미처럼 당신 뒤에서 나타나셔서 그분의 선하심으로 당신을 압도하십니다. 그분은 앞에서 오시는 것이 아니라, 당신이 그분의 뜻을 행하고 있을 때 당신을 덮치십니다. 당신은 하나님께서 당신에게 하라고 하신 것을 재정적으로 책임지도록 임명되지 않았습니다. 그분은 자신이 부르신 자들을 위해 공급하실 것입니다. 마찬가지로, 당신은 사람들을 치유하도록 임명되지 않았습니다. 당신의 일은 사람들이 치유되도록 기도하는 것입니다.

"서로 사랑해야 할 의무 외에는 누구에게도 아무것도 빚지지 마십시오. 만약 당신이 이웃을 사랑한다면, 당신은 하나님의 율법의 요구 사항을 충족시킬 것입니다"(롬 13:8 새생활성경).

워리어 노트는 단 한 번도 빚을 진 적이 없습니다. 이는 캐시와 내가 워리어 노트를 시작하기도 전에 빚이 없는 상태가 되었기 때문입니다. 우리는 교훈을 배웠습니다. 이제 우리가 하는 모든 일은 사전에 재정적으로 준비됩니다. 왜냐하면 하나님은 너무나 풍성하시기 때문입니다. 지금 당신을 비웃는 모든 것, 모든 청구서와 빚은 이제 곧 잠잠해질 것입니다. 대적의 전략은 당신을 대적 자신처럼 작은 사람으로 계속 살게 하는 것입니다.

귀신들이 당신에게 말할 때, 당신은 웅얼거리는 소리만 들어야 합니다. 당신은 그들에게 "나는 네 말을 들을 수 없어"라고 말해야 합니다. 그때 그들은 당신 발 밑에서 으스러질 것입니다(시 91:13 참조). 하나님은 당신에게 승리를 주시기를 원하시지만, 그것은 세상의 작동 방식을 통해서 오지 않습니다. 원수를 으스러뜨리는 것은 당신이 다른 사람들에게 봉사하고 스스로 도울 수 없는 사람들을 돌볼 때 일어납니다. 그때 하나님께서 당신에게 갚으십니다(잠 19:17 참조).

주님이 기뻐하시는 금식

"그러나 그들은 매우 경건한 척한다! 그들은 매일 성전에 와서 나에 대해 배우는 것을 기뻐하는 듯하다. 그들은 마치 하나님의 법을 절대로 버리지 않을 의로운 나라처럼 행동한다. 그들은 나에게 자신들을 위해 행동해달라고 요청하며, 나에게 가까이 있기를 원하는 척한다. 그들은 '우리가 주님 앞에서 금식했습니다! 왜 주님은 감동하지 않으십니까? 우리가 우리 자신에게 매우 엄격했는데, 주님은 그것조차 알아채지 못하십니까?'라고 말한다. 나는 '내가 왜 그런지 말해주겠다! 그것은 너희가 너희 자신을 기쁘게 하려고 금식하기 때문이다. 금식하는 동안에도 너희는 너희 일꾼들을 계속 억압한다'라고 대답한다"(사 58:2-3 새생활성경).

하나님을 아는 척하면서도 자신들을 위해 살았던 경건한

사람들에 대한 이 언급은 종교적인 행위의 예시입니다. 현대의 예시로는 믿는 자들이 "우리가 모든 헌금을 드린 것은 목사님이 울었기 때문이다"라고 말하고, 100배의 보상을 받지 못했을 때 화를 내는 것입니다. 3절에서 주님은 응답하지 않으신 이유를 말씀하셨습니다. 이는 그들이 자신들을 기쁘게 하고 다른 사람들을 억압했기 때문입니다.

주님께서 이사야 58장에서 그분이 원하시는 금식의 종류를 설명하셨을 때, 캐시와 나는 이 말씀에 주의를 기울였습니다. 우리는 이 구절부터 이 장의 끝까지 따랐고, 하늘이 우리에게 활짝 열렸습니다. 우리는 이제 돈을 심을 곳을 찾아야 합니다. 우리가 돈을 심을 곳을 찾지 않기 때문에, 주님께서 그것을 우리에게 맡기셨습니다. 이것이 바로 차이점입니다. 성경에 따르면, 주님은 부당하게 갇힌 자들이 해방되고, 직원들의 무거운 짐이 가벼워지는 금식을 원하십니다. 그분은 사람들을 묶는 사슬을 제거하고 억압받는 자들을 자유롭게 하는 금식을 원하십니다.

우리 모두는 구원 사역자입니다. 그것은 전문화된 사역이 아니며, 번영 복음이라는 것도 없습니다. 오직 복음만이 있을 뿐입니다. 사람들이 자신들이 치유 사역자라고 말할 때, 나는 '농담하는 거죠?'라고 생각합니다. 그들이 전해야 할 나머지 메시지는 무엇일까요? 내가 하나님이라면, 그들이 요구받은 것의 극히 일부만 하고 있기 때문에 그들의 보수를 삭감할 것입니다.

이사야 58장에 따르면, 주님은 우리에게 억압받는 자들을 자유롭게 하고 사슬에 묶인 자들을 풀어주라고 지시하셨습니다. 이것은 당신이 누군가 사슬에 묶여 있는 것을 본다면, 그것들을 풀어주는 것이 당신의 책임이라는 것을 의미합니다. 당신은 그들과 이야기하고, 그들과 함께 일하기 시작하며, 그 귀신들을 너무나 짜증 나게 해서 그들이 그냥 떠나도록 해야 합니다. 그들은 더는 머무르려고 하지 않을 것입니다.

이사야 58장 7절에서 주님은 굶주린 자들과 음식을 나누고, 집 없는 자들에게 잠자리를 제공하며, 옷이 필요한 자들에게 옷을 주라고 말씀하십니다. 옷이 필요한 자들에게 당신의 옷을 주는 것에는 당신이 가장 좋아하는 물건들, 심지어 당신이 가장 좋아하는 지갑도 포함됩니다! 우리는 또한 도움이 필요한 친척들에게 숨지 말라는 지시를 받았습니다.

당신의 구원이 터져 나올 것이다

"그러면 너희의 구원이 새벽처럼 올 것이고, 너희의 상처는 빠르게 치유될 것이다. 너희의 경건함이 너희를 앞으로 인도할 것이고, 주님의 영광이 뒤에서 너희를 보호할 것이다"(사 58:8 새생활성경).

우리가 이사야 58장 6-7절이 말씀하는 주님의 명령을 따를 때, 하나님은 8절에서 "그러면 너희의 구원이 새벽처럼 올 것이다"라고 약속하십니다. 여기서부터 구원이 터져 나옵니다. 구원을 뜻하는 히브리어 단어는 '예수아'(Yeshua)이며, 이는 예수님의 히브리어 이름입니다(사 62:1 참조).[6] 8절은 다음과 같이

---

6   "렉시콘: Strong's H3444–yəšûʿâ," Blue Letter Bible, 2024년 5월 2일 접속, https://www.blueletterbible.org/lexicon/h3444/kjv/wlc/0-1/.

읽힐 수 있습니다. "그러면 너희의 예수(너희의 구원과 구원자)가 새벽처럼 올 것이고, 너희는 빠르게 치유될 것이다."

캐시와 나는 우리에게 갚을 수 없는 사람들을 찾아냈습니다. 우리는 앉아서 우리가 아는 과부와 고아들의 명단을 작성했습니다. 한 번은 내가 캐시에게 우리가 도울 수 있는 과부를 빨리 찾아야 한다고 말했습니다. 캐시는 근처에 한 과부가 있었지만, 그녀는 매우 부유한 여자라고 말했습니다. 사실, 그녀는 억만장자였습니다. 나는 캐시에게 그녀가 과부이면 상관없다고 말했습니다. 우리는 그녀를 찾아 그녀 스스로 할 수 없는 일을 도왔습니다. 그녀는 말을 사고 싶었지만 혼자서는 살 수 없었습니다. 캐시는 말을 찾아 그 말을 타보고 안전한지 확인했습니다. 캐시는 심지어 좋은 가격인지도 확인했습니다. 우리는 이 과부에게서 아무것도 받지 않았지만, 우리가 그녀를 도운 후에 모든 것이 우리에게 활짝 열렸습니다.

당신에게 갚을 수 없는 자들에게 주는 옛적 길로 돌아가라.

만약 당신이 도움이 필요한 사람들을 돕는다면, 당신의 구원 또는 구원이 터져 나올 것입니다. 당신은 복음의 폭발을 받게 될 것입니다. 다시 말해, 당신이 이 일들을 행하면, 당신이 전해야 할 모든 것이 당신에게 돌아올 것입니다. 당신의 구원이 올 것이고, 당신의 상처는 치유될 것이며, 당신의 경건함이 당신을 앞으로 인도할 것입니다. 하나님과의 동행은 폭발할 것입니다. 이 모든 일은 캐시와 나에게 일어났습니다. 왜냐하면 우리는 우리에게 갚을 수 없는 사람들을 찾고 있었기 때문입니다.

가난한 자를 돕는 것에 대한 보상

"가난한 자를 불쌍히 여기는 것은 여호와께 꾸어 드리는 것이니 그의 선행을 그에게 갚아 주시리라"(잠 19:17)

캐시와 나는 사역 단체에 헌금하지 않고 개인들을 돕기로 선택했습니다. 우리는 세금 영수증이나 어떤 세상적인 혜택도 받지 않았습니다. 하나님께서 우리에게 갚으셔야 했고, 정말 그렇게 하셨습니다! 우리는 빚에서 벗어났고, 그러고 나서 누군가가 우리 집값을 갚아주었습니다. 그것은 주택 시장 붕괴의 바닥에서 일어났습니다. 모두가 집을 담보로 채무 불이행을 하던 2009년 2월이었습니다.

우리는 은행 담당자와 연결하여 그 달 15일까지 대출금을 갚기 위한 라우팅 번호(routing number)를 받는 데 두 시간이 걸렸습니다. 마침내 은행 직원과 통화했을 때, 나는 그 사람에게 주택 대금을 갚고 싶다고 말했습니다. 그는 "농담하는 건 아니시죠"라고 말했습니다. 나는 진지하다고 말했고, 그는 "진심이세요? 저는 방금 집을 잃을 위기에 처한 사람들이 몇 시간 동안 우는 소리를 들었습니다. 농담하시면 안 됩니다"라고 답했습니다. 나는 농담이 아니며 그 달 15일 이전에 상환 금액을 알아야 한다고 설명했습니다. 나는 라우팅 번호를 요청했고, 그 은행이 나에게서 돈을 받을 것이라고 약속했습니다.

우리는 시중 은행을 이용했기 때문에 온라인으로 송금하여 주택 대금을 전액 상환할 수 있었습니다. 그들이 대금을 수령했음에도 불구하고, 우리는 은행으로부터 다음과 같은 채무 불이행 통지서를 받았습니다. "만약 15일까지 0.00달러를 지급하지 않으면, 귀하는 모든 신용 기관에 보고될 것이며 귀하의 계정은 채무 불이행 상태가 될 것입니다." 우리는 이 문서를 여전히 가지고 있습니다.

나는 은행에 다시 전화해야 했습니다. 통화하는데 또 두 시간이 걸렸습니다. 그들은 "이해할 수 없습니다. 은행 컴퓨터 시스템이 고객님을 좋아하지 않는 것 같습니다. 기록이 풀리지 않겠지만, 고객님은 전액 지급하셨으니 보고에 대해 걱정하지 마십시오"라고 말했습니다. 그러고 나서 나는 대기 상태에 놓였습니다. 이 모든 일은 우리가 아낌없이 베푼 후에 일어났고, 주님은 매우 강력하게 역사하셨습니다. 하지만 사탄은 우리를 자신의 시스템에서 풀어주지 않았습니다.

대기 후에 은행 관리자가 돌아와서 말했습니다. "이 계정을 풀어주는 유일한 방법은 당신이 전액에 대한 실제 수표를 보내주시면, 우리가 여기서 시스템을 통해 처리할 수 있습니다. 0달러짜리 수표를 발행하시겠습니까?" 우리는 여전히 그 취소된 수표를 가지고 있습니다. 시스템은 마침내 우리를 풀어주었습니다. 이것이 바로 당신이 다루고 있는 것입니다. 하나님은 우리에게 시스템에서 벗어나는 방법을 보여주셨지만, 마귀는 우리를 놓아주려 하지 않았습니다.

하나님은 우리가 움직이기를 기다리신다

우리가 논의했듯이, 당신이 하나님의 뜻을 행하면, 당신의 구원이 새벽처럼 올 것이고, 당신의 상처는 치유될 것이며, 당신의 경건함이 당신을 앞으로 인도할 것이고, 주님의 영광이 뒤에서 당신을 보호할 것입니다. 그분은 당신의 후방 방어막이 되실 것입니다. 상황은 더 나아질 것입니다. 당신이 주님을 부르면, 응답하실 것입니다.

이사야 시대의 사람들은 주님을 불렀지만, 그것은 그분 자신을 기쁘게 하기 위함이 아니라 자신들을 기쁘게 하기 위해 불렀습니다. 그들은 모든 것을 외적으로 행했고, 아무것도 일어나지 않았습니다. 지금 교회에서 일어나고 있는 일도 마찬가지입니다. 우리는 잘못하고 있습니다. 우리는 하나님께서 역사하시기를 원하지만, 우리 자신은 움직이지 않고 있습니다. 우리가 먼저 움직여야 합니다. 그러면 우리가 부를 때, 주님께서 "내가 여기 있다"(사 58:9)라고 속히 응답하실 것입니다.

> "굶주린 자들을 먹이고, 어려움에 처한 자들을 도와라. 그러면 너희의 빛이 어둠 속에서 빛날 것이고, 네 주변의 어둠은 한낮처럼 밝을 것이다"(사 58:10 새생활성경).

주님은 캐시와 내가 알려지기도 전에 우리를 위해 돌파구를 열어주셨습니다. 나는 책 한 권도 쓰지 않았습니다. 캐시와 나는 빚에서 벗어나기 위해 10년 내내 초과 근무를 했고, 서로의 얼굴을 거의 보지 못했습니다. 나는 당신을 우리가 애리조

나 피닉스에서 소유했던 집으로 데려가 우리 뒤뜰에서 내가 방언으로 기도하며 모든 것이 바뀌었던 장소를 보여줄 수 있습니다. 이사야 58장 9절에 나와 있듯이, 우리의 구원이 터져 나왔고, 주님께서 나에게 "너는 빚에서 벗어날 것이다. 오늘부터 시작된다. 그리고 이것이 네가 할 일이다"라고 말씀하셨습니다. 그러고 나서 그분은 나에게 지시하셨습니다.

"너희가 오른쪽으로 치우치든지 왼쪽으로 치우치든지 네 뒤에서 말소리가 네 귀에 들려 이르기를 이것이 바른 길이니 너희는 이리로 가라 할 것이며"(사 30:21).

사우스웨스트 항공의 승무원으로서 나의 스케줄은 한 달 전에 설정되었고, 각 비행기의 꼬리 번호까지 매우 상세했습니다. 그것은 한 달 동안 내가 갈 모든 도시와 함께 비행할 모든 승무원들을 포함했습니다. 하루에 네다섯 편의 비행이 있었고, 나는 매달 수십 편의 비행을 했습니다. 내가 선임 승무원이었기 때문에, 나의 스케줄에는 가장 수입이 좋은 노선과 도시가 포함되었습니다. 모든 신입 승무원은 나의 스케줄을 원했습니다. 주님께서 나에게 "여기 네가 할 일이 있다. 너는 네 스케줄을 제시하고 사람들이 원하는 노선을 가져가도록 해라. 한 달 동안 네 스케줄을 비워라" 하고 지시하셨습니다. 그러고 나서 9.11 테러가 발생했고, 승무원들은 다른 공격이 일어날까 봐 아무도 비행하고 싶어 하지 않았습니다. 많은 사람이 승무원 일을 그만두었습니다. 그러나 주님은 나에게 그런 일은 다시 일어나지 않을 것이라고 말씀하셨습니다.

나는 내 노선을 포기하고 시간당 1.5배와 2배 수당 리스트에 내 이름을 올렸습니다. 10년 동안 나는 정규 시간으로 일할 필요가 없었습니다. 첫 달 내내 2배 수당을 받았습니다. 나는 10년 동안 승무원으로 이 일을 계속했고, 연간 10만 달러 이상을 벌었습니다. 그 10년 동안 나는 고객들에게 "죄송합니다. 날씨가 안 좋습니다. 죄송합니다. 비행기가 고장 났습니다. 콜라 여기 있습니다"라고 말했습니다. 내가 받고 있던 시간당 임금은 믿을 수 없을 정도였습니다. 하나님께서 나에게 답을 주셨습니다. 그것이 빚에서 벗어나는 길이었습니다.

캐시도 가능한 한 열심히 일하며 자신의 미용실에서 머리카락을 잘랐습니다. 그 10년 동안 우리는 둘 다 항상 일했습니다. 그 후에 우리는 부엌 식탁에 앉아 스테이크로 저녁 식사를 했습니다. 왜냐하면 우리는 마지막 신용카드 빚을 갚았기 때문입니다. 우리는 자동차 할부금과 최종 청구서를 모두 갚고 나서 하나님의 능력 아래에서 울며 앉아 있었습니다. 이 모든 일은 우리가 이사야 58장을 읽고 순종했기 때문에 일어났습니다. 당신은 옛적 길을 걸을 때, 선한 길이 있는 곳에서 하나님이 당신에게 주시는 안식을 찾을 것입니다(렘 6:16). 이것이 하나님이 선택하신 길인 옛적 길이며, 교회가 기능해야 하는 방식입니다.

하나님의 안식 안에 거하며,
당신의 구원이 당신을 위해 터져 나올
옛적 길로 돌아가라!

당신의 "예"에는 발이 있어야 한다

"사람의 모든 길은 자기 눈에는 깨끗하고 무죄해 보이지만[자신의 행동에서 아무런 잘못을 보지 못할 수 있지만], 주님은 [마음의] 동기와 의도를 무게를 달고 조사하시며 [진실을 아신다]"(잠 16:2 확대역).

주님은 당신의 '예'를 찾고 계시지만, 당신의 '예'에는 발이 있어야 합니다. 다시 말해, 그분은 당신의 삶에 좋은 열매(그분의 말씀에 순종하여 당신의 마음에서 흘러나오는 행동)가 있기를 원하십니다. 그분은 당신이 동의한다고 말한다고 해서 반드시 당신을 믿으시는 것은 아닙니다.

하나님은 당신의 마음을 아십니다. 그러므로 당신이 무엇인가를 말하지만 당신의 마음이 그 안에 없다면, 그분은 그것을 아십니다. 안타깝지만, 이것은 그리스도의 몸 안에서 너무나 자주 일어납니다. 우리 중 많은 사람이 트라우마를 겪고, 상처받고, 거부당했기 때문에, 우리는 해야 할 말이라고 생각하여 말합니다. 마찬가지로, 우리는 종종 의무감에서 종교적인 행위를 합니다. 그것은 피상적이고, 겉으로만 그럴듯하며, 표면적인 것이 됩니다. 이런 일이 일어날 때, 주님은 당신의 유입(inflow)뿐만 아니라 당신의 유출(outflow), 즉 당신에게서 흘러나오는 것에 영향을 미치실 것입니다.

"이 백성이 입술로는 나를 공경하되 마음은 내게서 멀도다. 사람의 계명으로 교훈을 삼아 가르치니 나를 헛되이 경배하는도다 하였느니라 하시고 무리를 불러 이르시되 듣고 깨달으라. 입으로 들어가는 것이 사람을 더럽게 하는 것이 아니라 입에서 나오는 그것이 사람을 더럽게 하는 것이니라"(마 15:8-11).

주님께서 나에게 유출(流出)을 조절하는 예시를 보여주셨습니다. 나는 '컨슈머 리포트'(Consumer Reports)에서 주택에 여섯 가지를 하면 전기 요금을 절반으로 줄일 수 있다는 기사를 읽었습니다.[7] 그때 캐시와 나는 피닉스에 살고 있었습니다. 우리는 그곳을 '태양의 계곡'이라고 부르지만, 실제로는 태양 표면에 더 비슷했습니다. 나는 여름에 자정에 달리기를 하러 나갔는데, 여전히 기온이 섭씨 38도였습니다. 때로는 보도가 내 신발을 녹여서 타는 냄새가 날 정도였습니다.

내가 사우스웨스트 항공에서 일할 때, 때로는 외부 온도가 섭씨 50도, 활주로 온도가 섭씨 66도였기 때문에 비행기가 이륙할 수 없었습니다. 우리는 보잉사에 전화해서 안전하고 합법적으로 이륙하는 데 필요한 활주로 거리를 계산하기 위한 데이터를 얻어야 했습니다. 그들은 차트에 그런 정보가 없었는데, 이는 극심한 더위 때문에 그것은 불가능했기 때문입니다.

태양 표면 같은 피닉스에서 하나님은 강력하게 오셨습니다. 그분은 나에게 '컨슈머 리포트' 기사에 언급된 여섯 가지를

7　Daniel DiClerico, "집에서 돈과 에너지를 절약하는 6가지 방법," Consumer Reports, 2017년 3월 10일, https://www.consumerreports.org/energy-efficiency/save-money-and-energy-at-home/.

내 집에 적용하면, 한 달 전기 요금이 600-700달러에서 300달러로 줄어들 수 있다는 것을 보여주셨습니다. 나는 필요한 모든 것을 사러 홈디포에 갔고, 조금씩 개선하여 우리의 전기 요금을 절반으로 줄였습니다. 나는 돈의 '유입'뿐만 아니라 '유출'도 잘 관리하는 것이 중요하다는 것을 깨달았습니다. 마찬가지로, 우리는 우리 삶으로 흘러들어오는 것과 우리의 말과 행동을 통해 흘러나가는 것을 지켜봐야 합니다.

천사들의 피난처

"모든 천사들은 구원을 상속받을 자들을 섬기기 위해 [하나님께서] 보내신 봉사하는 영들이 아닙니까? [물론 그렇습니다!]"(히 1:14 확대역)

하나님께서 나에게 빚에서 벗어나는 것에 대해 말씀하셨던 장소를 돌이켜보니, 그곳이 천사들의 피난처가 되어 있었습니다. 캐시와 나는 쉬는 날(그리 많지 않았지만) 밖에 나가서 방언으로 기도했습니다. 우리는 마당에 분수와 나무들을 만들고 기도 산책로를 조성했습니다. 한번은 구글 어스에서 위성 사진을 저장했는데, 우리 소유지가 그 지역에서 마당에 초목이 있는 유일한 곳이라는 것을 발견했습니다. 우리 주변의 모든 부동산이 돌, 선인장, 전갈이 있는 사막 같았던 것에 비해, 우리 집은 에덴동산 같았습니다.

어느 날 밤, 캐시와 내가 저녁 식사를 마친 후였습니다. 캐시는 마당에서 기도하러 먼저 나갔습니다. 이어서 내가 그녀에게 합류하기 위해 돌아서는 순간에 나는 그곳에 서 있던 천사들을 통과하며 짜릿한 경험을 했습니다. 우리에게 일어났던 모든 일 후에, 우리는 마침내 빛에서 벗어났고, 이제는 마당에 천사들이 와 있었습니다! 나는 기도하고 있었기에 그들이 거기 있는지도 몰랐고 보지도 못했습니다. 그러나 내가 돌아서자 마치 솜 같은 물질을 통과하는 것 같았고, 내 주위로 움직임이 가득한 가운데 내 영이 안에서 뛰어올라 놀라웠습니다.

갑자기 주님께서 나의 영적인 눈을 뜨게 하셨고, 나는 우리 마당에 서 있는 모든 천사를 보았습니다. 25명에서 30명 정도의 천사가 사방에 빼곡히 서 있었습니다. 나는 거기 서서 '이 모든 일이 내내 일어나고 있었는데, 주님께서 내 눈을 뜨게 하시기 전까지는 그들이 거기 있는지도 몰랐구나'라고 생각했습니다. 나는 마치 들림 받을 것 같은 느낌이 들었고 움직이고 싶지 않았습니다. 더는 땅을 느낄 수 없었고, 이 영역을 떠날 것 같은 느낌이 들었습니다.

천사들을 경험하는 동안, 나는 다른 (평행) 영역으로 넘어갔습니다. 나는 여전히 캐시가 안에서 기도하는 소리를 들을 수 있었습니다. 나는 육체적으로 내가 어디에 있는지 알았지만, 모든 천사를 볼 수 있었습니다. 나는 그들 중 한 명에게 그들이 거기서 무엇을 하고 있는지 물었고, 그는 "이번 주말에 순회 사역자가 피닉스로 올 것이기 때문에 우리가 파견되었습니다. 우리는 시내에 있는 그 집회에 배정되었습니다"라고 대답했습니다. 그들은 건물의 이름을 말하며 "당신은 이 북부 지역의 알려진 전초 기지이고, 당신의 마당은 피닉스의 전초 기지입니다"라고 말했습니다. 그들은 그곳이 자신들에게 안전한 장소라고 나에게 말했습니다.

나는 그들이 방문한다고 말했던 사역자를 찾아보았습니다. 다음 날 밤, 천사들이 말했던 대로 그가 컨벤션 센터에서 집회를 시작하고 있었습니다. 어떤 사람들은 이 사역자를 좋아하지 않았지만, 하나님의 천사들은 좋아했고 그의 집회에 배정되었습니다. 비록 내가 가지 않았지만, 그의 천사들이 나와 함께 있었기 때문에 나는 필요한 모든 것을 가졌습니다. 나는 주님께서 이 책에서 이러한 이야기들을 당신과 나누라고 나에게 말씀하셨다고 믿습니다. 왜냐하면 그분은 당신이 그것들로부터 배우고 성숙할 것이라고 신뢰하시기 때문입니다.

하나님께서 당신을 위해 상황을 뒤집으실 때

"주님께서 계속해서 너희를 인도하시며, 너희가 마를 때 물을 주시고 힘을 회복시켜 주실 것이다. 너희는 물이 잘 공급되는 정원 같을 것이며, 끊임없이 흐르는 샘 같을 것이다"(사 58:11 새생활성경).

당신이 이사야 58장에서 하나님께서 지시하신 대로 살기 시작하면, 더는 특정한 필요를 일일이 나열할 필요가 없습니다. 당신은 과거에 특정한 필요에 집중했을 수도 있습니다. 예를 들어, 그것은 자동차였을 수도 있습니다. 어쩌면 당신은 그것을 너무나 진지하게 여겨서 노래까지 만들었고, 그것 때문에 식사를 거르기도 했을 것입니다. 그러나 하나님께서 하고자 하시는 것은 당신을 특별히 당신을 위한 선택된 길(모든 것이 선하게 작용하도록 하는 길)에 놓는 것입니다. 그분은 당신 삶의 모든 부분에 관심이 있으십니다.

"**우리가 알거니와 하나님을 사랑하는 자들, 곧 그분의 목적에 따라 부르심을 받은 자들에게는 모든 것이 합력하여 선을 이룹니다**"(롬 8:28 새생활성경).

당신이 하나님의 방식대로 살 때, 얼마 지나지 않아 더는 병에 걸리지 않고 나쁜 결정을 내리지 않는다는 것을 알게 될 것입니다. 그것은 의식적인 것이 아니라, 어떤 시점에서 바뀌어 저절로 일어나기 시작합니다. 나는 나의 직원들과 목사 친구들을 포함하여 모든 사람에게 그것이 일어나기를 바랍니다. 나는 그것이 이제 상환의 때(하나님께서 당신을 위해 나타나시는 때)로 바뀌는 것을 지켜보고 있습니다.

"**내가 전에 너희에게 보낸 큰 군대 곧 메뚜기와 느치와 황충과 팥중이가 먹은 햇수대로 너희에게 갚아 주리니 너희는 먹되 풍족히 먹고 너희에게 놀라운 일을 행하신 너희 하나님 여호와의 이름을 찬송할 것이라. 내 백성이 영원히 수치를 당하지 아니하리로다. 그런즉 내가 이스라엘 가운데에 있어 너희 하나님 여호와가 되고 다른 이가 없는 줄을 너희가 알 것이라. 내 백성이 영원히 수치를 당하지 아니하리로다**"(욜 2:25-27).

나는 매우 가난한 가정에서 자랐기 때문에 첫 자전거를 직접 사야 했습니다. 그때는 최저 임금이 시간당 약 1.70달러 정도였습니다. 나는 마당당 5달러를 받고 큰 잔디밭들에서 잔디를 깎았습니다. 우리는 농지에 살았기 때문에 마당은 몇 에이커에 달했습니다. 나는 승용 잔디깎이가 없었고, 그저 수동 잔디깎이만 있었습니다. 모터도 없었고, 유일한 모터는 나였습니다. 나는 한 달 정도 그렇게 한 후에 K-마트에 가서 블루 라이트 스페셜을 샀습니다. 그것은 19.99달러에 팔리는 흰색 10단 자전거였습니다.

나는 또한 내 첫 차를 직접 사고 내 보험료도 직접 내야 해서, 18살이 될 때까지 운전도 하지 않았습니다. 내 타이어도 직접 사야 해서 절대로 급제동을 하지 않았고, 벌금을 직접 내야 해서 절대로 과속하지 않았습니다. 경찰관을 보면 차를 그냥 길가에 대고 그가 지나가도록 했습니다. 부모님은 내 대학 학비를 감당할 수 없었기에 내가 직접 내야 했습니다. 나는 모든 것을 직접 지급해야 했기 때문에 책임감 있고 신뢰할 수 있는 사람이 되었습니다.

아버지는 전문 색소폰 연주자였지만 나에게 악기를 사줄 수 없었습니다. 그분은 심지어 색소폰이나 다른 어떤 악기를 잡는 법도 가르쳐주지 않았습니다. 나를 도와줄 사람이 아무도 없었습니다. 나는 케니 G의 콘서트 비디오를 보면서 색소폰 잡는 법을 배웠고, 한 번도 레슨을 받은 적이 없습니다. 첼로를 배우기 위해 요요마(Yo-Yo Ma)를 시청한 다음, 아마존에서 산 첼로를 들고 어두운 방으로 갔습니다. 그 방에서 각 악기를 배우는 데 8개월이 걸렸습니다. 나는 방언으로 기도하고 어둠 속에서 연주하여 모든 음역대로 모든 악기를 연주할 수 있게 되었습니다. 지금은 아무런 도움이나 전문적인 훈련 없이 14개의 악기를 연주합니다.

"다만 우리에게 가난한 자들을 기억하도록 부탁하였으니 이것은 나도 본래부터 힘써 행하여 왔노라"(갈 2:10).

이것이 내가 가능한 한 많이 베푸는 이유입니다. 이것이 내가 악기와 자전거를 나누어주고, 누군가 돈이 필요하면 기도하고 그들을 돕기 위해 할 수 있는 모든 것을 하는 이유입니다. 나는 원수에게 상황을 뒤집을 것입니다. 지금은 보복할 때입니다! 만약 당신이 워리어 노트 컨퍼런스에서 책을 살 여유가 없으면 무료로 가져갈 수 있습니다. 나에게 유일하게 남은 일은 당신이 책들을 무료로 가져가도록 내가 돈을 주고 사는 것입니다. 내가 이렇게 하는 것은 하나님의 백성을 위한 변화가 있어야 하기 때문입니다. 나는 번영을 믿습니다. 왜냐하면 당신이 마귀에게 상황을 뒤집을 수 있는 것은 매우 건전한 것이기 때문입니다. 당신의 목표는 매달 청구서를 지급하는 것뿐만 아니라 당신 주변의 모든 사람을 돌보는 것입니다. 하나님은 당신을 위해 이 일을 하셔야 하며, 이 모든 것은 이사야 58장(음식 통조림, 담요 또는 양말을 나누어 주는 것)에서 시작됩니다.

"굶주린 자들과 음식을 나누고, 집 없는 자들에게 잠자리를 제공하며, 옷이 필요한 자들에게 옷을 주고, 도움이 필요한 친척들에게 숨지 마라"(사 58:7 새생활성경).

하나님의 넘치는 공급을 활용하는
옛적 길로 돌아가라.

당신은 아마존에서 양말 12켤레들이 묶음을 살 수 있습니다. 나는 수백 개의 묶음이 들어 있는 상자를 사서 길거리에서 나누어 줄 사역 단체로 보냅니다. 나는 또한 그들에게 담요를 제공합니다. 워리어 노트 직원들은 아동 보호 시설을 방문합니다. 입양되지 않은 아이들이 그곳에 살고 있으며, 우리는 그들을 축복합니다. 우리는 너무나 많은 선물을 주어서 비행기에 다 실을 수도 없기 때문에, 매년 더 많은 것을 구매할 수 있도록 추가 자금을 제공합니다. 당신도 이것을 할 수 있습니다.

"하나님은 당신에게 모든 은혜[모든 호의와 세상적인 축복]를 풍성하게 주실 수 있습니다. 그리하여 당신은 항상 [모든 상황에서, 필요와 관계없이] 모든 것에 완전한 충분함을 가질 수 있고 [그분 안에서 완전히 자급자족하며], 모든 선한 일과 자선 행위를 위해 풍성함을 가질 수 있습니다"(고후 9:8 확대역).

우리는 매년 아칸소에 있는 아동 보호 시설에서 크리스마스와 추수감사절 저녁 식사를 합니다. 더 많은 아이들이 살 곳이 필요했을 때 우리는 그들에게 집을 사주었고, 매달 재정적인 지원을 보냅니다. 나는 이 모든 것을 나눕니다. 왜냐하면 상황을 뒤집어야 하기 때문입니다. 하나님께서 길을 터주시는 것만으로는 충분하지 않습니다. 핵심은 넘쳐흐름을 활용하여 당신 주변의 모든 사람이 당신의 하나님이 하나님이심을 알게 하는 것입니다.

주님은 당신이 번영하기를 원하신다

"여호와의 말씀이니라. 너희를 향한 나의 생각을 내가 아나니 평안이요 재앙이 아니니라. 너희에게 미래와 희망을 주는 것이니라"(렘 29:11).

캐시와 나는 한동안 번영을 믿어야 한다고 농담했습니다. 왜냐하면 우리 주변에 아무도 믿지 않았기 때문입니다. 우리가 외식하러 갈 때, 우리는 다른 모든 사람들의 식사비를 지급해야 했습니다. 어떤 가족 구성원들은 우리를 비난하며 "네, 당신은 그 번영 같은 것을 믿으니까 그렇죠"라고 말했습니다. 그러고 나서 그들은 나에게 전화해서 돈을 빌리고 싶다고 말했습니다. 왜냐하면 내가 그 번영 같은 것을 믿었기 때문입니다.

하나님은 오셔서 모든 것을 올바르게 재정렬하여 당신이 그분께서 당신을 위해 선택하신 길로 들어서게 하셔야 합니다. 그분의 계획은 그분께서 당신에게 하라고 하신 모든 일에서 당신을 번영하게 하는 것입니다. 속도를 늦추지 마십시오. 그 모든 장벽을 뚫고 건너편으로 넘어가서 너무 많은 것을 가지게 되면, 그것을 나누어 주기 시작하십시오. 당신이 그렇게 할 때 하늘에서 당신의 보상이 클 것입니다. 번영은 더 큰 창고를 지어 물건을 저장하고 더 많은 것을 얻기 위한 것이 아닙니다(눅 12:16-21 참조).

내가 가진 모든 것은 도구이지 신분의 상징이 아닙니다. 나는 종종 사우스웨스트 항공 비행기 위로 비행합니다. 왜냐하면 사우스웨스트 항공사의 비행기들은 너무 느리고 너무 낮게 날기 때문입니다. 그것들은 방해가 되고 너무 비싸졌습니다. 50명의 직원 중 30명이 사역을 위해 나와 함께 이동합니다. 그들은 환상적인 일을 하며, 비행기는 그들이 필요한 곳으로 갈 수 있게 해주는 도구일 뿐입니다. 만약 비행기가 없다면, 우리는 항상 신뢰할 수 없는 항공사에 의존해야 할 것입니다.

공항을 이용하는 항공사들은 개인 항공기들이 갖지 않는 많은 제한이 있습니다. 누군가가 떠날 시간이라고 말하면, 나는 그저 손을 뻗어 두 번째 엔진을 시동하고 이륙합니다. 나는 누구에게도 허락을 구할 필요가 없습니다. 왜냐하면 나는 이미 그것을 가지고 있기 때문입니다. 그러나 비행기는 도구이지 신분의 상징이 아닙니다. 마찬가지로, 회의실을 가득 채우는 것이 하나님의 눈에는 성공과 같지 않습니다. 성공은 하나님께서 우리에게 하라고 요청하신 것을 하는 것입니다. 만약 당신이 그분의 뜻에 순종한다면, 당신에게는 모든 것이 활짝 열릴 것입니다.

"네 하나님 여호와를 기억하라. 그가 네게 재물 얻을 능력을 주셨음이라. 이같이 하심은 네 조상들에게 맹세하신 언약을 오늘과 같이 이루려 하심이니라"(신 8:18).

이 구절에 따르면, 하나님께서 당신에게 재물을 얻을 능력을 주시는 분이라는 것을 기억해야 합니다. 그러나 이 구절의 두 번째 부분은 거의 인용되지 않는데, 이는 하나님께서 당신과의 언약을 확증하기 위해 당신을 번영하게 하신다는 것입니다. 당신은 이제 돌파를 맞이할 것입니다. 그저 당신에게 갚을 수 없는 사람을 찾아 그들을 축복하십시오.

예수님은 부유한 젊은 관원에게 완전해지려면 모든 것을 팔아 그에게 갚을 수 없는 가난한 자들에게 돈을 주라고 말씀하셨습니다. 그렇게 하면 하늘에 보물이 있을 것이라고 하셨습니다. 그러고 나서 예수님은 그에게 "와서 나를 따르라"(마 19:21)고 말씀하셨습니다. 그가 가진 것을 파는 것은 그것을 주는 것과는 다릅니다. 왜냐하면 그가 그것을 친구들에게 주었다면, 그들은 그에게 신세를 지게 될 것이기 때문입니다.

부유한 사람들은 체스 게임처럼 자신의 이점을 위해 정기적으로 지렛대를 사용합니다. 당신은 누군가에게 호의를 베풀어 게임에 참여하고, 그러면 그들은 당신에게 보답할 의무가 생깁니다. 이것은 기업 세계뿐만 아니라 사역에서도 항상 일어납니다. 나는 당신이 자유로워질 수 있도록 이것을 가르치는 것입니다.

예수님께서 부유한 젊은 관원에게 자신의 돌파구를 받기 위해 자신의 사역에 헌금하라고 말씀하지 않으셨다는 점에 주목하십시오. 그분은 그 남자에게 모든 것을 팔아 그 수익금을 가난한 자들에게 주라고 말씀하셨습니다. 이제 그런 메시지를 언제 다시 들을 수 있을까요? 다른 사람들에게 베풀고, 당신의 우상을 내려놓고, 하나님께서 당신을 위해 선택하신 길을 걷는 옛적 길로 돌아가십시오. 당신이 그 길을 걸을 때, 그분은 그분의 자녀인 당신과의 언약을 확증하실 것이고, 당신의 구원이 당신을 위해 터져 나올 것입니다.

CHAPTER 06
당신은 이미 기름 부음을 받았다

"너희는 주께 받은 바 기름 부음이 너희 안에 거하나니 아무도 너희를 가르칠 필요가 없고 오직 그의 기름 부음이 모든 것을 너희에게 가르치며 또 참되고 거짓이 없으니 너희를 가르치신 그대로 주 안에 거하라"(요일 2:27).

오늘날의 사역자들은 종종 군중에게 "만약 당신이 구원을 원한다면, 나에게 헌금을 내야 합니다." 또는 "만약 당신이 내 기름 부음에 물질을 심으면, 이 능력을 전수받을 것입니다."라고 말합니다. 그들이 무엇을 말하는 것일까요? 당신은 이미 기름 부음을 받았습니다! 우리는 신약 성경이 기록된 후에 살고 있습니다. 그러므로 나는 엘리야의 기름 부음이나 그의 겉옷(그것은 동물 가죽이었음)을 원하지 않습니다. 예수님께서 천국에서 45분 동안 나에게 말씀하셨을 때, 나는 '왜 다른 누구의 겉옷을 원해야 하는가?'라고 생각했습니다. 나는 예수님의 겉옷을 원합니다.

예수님의 겉옷을 받음

"예수께서 또 이르시되 너희에게 평강이 있을지어다. 아버지께서 나를 보내신 것 같이 나도 너희를 보내노라. 이 말씀을 하시고 그들을 향하사 숨을 내쉬며 이르시되 성령을 받으라"(요 20:21-22).

나는 천국에 가기 전에 예수님의 겉옷에 대해 생각해 본 적이 없었습니다. 나는 레마 성경대학에 다닐 때 해긴의 겉옷을 원했습니다. 그 강사들 중 누구의 겉옷이라도 가질 수 있다면 가질 것이라고 생각했습니다. 왜냐하면 그들은 너무나 놀라운 사람들이었기 때문입니다. 그 학교는 나의 삶을 변화시켰지만, 학교를 떠난 후에는 혼자였습니다. 해긴은 매일 나에게 전화해서 잘 지내는지 확인하지 않았습니다. 나는 혼자 남겨졌고, 하나님을 느끼는 것보다 마귀를 더 자주 느꼈습니다. 나는 캐시에게 마치 용이 내 목 가까이에서 숨을 쉬는 것 같다고 말했습니다.

당신은 내가 천국에서 돌아와 이 땅 위에서 살아야 하는 것이 어떤 것인지 상상도 못할 것입니다. 이 글을 쓰는 시점은 내가 돌아온 지 30년이 지난 때입니다. 나는 캐시와 30주년 기념일을 막 축하했습니다. 우리는 내가 천국에서 돌아온 지 4개월 후에 만났습니다. 내가 돌아온 이후로, 그것은 전쟁이었습니다. 그래서 캐시가 나와 결혼했을 때, 그녀는 마치 우주 전쟁 같은 일에 휘말렸습니다. 왜냐하면 사탄은 내가 여기에 있기를 원치 않았기 때문입니다.

만약 당신이 죽었다가 돌아와서 제대로 할 기회를 얻었다고 상상해 보십시오. 주님은 나에게 삶을 헤쳐나갈 성경의 계시와 영적인 통찰을 주셨습니다. 예수님은 나에게 시험 문제와 답을 주셨고, 그리고 나서 마귀의 일들을 풀어낼 도구들과 함께 나를 돌려보내셨습니다. 나는 정확히 무슨 일이 일어나고 있는지 알고 있으며, 당신도 알아야 합니다. 우리 모두가 그래야 합니다.

"그러나 아버지께서 나의 대표자로서 변호인(성령)을 보내실 때 그분은 너희에게 모든 것을 가르치고 내가 너희에게 말한 모든 것을 상기시켜 주실 것이다"(요 14:26 새생활성경).

나는 레마학교에 가는 것만으로도 진리를 알았어야 했지만, 배운 것을 실천하지 않았습니다. 내가 교실에 앉아 있을 때, 성령께서 나에게 말씀하셨습니다. "너는 잘 들어야 한다. 언젠가 너는 해긴이 항상 너와 함께 있지 않을 것이기 때문에 들었더라면 좋았을 것이라고 바랄 것이다. 너는 이 수업에 그와 함께 있다는 것이 얼마나 중요하고 특별한지 모른다." 그 수업에서 나는 각종 요금을 내기 위해 세 직장에서 일하고 있었기 때문에 졸음을 참기 힘들었습니다.

우리는 레마학교 학생으로서 껌을 씹으면 벌점을 받았습니다. 잔디를 밟으면 벌점을 받았습니다. 나는 머리카락이 너무

길어서 깃에 닿는다는 말을 들었고, '농담이겠지?'라고 생각했습니다. 그러나 주님은 나에게 그곳에 가고, 잔디를 밟지 말고, 머리카락을 자르라고 말씀하셨습니다. 때로는 머리카락을 자를 돈도 없었습니다. 휘발유 가격이 갤런당 99센트에서 1.03달러로 오르자, 나는 그 달 적자를 보았습니다. 내 예산이 그만큼 빠듯했습니다. 나는 할 수 있는 모든 일을 했습니다.

나는 학교를 떠나 사우스웨스트 항공사에서 일하기 시작했을 때, 내 안에 쌓였던 모든 것을 가지고 살기 시작했습니다. 그러나 내가 천국에서 돌아왔을 때, 예수님에게서 받은 것은 누구도 나에게 안수하거나 예언적으로 말한 것과는 비교할 수 없는 것이었습니다. 그것은 천국에서 나에게 일어난 일과는 비교할 수 없었습니다. 예수님은 그곳에서 하나님의 말씀을 단순화하고 무엇을 해야 할지 지시하시면서 나에게 말씀을 펼쳐 보이셨습니다. 그분은 "너는 매일 아침 일어나서 마귀에게 두통을 안겨주어라. 너는 그의 하루를 힘들게 만들어야 한다. 그의 왕국을 파괴하기 위해 가능한 모든 것을 해라. 사람들이 자신들을 위해 무엇이 이루어졌는지 알게 함으로써 그렇게 해라" 하고 말씀하셨습니다.

사탄의 왕국을 파괴하는
옛적 길로 돌아가라.

우리는 다시 제자리로 돌아와야 한다

"하나님께서는 여러분이 믿었을 때 그분의 은혜로 당신을 구원하셨습니다. 그리고 여러분은 이것을 자신의 공로로 돌릴 수 없습니다. 이것은 하나님의 선물입니다. 구원은 우리가 행한 선한 일에 대한 보상이 아니므로, 우리 중 누구도 그것에 대해 자랑할 수 없습니다. 우리는 하나님의 걸작품입니다. 그분은 우리를 그리스도 예수 안에서 새롭게 창조하셨으니, 오래 전에 그분께서 우리를 위해 계획하신 선한 일들을 우리가 할 수 있게 하셨습니다"(엡 2:8-10 새생활성경)

복음의 전체적인 개념은 예수님을 믿는 것의 유익인 영원한 생명을 사람들에게 알리는 것입니다. 이것은 단지 천국으로 가는 티켓이 아닙니다. 이것은 또한 이 땅에 있는 동안 역사에 흔적을 남기는 것입니다. 어떤 이유에서인지, 대부분의 사람은 이것을 이해하지 못합니다. 교회와 그 지도부가 실패했다는 것이 핵심입니다. 우리는 즉시 다시 제자리로 돌아와야 합니다.

만약 당신이 성령으로 기도하고 예수님의 일들을 부지런히 행한다면, 한때 당신 주변에 편안했던 사람들이 더는 그렇지 않게 될 것을 알게 될 것입니다. 그들이 동일한 하나님의 DNA를 가지고 있지 않다면 그럴 것입니다. 사람들은 마치 자신들이 제약을 받는다고 느끼기 때문에 당신에게서 벗어나기 시작할 것입니다. 내가 예수님을 만난 후에, 나는 내가 그분을 움직이는 것이 아니라 그분께서 나를 움직이신다는 것을 깨달았습니다. 나는 나의 이전 사고방식 중 많은 부분이 하나님의 말씀에 대한 오해였다는 것을 알게 되었습니다. 나는 성령과의 관계가 필요하며 단순히 시스템만 필요한 것이 아니라는 것을 깨달았습니다.

"믿음, 소망, 사랑, 이 세 가지는 영원히 지속될 것입니다. 그리고 이들 중 가장 위대한 것은 사랑입니다"(고전 13:13 새생활성경).

고린도전서 13장 13절에 나열된 세 가지 중 가장 위대한 것은 믿음이 아니라 사랑입니다. 예수님은 나에게 "케빈, 네가 할 수 있는 한 최선을 다해라. 그러면 내가 나머지를 채워줄게. 괜찮다"라고 말씀하시면서 사랑을 표현하셨습니다. 그분은 "네가 요금 청구서들을 낼 수 없다면, 할 수 있는 한 열심히 일해라. 그러면 내가 기적을 행하여 그것을 채워줄 게. 그저 내 백성을 돌봐라. 그러면 내가 너를 돌볼 게"라고 말씀하셨습니다. 나는 영적인 아버지가 되었고, 하나님의 사랑에 대한 이 계시 안에서 사람들이 걸어갈 수 있도록 도와야 한다고 느꼈습니다. 나는 단지 하나님께서 하신 일을 말하고 나의 성공을 자랑하기 위해 부름받은 것이 아니었습니다. 많은 사역자는 하나님의 백성의 헌금으로 먹고 살면서, 마치 그것이 신분 상징인 것처럼 하나님께서 자신들에게 하신 일에 대해 자랑합니다.

"믿음이 없이는 하나님을 기쁘시게 하지 못하나니 하나님께 나아가는 자는 반드시 그가 계신 것과 또한 그가 자기를 찾는 자들에게 상 주시는 이심을 믿어야 할지니라"(히 11:6).

당신이 헌금을 할 때, 누군가가 옳은 일을 할 것이라고 신뢰하는 것이 핵심입니다. 당신은 하나님께서 그것을 취하여 사역뿐만 아니라 당신을 위해 번성하게 하실 것이라고 기대합니다. 그분은 당신에게 보상하실 것입니다. 우리는 이 주제에 대해 이야기해야 하는데, 이는 거의 논의되지 않기 때문입니다. 교회는 정직해야 하고, 하나님께서 자신을 부지런히 찾는 자들에게 보상하신다는 이해를 받아들여야 합니다. 그분은 겉으로만 그럴듯한 가짜이며, 단순히 시스템을 유지하는 자들에게는 보상하지 않으십니다.

당신의 경건한 유산을 쌓아 올려라

"내가 너희에게서 다만 이것을 알려 하노니 너희가 성령을 받은 것이 율법의 행위로냐? 혹은 듣고 믿음으로냐? 너희가 이같이 어리석으냐? 성령으로 시작하였다가 이제는 육체로 마치겠느냐"(갈 3:2-3)?

당신은 시스템이 되기를 원치 않을 것입니다. 당신은 성령으로 사역하고 다른 사람에게 하나님의 생명이 되어야 합니다. 하나님께서 당신에게 말씀하시면, 그것은 생명이 됩니다. 그분의 말씀이 당신에게 실제가 되면, 흐름을 계속 유지하기 위해 즉시 그것을 다른 사람에게 전달해야 합니다. 하나님께서 당신에게 무엇인가를 주실 때, 나누십시오. 하나님께서 기적을 행하시거나 당신의 기도에 응답하실 때 간증하십시오. 즉시 나누고 하나님께서 움직이신다고 간증하십시오.

"그러므로 염려하여 이르기를, '무엇을 먹을까? 무엇을 마실까? 무엇을 입을까?' 하지 마라. 이러한 것들은 믿지 않는 자들의 생각을 지배하지만, 너희의 하늘 아버지는 이미 너희의 모든 필요를 알고 계신다. 무엇보다도 하나님의 나라를 구하고 의롭게 살아가라. 그러면 그분께서 너희에게 필요한 모든 것을 주실 것이다"(마 6:31-33 새생활성경).

하나님은 이미 당신 삶의 모든 것을 돌보시기로 결정하셨으니, 삶에 대해 걱정하지 마십시오. 당신의 필요를 되씹는 데 에너지를 낭비하지 마십시오. 당신은 잘못 표현되거나 거짓말을 들었을 수도 있습니다. 종종 사람들은 아무것도 없기 때문에 다른 사람들에 대한 거짓말을 만들어냅니다. 그렇게 하므로, 당신은 사실이 아닌 것에 대해 당신 자신을 더 좋게 느끼도록 할 수도 있습니다. 당신은 거짓말에 반응하는 것을 멈추고, 그것들을 내려놓고, 도움이 필요한 사람을 찾아야 합니다. 그저 누군가를 위해 무엇인가를 하십시오. 많은 것이 아니어도 됩니다.

당신이 도움이 필요할 때 다른 사람을 위해 무엇인가를 하면, 그것은 당신이 주님께 제단을 쌓는 것입니다. 아브라함은 벧엘을 방문하여 그곳에 제단을 쌓았습니다(창 12:8 참조). 그의 아들 이삭이 그곳에 있었을 때, 이삭은 벧엘의 그 동일한 제단을 방문했습니다(창 26:19-25 참조). 아브라함의 손자 야곱이 같은 장소에 왔을 때, 그것은 우연이었습니다. 그는 아브라함이 그곳에 제단을 쌓았다는 것을 결코 알지 못했습니다. 야곱은 실제로 어려움에 처했을 때 우연히 그것을 발견했습니다. 그날 밤, 그는 돌을 베개 삼아 잠이 들었고, 천사들이 사다리를 오르락내리락하는 환상을 보았습니다(창 28:10-17 참조).

야곱이 깨어났을 때, 그는 "진실로 주님께서 이곳에 계시는데, 내가 알지 못했도다"라고 말했습니다(창 28:16). 그러나 그의 할아버지나 아버지가 그에게 그것에 대해 말했어야 했습니다. 야곱이 베개로 사용했던 돌은 아마도 아브라함이 제단을 쌓는 데 사용했던 돌 중 하나였을 것이며, 그것이 그에게 하늘을 열어주었습니다. 야곱은 그가 경건한 유산을 가지고 있었기 때문에 주님께서 거기에 계셨다는 것을 알았어야 했습니다.

천국에서 나는 어쩌면 당신이 알 만한 사역자들과 이야기할 기회가 있었는데, 이는 많은 사람이 그들의 가르침을 받았기 때문입니다. 그들은 이 세상에서 자신들이 원했던 것에 대한 마음을 나누었습니다. 한 사람은 "내가 여기 올라온 이후로, 내가 하고 싶었던 것을 마치지 못해서 예수님을 계속 괴롭히고 있습니다"라고 말했습니다. 놀랍게도 그는 계속해서 "예수님께서 당신을 선택하셨다는 것이 정말 기쁩니다"라고 말했습니다.

세계적으로 유명한 이 전도자는 나에게 자신이 구원받기 전에 마약으로 자기 몸을 학대하여 일찍 죽었다고 말했습니다. 그는 "나의 영은 계속 살고 싶어 했지만, 나의 몸은 하나님께서 나의 사역을 위해 계획하신 시간표를 따라갈 수 없었습니다. 비록 그때는 구원받지 못했지만, 내가 마약을 한 것은 하나님의 뜻이 아니었기 때문에 사역을 마치지 못했습니다"라고 말했습니다. 그의 장기가 손상되어 그의 몸에 질병이 생겼습니다.

그 전도자는 자신이 시작한 일을 내가 마치도록 선택된 것이 기쁘다고 표현했습니다. 그는 "그러나 내가 해야 할 일을 하려면 당신 같은 사람이 여섯 명은 필요할 것입니다. 나는 이미 주님께 이것에 대해 이야기했고, 그분은 나와 함께 사역했던 사람들을 당신에게 보내실 것입니다"라고 말했습니다. 이 글을 쓰는 시점에서, 그의 모든 이전 직원들 중 한 명을 제외하고는 모두 워리어 노트에서 일하고 있습니다. 우리는 실제로 그가 중단한 곳을 이어서 시작했습니다.

"우리는 하나님의 동역자들이요 너희는 하나님의 밭이요 하나님의 집이니라. 내게 주신 하나님의 은혜를 따라 내가 지혜로운 건축자와 같이 터를 닦아 두매 다른 이가 그 위에 세우나 그러나 각각 어떻게 그 위에 세울까를 조심할지니라. 이 닦아 둔 것 외에 능히 다른 터를 닦아 둘 자가 없으니 이 터는 곧 예수 그리스도라"(고전 3:9-11).

내가 천국에서 대화했던 모든 사람은 우리가 자신들이 하던 일을 계속하기를 원했습니다. 그것을 단순히 반복하거나 유지하는 것이 아니라 능가하기를 원했습니다. 레마 학생들은 이것을 좋아하지 않을 수도 있지만, 해긴은 우리가 자신보다 더 나아가기를 원합니다. 예수님은 당신이 그분보다 더 큰 일들을 행함으로 그분을 능가할 것이라고 말씀하셨습니다(요 14:12 참조). 천국에 있는 사람들은 우리가 그들을 능가하기를 원하는데, 이는 그들이 하나님의 전체 계획을 보기 때문입니다. 해긴은 레마 학생들이 배운 것을 할 뿐만 아니라 그 위에 세우고 있다는 것을 알면 기뻐할 것입니다.

우리를 위해 놓인 기초 위에 세우는
옛적 길로 돌아가라.

이 세상 시스템에서 벗어나기

내가 이 땅에 있는 이유는 모든 사람을 그 옛적 길, 즉 우리 모두를 위해 정해진 길이며, 교회를 훨씬 더 단순한 길로 다시 부르기 위함입니다. 그리스도의 몸은 COVID-19 팬데믹 기간 동안 일어난 시험에서 빠져나왔습니다. 그 상황은 하나님에게서 온 것이 아니었지만, 그분은 우리가 잘못된 길을 가고 있다는 것을 보여주기 위해 허락하셨습니다. 그분은 우리를 실용적인 복음으로 되돌리기를 원하십니다. 하나님은 심지어 팬데믹이나 매주 찾아오는 질병 속에서도 치유하실 수 있습니다.

"너희를 위하여 보물을 땅에 쌓아 두지 말라. 거기는 좀과 동록이 해하며 도둑이 구멍을 뚫고 도둑질하느니라. 오직 너희를 위하여 보물을 하늘에 쌓아 두라. 거기는 좀이나 동록이 해하지 못하며 도둑이 구멍을 뚫지도 못하고 도둑질도 못하느니라. 네 보물 있는 그 곳에는 네 마음도 있느니라"(마 6:19-21).

만약 당신에게 직업이 없다면, 하나님은 당신이 헌금을 하든지 하지 않든지 초자연적으로 역사하실 수 있습니다. 나는 무엇인가를 나눌 것이며, 당신은 내가 나누고 나면 심폐소생술이 필요할 수도 있습니다. 만약 당신이 다시는 헌금하지 않더라도, 당신은 여전히 천국에 갈 수 있습니다. 돈을 주는 것은 구원과 아무런 관련이 없지만, 하나님과의 관계에는 모두 관련이 있습니다. 그분은 당신을 세상 시스템에서 벗어나게 하기를 원하시므로, 당신에게 주라고 하실 것입니다. 이것은 세상 시스템이 우리에게 가르치는 것과는 반대입니다. 세상 시스템은 돈과 소유물을 붙잡으라고 가르칩니다.

"만군의 여호와께서 말씀하시기를, '모든 십일조를 창고에 가져와 내 성전에 충분한 음식이 있게 하라. 그렇게 하면, 내가 너희를 위하여 하늘 문을 열고 너희가 담을 곳이 없을 만큼 복을 부어주지 아니하겠느냐! 시험해 보라! 나를 시험해 보라! 너희의 곡식은 풍성할 것이니, 내가 그것을 곤충과 질병으로부터 지킬 것이다. 너희의 포도는 익기도 전에 덩굴에서 떨어지지 않을 것이다. 그러면 모든 나라가 너희를 복되다 할 것이니, 이는 너희 땅이 정말 기쁨이 될 것이기 때문이다"(말 3:10-12 새생활성경).

세상의 시스템은 당신이 결코 충분함을 갖지 못하도록 빚 구조를 발전시켰습니다. 십일조의 전체적인 개념은 당신을 세상 시스템에서 벗어나게 하는 것이었습니다. 10퍼센트는 결코 당신의 것이 아니었습니다. 그것은 하나님의 것이었습니다(레 27:30 참조). 당신이 그 10퍼센트를 돌려드릴 때, 그분은 90퍼센트를 보호하십니다. 그것이 구약에서 주어진 원리였습니다.

"종교율법 학자들과 바리새인들아, 너희에게 화 있을진저! 위선자들아! 너희는 심지어 밭의 가장 작은 소득까지도 십일조를 드리려 애쓰지만, 율법의 더 중요한 측면들인 정의, 자비, 믿음은 무시하는도다. 그래 너희는 십일조를 드려야 하지만, 더 중요한 것들을 소홀히 하지 마라"(마 23:23 새생활성경).

예수님은 신약에서 바리새인들을 책망하셨습니다. 왜냐하면 그들은 밭의 모든 향신료까지도 십일조를 드리는 데는 세심했지만, 가족을 돌보는 것과 같은 더 중요한 문제들은 소홀히 했기 때문입니다. 그분은 그들에게 전자를 잊지 말라고 상기시키셨지만, 후자도 해야 한다고 말씀하셨습니다. 예수님은 십일조를 폐지하신 것이 아니었습니다. 그분은 본질적으로 "이사야 58장을 행하라"고 말씀하신 것이었습니다. 알다시피, 예수님은 우리와 같은 성경을 가지고 계시지 않았습니다. 그분은 새 언약(신약)이셨습니다. 예수님과 제자들은 자신들의 삶으로 그것을 기록했습니다. 그렇게 하면서 그들은 구약을 인용했습니다.

"네가 사자와 독사를 밟으며 젊은 사자와 뱀을 발로 누르리로다"(시 91:13).

예수님께서 뱀과 전갈을 밟고 원수를 이길 권세에 대해 말씀하신 것(눅 10:19 참조)은 시편 91편 13절에 기록된 것과 거의 같습니다. 예수님은 인간으로서 소년 시절에 배운 것을 인용하셨지만, 태어나시기 전에 천국에 계신 하나님이셨습니다.

예수님은 선재하셨습니다. 그분은 구유에 있는 아기로서 소들이 울고 있는 앞에서 북 치는 소년이 연주하는 것과 같은 존재가 아니셨습니다. 핵심은 예수님께서 가르치신 것이 구약을 무효화한 것이 아니라, 십일조를 포함하여 그것을 성취하셨다는 것입니다(마 5:17 참조).

하나님의 형상대로 지음 받다

"여호와 하나님이 그 사람에게 명하여 이르시되 동산 각종 나무의 열매는 네가 임의로 먹되 선악을 알게 하는 나무의 열매는 먹지 말라. 네가 먹는 날에는 반드시 죽으리라 하시니라"(창 2:16-17).

주님께서 에덴동산의 그 나무는 자신의 것이라고 말씀하셨습니다. 그분은 그것을 자신의 십일조로 의도적으로 그곳에 두셨습니다. 그것은 결코 아담과 하와의 나무가 아니었습니다. 그들은 그것을 먹지 말았어야 했습니다. 왜냐하면 그것은 그들의 것이 아니라 하나님의 것이었기 때문입니다. 그분은 아담과 하와가 악을 알지 못했기 때문에 그렇게 하셨습니다. 그들은 순진했습니다. 그들은 한 번도 죽은 적이 없었고, 한 번도 아픈 적이 없었으며, 한 번도 죄를 지은 적이 없었습니다. 그들은 원하는 모든 것을 가지고 있었고, 부족한 것이 없었습니다.

"하나님이 이르시되 우리의 형상을 따라 우리의 모양대로 우리가 사람을 만들고 그들로 바다의 물고기와 하늘의 새와 가

축과 온 땅과 땅에 기는 모든 것을 다스리게 하자 하시고 하나님이 자기 형상 곧 하나님의 형상대로 사람을 창조하시되 남자와 여자를 창조하시고"(창 1:26-27).

첫 번째 인간인 아담과 하와는 온 땅을 다스리는 권세를 가지고 있었지만, 그들은 순진했습니다. 그들은 하나님의 형상대로 지음 받았는데, 이는 그들이 원본이 아니었다는 것을 의미합니다. 그러나 에덴동산에서 한동안 좋은 삶을 살다가 그들은 하나님에 대해 뱀과 논의하는 것이 괜찮다고 생각했습니다(창 3:1-6 참조). 하와가 뱀과 이야기하고 있던 시간이 아침 10시라고 상상해 보십시오. 하와는 주님께서 시원한 때에 친히 내려오셔서 그들과 말씀하셨다는 것을 알면서도 왜 뱀과 하나님께서 말씀하신 것을 논의했을까요(창 3:8 참조)?

히브리어로 뱀을 뜻하는 단어는 '나하쉬'(nâchâš)이며, '빛나고 반짝이는 것'[8]으로도 번역될 수 있습니다. 흥미롭게도 이사야 14장 12절에서 루시퍼를 나타내는 히브리어 단어는 '헬렐'(hêlēl)인데, 이 역시 '빛나고 반짝이는 것'[9]으로 해석될 수 있습니다. 에스겔 28장 13절은 타락하기 전의 사탄이었던 '헬렐'을 묘사하는 또 다른 구절로, 그가 하나님의 동산에 있었다고 말합니다. 나는 왜 우리 영어 성경 번역본이 '루시퍼'라고

---

8   "렉시콘: Strong's H5175-nāḥāš," Blue Letter Bible, 2023년 12월 28일 접속, https://www.blueletterbible.org/lexicon/h5175/kjv/wlc/0-1/.
9   "렉시콘: Strong's H1966-hêlēl," Blue Letter Bible, 2023년 12월 28일 접속, https://www.blueletterbible.org/lexicon/h1966/kjv/wlc/0-1/.

하는지 모르겠습니다. 그 단어는 거기에 있지도 않습니다. 그것은 '헬렐', 즉 빛나고 반짝이는 것입니다.

에덴동산에서 아담과 하와는 그들의 완전함 속에서 인류에 대한 이해의 변화를 경험했습니다. 그들은 하나님의 명령에서 벗어나서는 안 될 일들을 할 수 있다고 생각했습니다. 그들은 동물들과 논의하거나 하나님에 대해 논쟁해서는 안 되었습니다. 그들은 "하나님이 말씀하시더냐?"(창 3:1)라고 물어서는 안 되었습니다. 그 나무는 십일조였고, 그것은 하나님께서 하나님이시며 그들은 아니라는 사실을 상징했습니다.

천국에서 나는 선악을 알게 하는 하나님의 나무가 에덴동산에 있을 때, 하나님께서 내려오셔서 그 나무에서 드셨다는 것을 보았습니다. 그분은 선과 악을 알면서도 올바른 일을 하실 수 있었습니다. 그러나 남자나 여자가 그 나무에서 먹으면 유혹을 받을 것이고, 오직 선만을 선택할 능력이 없을 것이었습니다(창 3:22 참조). 우리는 악을 알거나 지금 땅에 존재하는 사악함에 노출되도록 의도되지 않았습니다.

"또 이르시되 안식일이 사람을 위하여 있는 것이요 사람이 안식일을 위하여 있는 것이 아니니 이러므로 인자는 안식일에도 주인이니라"(막 2:27-28).

하나님은 우리를 돕기 위해 안식일과 십일조를 만드셨습니다. 그분은 돈을 얻기 위해 사람들이 안식일을 지키거나 십일조를 내도록 창조하신 것이 아닙니다. 우리는 하나님이 아니므로 도움이 필요합니다. 우리는 세상의 시스템에서 벗어나야 합니다.

　만약 안식일이나 십일조가 없다면, 우리는 매주 칠일 동안 일하고 돈을 쫓느라 자신을 지치게 할 것입니다. 우리가 하나님께 일부를 돌려드릴 때, 그분은 그 모든 것을 우리에게 주셨다는 것을 상기시켜 주십니다. 십일조는 하나님께로 돌아가는 흐름을 만들고 모든 일에서 그분을 공경하기 위해 만들어졌습니다. 우리는 항상 하나님을 공경하고, 예배하고, 감사하고, 간증해야 합니다. 이것이 우리가 그분께 다시 드리는 일에 참여하게 합니다.

　하나님은 아담과 하와 앞에서 선악을 알게 하는 나무의 열매를 드셨습니다. 그들은 하나님의 형상대로 지음 받았는데, 이는 그들이 그분과 너무나 닮아서 원본과 거의 구별할 수 없었다는 것을 의미합니다. 그것을 이해하기 어렵다는 것을 알지만, 아담과 하와는 영원한 존재였습니다. 무엇인가의 가까운 형상은 원본과 구별할 수 없다는 것을 의미합니다. 이것은 우리 모두에게 해당됩니다. 오늘날 하나님의 자녀로서 우리는 예수 그리스도에 의해 구원받았고 신성한 본성에 참여하도록 부름받았습니다(벧후 1:1-4 참조). 당신이 구원받았다는 것을 깨달으십시오. 당신은 기름 부음을 받았으며, 그분의 일과 더 큰 일을 하기 위해 예수님의 겉옷을 받았습니다.

CHAPTER 07
하나님의 은혜가 족하다

"나에게 이르시기를 내 은혜가 네게 족하도다. 이는 내 능력이 약한 데서 온전하여짐이라 하신지라. 그러므로 도리어 크게 기뻐함으로 나의 여러 약한 것들에 대하여 자랑하리니 이는 그리스도의 능력이 내게 머물게 하려 함이라"(고후 12:9).

당신은 자기의 목적에 맞는 말씀만 믿는 것이 아니라 성경 전체를 믿는 사람들을 찾아야 합니다. 하나님의 말씀은 우리에게 자기 이익이 아니라 다른 사람들에게 초점을 맞춘 십자가에 못 박힌 삶을 살라고 지시합니다.

"내가 그리스도와 함께 십자가에 못 박혔나니 그런즉 이제는 내가 사는 것이 아니요 오직 내 안에 그리스도께서 사시는 것이라. 이제 내가 육체 가운데 사는 것은 나를 사랑하사 나를 위하여 자기 자신을 버리신 하나님의 아들을 믿는 믿음 안에서 사는 것이라"(갈 2:20).

주님께서는 내가 전임으로 일할 때 내 돈으로 햄버거 15-20개를 사라고 지시하셨습니다. 비행 승무원으로 매일 12시간씩 일한 후, 나는 금식하면서 그 햄버거들을 나누어 주었습니다. 나는 호텔방으로 돌아가 굶주려야 했습니다. 하나님은 나를 깨뜨리기 위해, 나를 그분을 위해 무엇이든 할 수 있는 지경으로 이끌기 위해 그렇게 하셔야 했습니다. 나는 하나님께서 원하시면, 그리고 사랑이 뻗어 나간다면, 그런 일이 일어났을 때, 모든 것이 바뀌었습니다.

계시로 사역하라

"그러므로 내가 그리스도를 위하여 약한 것들과 능욕과 궁핍과 박해와 곤고를 기뻐하노니 이는 내가 약한 그 때에 강함이라"(고후 12:10).

하나님은 당신을 신뢰할 수 있는지, 그리고 당신이 스스로 모든 것이라고 생각하지는 않는지 알고 싶어 하십니다. 그러므로 그분은 당신의 인간성, 타락함, 약함을 보여주신다는 것을 당신이 알기를 원하십니다. 바울은 하나님의 능력이 자신의 약함 속에서 나타났다고 분명히 말했습니다. 그러므로 그는 하나님의 능력이 그 약함 속에서 나타났기 때문에 자신의 약함을 자랑했습니다.

사도 바울은 오늘날 많은 모임에서 받아들여지지 않을 것입니다. 그는 신약 성경의 대부분을 감옥에서 썼고, 401(k), 제트기, 좋은 차, 선교회 건물, 이메일 목록을 가지고 있지 않았습니다. 그는 기독교 텔레비전 방송국으로부터 전화를 받지 못했을 것입니다. 물론, 그 당시에는 그런 것들이 존재하지 않았습니다. 내 요점은 바울이 최고였지만, 그는 밑바닥에 있었다는 것입니다. 그는 오늘날 기독교 사역의 기준으로는 성공적이라고 여겨지지 않을 것입니다.

겸손하게 살고 약함을 자랑하는
옛적 길로 돌아가라.

나는 바울이 처형되기 전에 갇혀 있던 로마의 감옥에 가보았습니다. 나는 그가 참수되었던 길에 서 있었습니다. 그의 피는 여전히 그 갈라진 틈 속에 있었습니다. 나는 그가 갇혀 있던 감방에 갔는데, 너무 작아서 서 있을 수도 없었습니다. 나는 누워야 했습니다. 그는 3피트짜리 사슬에 묶여 있었기 때문에 특정 지점 이상 움직일 수 없었습니다.

캐시와 내가 바울의 감방에 있을 때, 주님께서 내게 음성으로 말씀하셨습니다. "바울은 자신의 상태(condition)로 글을 쓰지 않았다. 그는 자신의 계시(revelation)로 글을 썼다. 너도 그렇게 해라." 그래서 나는 지금의 내 상태로 사람들에게 사역하지 않고 나의 계시로 사역합니다. 나는 돈이 필요할 때도 다른 사람들에게 돈을 줍니다. 격려가 필요하면 매일 수천 개의 격려의 말을 건네며, 종종 아무에게서도 아무것도 받지 못합니다. 때로는 그저 눈을 한 번 굴리는 것을 받을 뿐입니다.

기하급수적인 보상

"우리가 선을 행하되 낙심하지 말지니 포기하지 아니하면 때가 이르매 거두리라. 그러므로 우리는 기회 있는 대로 모든 이에게 착한 일을 하되 더욱 믿음의 가정들에게 할지니라"(갈 6:9-10).

나는 매일 내 안에 있는 모든 것을 쏟아냅니다. 때로는 아무것도 남지 않을 때도 있지만, 나는 돌아서서 계속할 준비가 되어 있습니다. 나는 매번 이렇게 하는 것을 배웠습니다. 그러나 내가 당신에게 말해야 할 것은 당신이 받을 보상이 항상 즉시 오는 것은 아니라는 것입니다. 당신은 주님께 순종할 의지가 있어야 하며, 그것은 고통스러울 수도 있습니다. 당신은 다른 사람에게 자전거를 주고 다음 한 달 동안 걸어 다녀야 할 수도 있습니다. 하나님께서 당신에게 자동차를 주라고 말씀하실 수도 있고, 그러면 당신은 버스를 타야 할 수도 있습니다. 나에게 그런 일이 일어났습니다.

"무슨 일을 하든지 마음을 다하여 주께 하듯 하고 사람에게 하듯 하지 말라. 이는 기업의 상을 주께 받을 줄 아나니 너희는 주 그리스도를 섬기느니라"(골 3:23-24).

주님께서 당신에게 어려움이 올 정도로 주라고 하시는 것은 엄청난 일입니다. 당신이 받을 보상은 기하급수적일 것입니다. 예를 들어, 당신이 누군가에게 자동차를 주고 걷거나 버스를 타야 한다면, 당신은 당신의 보상에게 "어서 와"라고 말하는 것입니다. 어떤 사람들은 모든 것을 바치고 모든 것을 올바르게 했지만, 아무것도 남지 않았습니다. 하나님은 그분의 영으로 말씀하십니다. "나는 기록해 두었고, 보상은 클 것이다." 무슨 일이 일어나는지 지켜보십시오. 왜냐하면 아직 끝나지 않았기 때문입니다.

천국에서 나는 나의 보상이 엄청나다는 것을 보았지만, 그것은 저택이나 당신이 생각하는 그런 것이 아니었습니다. 그것은 내가 여기서 올바른 일을 했고 그분이 나를 신뢰하셨기 때문에 예수님과 함께 추가 시간을 얻었다는 사실이었습니다. 나의 보상은 예수님께서 나를 보시고 "잘했다"라고 말씀하신 것이었습니다. 그러고 나서 나는 그분의 눈을 들여다보았고, 그분은 내가 그분 안으로 걸어 들어가도록 허락하셨습니다. 나는 그분의 눈 안으로 걸어 들어갔을 때 그분 안으로 들어갔습니다. 나는 그리스도 안에 있었습니다. 나는 그분 안에 앉아서 그분께서 나를 생각하시고, 나를 형성하시고, 내 어머니의 자궁 안으로 나를 불어넣으시는 것을 보았습니다. 내가 세상에 나왔을 때, 그분은 그저 나를 보시고 "너는 내가 너를 생각했던 그대로 나타났구나"라고 말씀하셨습니다.

"보라 내가 속히 오리니 내가 줄 상이 내게 있어 각 사람에게 그가 행한 대로 갚아 주리라. 나는 알파와 오메가요 처음과 마지막이요 시작과 마침이라"(계 22:12-13).

당신은 내 아내나 나를 위해 아무것도 할 필요가 없습니다. 우리를 위해 기도하는 것 외에는 할 일이 없습니다. 왜냐하면 우리가 가진 것이 훨씬 더 크기 때문입니다. 우리는 모두 그리스도 안에서 동일한 상속을 가지고 있습니다. 그러나 나는 당신에게 이 말을 나눕니다. 왜냐하면 당신의 보상은 예수님께서 당신에게 미소 짓는 것을 보는 것임을 알아야 하기 때문입니다. 그분은 당신을 위한 많은 놀라운 선물을 가지고 계십니다.

원수의 계략을 경계하라

"사탄이 우리를 속이지 못하게 하려 함입니다. 우리는 그의 악한 계략을 잘 알고 있기 때문입니다"(고후 2:11 새생활성경).

내가 천국에 있었을 때, 주님께서는 나를 돌아서게 하시고 지구를 보게 하셨습니다. 그분은 이미 많은 것을 여러 나라에 걸쳐 계획 단계에 두고 계시는데, 이는 사람들이 부르짖고 있기 때문입니다. 하나님은 나에게 그것에 대해 무엇인가를 하라고 말씀하셨습니다. 당신의 보상에 관해서는, 당신은 주님을 위해 그리고 그분과 함께 놀라운 일들을, 심지어 그분께서 하신 것보다 더 큰 일들을 할 수 있습니다.

원수는 당신을 공격하여 당신 자신이 작고 제한적이라고 느끼게 합니다. 당신은 이혼, 낙태 또는 그 외의 많은 부정적인 경험을 했을 수도 있지만, 하나님은 그런 것들을 기록하지도 않으십니다.

어떤 종교 단체들은 당신이 여자이기 때문에 목사가 되는 것을 허용하지 않을 것입니다. 그러나 하나님은 마리아에게 하나님의 아들인 예수님을 돌보도록 하셨고, 그것은 아무 문제가 없었습니다. 예수님은 자신을 따르며 자신의 사역에 투자한 부유한 여자들을 많이 두셨습니다(눅 8:1-3 참조). 당신은 또한 여자들이 바울과 사도들을 어떻게 재정적으로 지원했는지 볼 수 있습니다(롬 16:1-4 참조). 분명히, 이 현대 사역들은 여자들에게서 헌금을 받는 것은 괜찮지만, 여자들은 목사가 될 수 없다고 느낍니다.

"그들은 경건한 척하지만, 그들을 경건하게 만들 수 있는 능력을 거부할 것입니다. 그런 사람들에게서 멀리 떨어지십시오!"(딤후 3:5 새생활성경)

많은 선교회에는 이혼한 사람들의 재혼을 금지하는 규칙과 온갖 종류의 제한이 있습니다. 하나님은 나에게 이전에 결혼한 경험이 있는 캐시와 결혼하라고 말씀하셨지만, 나는 목사 안수를 받는 것이 제한되었습니다. 나에게 안수하려던 사람들이 내가 캐시와 결혼했다는 것을 알게 되자, 그들은 내가 자격이 없다고 말했습니다.

나는 내 직업을 그만두지 않았기 때문에 나에게 안수하지 않는 단체를 위해 내 삶을 바쳤습니다. 하나님은 나에게 캐시와 결혼하라고 말씀하신 것처럼 그 직장에서 일하라고 지시하셨습니다. 나는 종교가 당신을 제한한다는 것을 알려주기 위해 이 말을 합니다. 당신은 율법 아래에서 벗어나야 합니다. 왜냐하면 주님께서 지금 당신에게 말씀하고 계시기 때문입니다.

나는 보석을 착용하거나 모자를 쓴 채 아이들에게 사역할 때 종종 비판을 받습니다. 그들은 "왜 모자를 쓰고 있습니까? 저 남자는 기름 부음을 받지 않았습니다. 저 사람은 보석을 착용했습니다. 그의 아내는 이혼 경험이 있는 사람입니다. 저 사람은 왜 저 비행 재킷을 입고 있습니까?"라고 말합니다. 그러나 기름 부음은 동일하며, 내가 모자를 썼는지, 머리카락이 있는지 없는지는 중요하지 않습니다.

나는 이제 가장 좋아하는 대다수 목사들의 설교를 듣는 것보다 《베지테일》(Veggie Tales)을 보는 것에서 더 많은 것을 얻습니다. 캐시와 나는 식사하면서 정말로 《베지테일》을 보는데, 이는 단순함을 되찾고 싶기 때문입니다. 나는 앤드류 워맥(Andrew Wommack)의 말을 듣는 것을 더 좋아합니다. 왜냐하면 그는 다른 대부분의 사람들처럼 자신에 대해 이야기하지 않고, 그저 복음을 전하기 때문입니다. 그는 나무 테이블에 앉아 카우보이처럼 말합니다. 왜냐하면 그는 사람들을 사랑하기 때문입니다. 앤드류 워맥은 변하지 않았습니다. 나는 하루 종일 그의 말을 앉아서 들을 수 있습니다.

나는 또한 해긴의 말을 듣는 것을 좋아하는데, 이는 그도 결코 변하지 않았기 때문입니다. 그는 이야기를 들려주고, 가르치고, 그러고 나서 더 많은 이야기를 들려주고 단순함을 유지했습니다. 그러고 나서 예언하고, 사람들을 위해 기도하고, "다음번에 만나요"라고 말했습니다. 그는 강의실에 돌아왔을 때, 20년 동안 가르쳤던 동일한 성경 구절을 펼치셨습니다. 만약 그것이 기도 세미나라면, 그 구절은 요한복음 15장이었을 것입니다. 만약 그것이 믿음 세미나라면, 마가복음 11장 23-24

절이었을 것입니다.

어느 날, 해긴이 말했습니다. "여러분 목소리를 다 들었어요. 방금 '저분은 언제 다른 이야기로 넘어갈까?'라고 했죠? 제가 여러분에게 말씀드리는 것은 주님께서 저에게 '너희가 성숙해지면, 나는 계속 나아갈 것이다'라고 말씀하셨다는 것입니다." 그런데 그는 결코 그렇게 하지 않았습니다. 우리는 여전히 같은 자리에 있었습니다. 그가 한 또 다른 말은 나에게 깊이 박혔습니다. "고속도로 1마일당 2마일의 도랑이 있으니, 사람들은 항상 도랑을 찾게 마련입니다."

한계를 벗어 던지기

"나는 나에게 힘을 주시는 그리스도를 통해 모든 것을 할 수 있습니다"(빌 4:13 새생활성경).

주님은 당신을 당신의 한계에서 벗어나게 하시기를 원하십니다. 그분은 한계가 정신적, 육체적 영역에 기반을 두지만 영적 영역에는 존재하지 않는다고 나에게 말씀하셨습니다. 천국에서 예수님은 "케빈, 여기서는 아무도 너를 제한하지 않는다. 여기 있는 모든 사람은 너를 사랑하고 지지한다. 너에게 보내진 모든 천사는 네가 실패할 것이라고 절대 생각하지 않았어"라고 말씀하셨습니다. 그분은 계속해서 "네 안에 있는 성령은 너를 의심하신 적이 없다. 여기 있는 모든 사람은 너를 지지하고 도와주고 있어"라고 말씀하셨습니다. 이것은 모든 믿는 자에게도 마찬가지입니다. 하나님은 당신 편이십니다. 그분은 당신을 대적하여 일하지 않으십니다(롬 8:31 참조).

주님은 치유 사역을 하면서 다른 사람들을 섬길 수 있는 사람들이 필요합니다. 그분은 번영 안에서 행하고 신뢰할 수 있는 사람들이 필요합니다. 사로잡힌 자들을 자유롭게 하기 위해 구원 사역을 할 수 있는 사람들이 매우 많이 필요합니다. 또한 주님의 말씀을 예언하는 사람들, 즉 기도한 것을 응답 받는 사람들이 필요합니다.

"대답하되 두려워하지 말라. 우리와 함께 한 자가 그들과 함께 한 자보다 많으니라 하고 기도하여 이르되 여호와여 원하건대 그의 눈을 열어서 보게 하옵소서 하니 여호와께서 그 청년의 눈을 여시매 그가 보니 불말과 불병거가 산에 가득하여 엘리사를 둘렀더라"(왕하 6:16-17).

그분께서 한계를 제거하셨으니, 당신의 영을 주님께 맡기십시오. 그 모든 한계는 정신적 영역에 있었습니다. 당신이 할 수 없다고 누가 당신에게 말했습니까? 주님은 "나는 그렇게 말한 적이 없다"라고 말씀하셨습니다. 당신을 대적하는 자들보다 당신 편에 있는 자들이 더 많으니, 위로 올라가십시오. 사슬은 끊어졌고, 마귀는 입이 닫혔습니다. 더는 심리전을 용납하지 마십시오. 주님께서는 "실패는 학습 과정의 일부다. 너는 사랑받고 있다"라고 말씀하셨습니다. 기억하십시오. 그분의 은혜는 충분합니다. 바울이 자신의 현재 상태가 아닌 계시로 글을 썼던 것처럼, 당신은 자유롭고 무한한 하늘과 영적인 영역과 연결되어야 합니다.

이 세상의 정신적,
육체적 한계에서 벗어나는
옛적 길로 돌아가라.

당신을 위한 기도

아버지, 당신의 백성을 해방시키시고 한계를 제거하셨음에 감사합니다.
주님, 우리가 충분한 능력이 있음을 감사합니다.
예수님의 이름으로 기도합니다. 아멘.

CHAPTER 08
변하지 않는 하나님의 말씀

"풀은 마르고 꽃은 시드나 우리 하나님의 말씀은 영원히 서리라 하라"(사 40:8).

하나님께서는 우리를 위해 또 다른 길을 설계하셨습니다. 이 길은 종종 논의되지 않는데, 바로 회개와 관련이 있습니다. 오늘날 많은 사람은 구약과 신약에 대해 잘못된 판단을 합니다. 그들은 하나님 말씀의 일부 진리가 사라지고 새로운 진리가 도입되었다고 생각합니다. 성경이 우리 눈앞에 있는데도, 우리는 종종 그 당시 우리가 경험하고 있는 것에 따라 성경을 해석합니다.

"천지는 없어질지언정 내 말은 없어지지 아니하리라"(마 24:35).

나는 치유를 더는 믿지 않는 사람들과 이야기한 적이 있습니다. 하나님을 믿었던 그들의 가족 구성원이 치유되지 않고 죽었기 때문에 그들은 치유를 믿지 않게 된 것입니다. 종종 이러한 문제들은 다루어지지 않거나, 일부 그룹은 믿음의 부족 탓으로 돌립니다. 그들이 그렇게 말하기는 쉽습니다. 이것은 사람들을 화나게 할 수 있습니다. 그러나 핵심은 하나님께서 사람들을 염려하시고 그들이 해결책을 갖기를 원하신다는 것입니다. 그런데도 그들은 항상 그렇게 해석하지는 않습니다.

"나 여호와는 변하지 아니하나니 그러므로 야곱의 자손들아 너희가 소멸되지 아니하느니라"(말 3:6).

당신이 경험하지 못했다고 해서 교리를 바꿀 수는 없습니다. 당신은 하나님의 성품도 바꿀 수 없습니다. 나는 사역하는 동안 종종 속임수와 부딪히고 있다는 것을 느낍니다. 어떤 경우에는 워리어 노트(warrior notes school ministry)가 진리를 위해 싸우는 마지막 장벽이라고 믿습니다. 그러므로 나는 타협할 여유가 없습니다. 몇몇 사역 단체가 커지면, 헌금이나 출석수에 따라 자신들이 말하는 것을 바꾸기 시작합니다. 교회에서 그런 일이 발생하면 그 영향을 볼 수 있습니다.

내가 부목사였을 때, 일요일에 의심스러운 말이 나오면 월요일 아침에 정리해야 했습니다. 나는 부목사로서 사람들과 이야기하고 그들에게 설명해야 했습니다. 나는 가능한 한 빨리 대면하고, 해결하고, 진실을 공개하는 것이 더 낫다는 것을 배웠습니다.

"그러므로 주 여호와께서 이같이 이르시되 보라, 내가 한 돌을 시온에 두어 기초를 삼았노니 곧 시험한 돌이요 귀하고 견고한 기촛돌이라. 그것을 믿는 이는 다급하게 되지 아니하리로다. 나는 정의를 측량줄로 삼고 공의를 저울추로 삼으니 우박이 거짓의 피난처를 소탕하며 물이 그 숨는 곳에 넘칠 것인즉"(사 28:16-17).

당신은 처음부터 표준을 세워야 합니다. 솔직하게 "우리는 이것을 믿고, 이것이 우리가 그것을 믿는 이유입니다"라고 말하는 것이 더 좋습니다. 그것은 예를 들어, 우리가 여전히 방언을 믿는다는 사실에 충격을 받을 수 있는 사람들을 제거합니다. 성령께서는 방언을 믿으시지만, 그들은 그렇지 않습니다.

사라진 기독교 운동들을 살펴보면, 그들이 초기 신념의 많은 부분에서 후퇴하기 시작했다는 것을 알게 될 것입니다. 나는 하나님의 성회(Assemblies of God)의 기원에 대한 논문을 써서 대학 장학금을 받았습니다. 나는 아주사 거리 부흥(Azusa Street Revival-오순절 사건처럼 1906년 L.A.의 성령운동)의 창립자들을 포함하여 사람들을 인터뷰하여 하나님께서 왜 그렇게 움직이셨는지 알아냈습니다.

만약 당신이 웨슬리 형제들과 교단들이 된 이 운동들을 시작한 모든 사람들과 이야기했다면, 그들이 어떻게 시작하고 어떻게 끝났는지가 두 가지 다른 것이라는 점을 알게 될 것입니다. 종종 우리는 경험에 따라 우리가 믿는 것을 바꿉니다. 그러나 우리가 믿는 것이 경험을 일으키는 것이지, 그 반대는 아닙니다.

"모든 성경은 하나님의 감동으로 된 것으로 교훈과 책망과 바르게 함과 의로 교육하기에 유익하니 이는 하나님의 사람으로 온전하게 하며 모든 선한 일을 행할 능력을 갖추게 하려 함이라"(딤후 3:16-17).

말씀이 먼저 왔습니다. 왜냐하면 그분은 인격이시기 때문입니다(요 1:1-5 참조). 그분께서 말씀하셨을 때, 그분은 말씀이 되셨지만, 그분은 항상 인격이셨습니다. 그분은 항상 존재하셨고, 그분에 관한 모든 것은 동일하게 유지되었습니다. 그분은 당신이 그분이 말씀하시는 것을 좋아하지 않는다고 해서 변하지 않으십니다. 당신은 그분이 말씀하신 인격이기 때문에 말씀을 비인격화할 수 없습니다. 사람들이 성령에 의해 감동되고 그 말씀께서 말씀하시는 것을 들었을 때, 그들은 그것을 기록했습니다. 이것이 성경이 기록된 방식입니다. 하나님께서 영감을 주셨고, 그것은 변하지 않습니다.

사람들은 자기가 믿는 것을 경험하지 못하면 종종 그것에서 뒤로 물러나는데, 이는 그들이 그것을 어떻게든 처리해야 하기 때문입니다. 그들이 생각해내는 유일한 해결책은 그것을 한쪽으로 치우거나, 버리거나, 어떤 경우에는 반대하는 것입니다. 많은 사람이 자신이 경험하는 상처와 불일치를 그렇게 처리합니다. 우리는 모두 역경에 다르게 대처합니다. 그러나 우리의 환경은 하나님의 본성이나 의도를 바꾸지 않습니다.

*불일치와 실망에도 불구하고
그리스도 안에서 변치 않고 남아 있는
옛적 길로 돌아가라.*

사랑이 우리의 표준이다

"내가 온 이유를 오해하지 마라. 나는 모세의 율법이나 선지자들의 글을 폐하러 온 것이 아니다. 나는 그것들의 목적을 성취하러 왔다. 내가 진실로 너희에게 말하노니, 하늘과 땅이 사라지기 전에는 하나님의 율법의 가장 작은 부분도 그 목적이 성취될 때까지 사라지지 않을 것이다. 그러므로 네가 가장 작은 계명을 무시하고 다른 사람들에게도 그렇게 가르친다면, 너는 천국에서 가장 작은 자라 불릴 것이다. 그러나 하나님의 율법을 순종하고 가르치는 자는 천국에서 큰 자라 불릴 것이다"(마 5:17-19 새생활성경).

예수님은 당신의 회개, 즉 변화된 삶의 합당한 열매를 맺으라고 말씀하셨습니다(눅 3:8 참조). 그분은 옛 것을 제거하라고 말씀하지 않으셨고, 오히려 그것에 더하라고 말씀하셨습니다(마 13:52 참조). 예수님은 율법을 성취함으로써 율법에 더하셨습니다. 우리는 위치적으로 그리스도를 통해 하나님의 의로운 요구를 성취합니다(고후 5:21 참조). 그러나 사람들이 볼 수 있는 열매는 의의 행위와 일입니다. 이것이 그들이 우리가 하나님에게서 왔다는 것을 아는 방식입니다.

"온 율법은 네 이웃 사랑하기를 네 자신 같이 하라 하신 한 말씀에서 이루어졌나니"(갈 5:14).

모든 율법은 이 하나의 계명으로 요약됩니다. 즉, 당신의 마음과 생각과 힘을 다하여 당신의 하나님 여호와를 사랑하고, 당신의 이웃을 당신 자신과 같이 사랑하는 것입니다(막 12:28-31 참조). 예수님은 당신이 이것을 행하면 율법을 성취한다고 말씀하셨습니다. 앞서 언급했듯이, 그분은 율법을 폐지하러 오신 것이 아니라 성취하러 오셨습니다. 그분은 또한 우리에게 그것을 어떻게 해야 하는지 가르치셨습니다. 그것은 바로 사랑을 통해서입니다. 사랑은 믿음으로 자신을 표현하지만, 모든 것의 원동력입니다. 많은 사람은 우리가 더는 회개할 필요가 없다고 자동적으로 생각합니다. 그러나 우리가 사랑 안에서 행할 때, 우리는 회개 안에 머뭅니다. 이것은 드러나야 할 깊은 계시입니다.

사랑이 표현되는 흥미로운 예를 살펴보겠습니다. 만약 내가 예배가 오후 2시 15분에 시작한다고 공지하면, 나는 늦게 시작하지 않을 것입니다. 나는 2시 15분에 시작할 것입니다. 그러나 사람들의 절반은 아마 그곳에 없을 것입니다. 목회자가 늦게 오는 사람들을 위해 주일 예배 시간을 조절한다고 상상해 보십시오. 오전 10시 예배는 오후 12시 10분까지 시작되지 않을 것이고, 계속 지연될 것입니다. 만약 그들이 두 번의 예배를 드려야 한다면, 1부 예배가 2부 예배에 밀릴 것입니다. 어떤 목회자들은 주일 아침에 세 번 또는 네 번의 예배를 드리기 때문에 시간 엄수에 있어서 나보다 훨씬 엄격합니다. 안내

원들은 예배 시작 시 문을 잠그고 늦게 온 사람들에게 "성도님은 다음 예배에 일찍 오셨네요"라고 말합니다. 우리가 이렇게 할 필요는 없지만, 그냥 그렇습니다.

교회 예배 시간의 이 예시가 사랑과 무슨 관련이 있을까요? 만약 당신이 늦게 온 사람들 중 누구와든 앉아서 왜 늦었는지 물어본다면, 그들은 각자 자신의 이야기를 나누면서 울 수도 있습니다. 그러나 진정한 사랑은 양쪽 모두에서 강해야 합니다. 늦게 온 사람들은 다음 예배에는 일찍 온 것이고, 그들은 훌륭한 예배를 기대할 수 있을 것입니다. 늦게 오는 사람들을 수용하기 위해 예배 시간을 바꾸는 것은 사랑 안에서 행하는 것이 아닐 것입니다. 그것은 모든 사람의 기준을 낮추고 제시간에 오려고 결심한 사람들에게 영향을 미칠 것입니다.

하나님의 방식은 우리의 방식보다 높다

"이는 내 생각이 너희의 생각과 다르며 내 길은 너희의 길과 다름이니라. 여호와의 말씀이니라. 이는 하늘이 땅보다 높음 같이 내 길은 너희의 길보다 높으며 내 생각은 너희의 생각보다 높음이니라"(사 55:8-9).

만약 어떤 사람이 치유되지 않았다면, 나는 하나님을 대신해서 사과할 수 없습니다. 나의 임무는 예수님의 채찍, 십자가의 완성된 사역, 그리고 그에 앞선 예수님의 사역에 대한 성경 구절들을 나누는 것이었습니다(벧전 2:24, 요 19:30, 행 10:38 참조). 우리 각자는 주님과 개인적으로 관계를 맺어야 합니다. 내가 천국에 있을 때, 예수님께서 설명해 주시기 전까지는 내가 어떻게 죽었는지 몰랐습니다. 아무것도 느끼지 못했기 때문에, 내가 테이블에 누워 있는 내 몸을 보기 전까지는 내가 죽었다는 사실조차 깨닫지 못했습니다. 천국에서는 부모님이나 지상의 가족에 대해 결코 생각하지 않았습니다. 예수님께서 45분 후에 언급하시기 전까지는 그것이 내 마음에 떠오르지 않았습니다.

내가 천국에 있을 때, 부모님께 작별 인사를 하러 돌아가야 한다거나 내가 결혼하지 못할 것이라는 생각은 전혀 들지 않았습니다. 신용카드 빚을 갚거나 화초에 물을 주는 것에 대해 걱정하지 않았습니다. 거기에서는 하나님께서 특별한 정보를 주시지 않는 한 당신은 세상과 분리됩니다. 천국의 모든 사람은 내가 죽었을 때 내가 승진했기 때문에 기뻐했습니다. 부정적인 것은 전혀 없었습니다.

"이는 내게 사는 것이 그리스도니 죽는 것도 유익함이라. 그러나 만일 육신으로 사는 이것이 내 일의 열매일진대 무엇을 택해야 할는지 나는 알지 못하노라. 내가 그 둘 사이에 끼었으니 차라리 세상을 떠나서 그리스도와 함께 있는 것이 훨씬 더 좋은 일이라. 그렇게 하고 싶으나 내가 육신으로 있는 것이 너희를 위하여 더 유익하리라"(빌 1:21-24).

바울은 사는 것이 그리스도요 죽는 것이 유익이라고 말했기에, 그는 이 땅에 머물 것인지 떠날 것인지 선택해야 했습니다. 그는 자신을 위해서가 아니라 사람들의 유익을 위해 머물기로 결정했습니다. 그는 본질적으로 "내가 가는 것이 나에게는 좋겠지만, 당신들을 위해서는 내가 남아 있는 것이 더 좋다"라고 말했습니다. 그러면 그는 제자들을 돌보고 양육할 수 있었습니다. 그는 얼마 동안 남아 있다가 실제로 떠나기 전에 자신의 떠남을 발표했습니다(딤후 4:6-8 참조).

바울이 자신이 떠날 때가 다가왔다고 발표한 것처럼, 하나님의 위대한 사람들도 마찬가지였습니다. 내가 레마학교에 있을 때, 해긴은 갑자기 "그냥 알려드리는 건데, 저는 제가 언제 죽을지, 몇 살이 될지, 어디에 앉아 있을지, 그리고 아내에게 무슨 말을 할지 정확히 알고 있습니다"라고 말씀하셨습니다.

해긴은 자신이 어떻게 죽을 것인지 자세히 나누었습니다. 그는 부엌 테이블에서 아침 식사를 하고 있을 것을 알고 있었습니다. 그는 스미스 위글스워스가 세상을 떠났을 때와 같은 나이일 것이었습니다. 왜냐하면 그는 그를 밀접하게 따랐기 때문입니다. 그는 아내에게 무슨 말을 할지 우리에게 말했습니다. 그러고 나서 그는 다시 가르치기 시작했습니다. 나는 친구에게 돌아가서 방금 무슨 일이 일어났는지 물었습니다. 해긴이 죽었을 때, 그의 나이까지 세부적으로 그가 말한 대로 모든 일이 일어났습니다. 이것은 확인되었습니다. 당신은 그가 1986년에 이것을 우리와 나누었지만, 2003년까지는 죽지 않았다는 것을 이해해야 합니다.

하나님에 대한 어떤 것들은 결코 이해할 수 없을 것입니다. 그것들은 우리가 알도록 허락된 것이 아니며, 우리에게는 어려운 일입니다. 그러나 우리가 아는 것을 마음에 새기고 그 진리들을 소중히 여겨야 합니다.

정면으로 맞서라

"계시의 빛이 드러내는 것은 무엇이든 또한 바로잡을 것이며, 진리를 드러내는 모든 것은 영혼의 빛이 됩니다"(엡 5:13 더패션 성경).

하나님께서 우리에게 주신 보물 중 하나는 바로 회개라는 선물입니다. 워리어 노트(warrior notes school of ministry-저자의 사역단체)는 다양한 사역적 측면을 가지고 있지만, 나는 주님께 아무도 논의하고 싶어 하지 않는 회개와 같은 주제들을 어떻게 다루어야 할지 여쭈었습니다. 사람들은 단지 이러한 진리들에 대해 논쟁하기를 원하지만, 이 진리들은 이해하는 데 필수적입니다. 우리 모두는 종결과 해결이 필요합니다. 왜냐하면 세상에 사는 것이 힘들기 때문입니다. 그것은 마치 마음을 혼란스럽게 하는 퍼즐이나 체스 게임과 같아서, 당신이 모르는 것을 항상 알아내려고 애쓰게 만듭니다.

나는 사람들이 여기서 살아가며 효과적인 삶을 살 수 있기를 원합니다. 나의 소망은 모든 사람이 어려움을 다룰 수 있는 필요한 도구들을 갖추는 것입니다. 정면으로 대결하는 것을 원하는 사람은 거의 없으며, 이는 종결과 해결을 지연시킵니다. 이것은 내가 조종실에서 비행할 때와 같은 개념입니다. 만약 경고등이나 게이지가 빨간색으로 표시되면, 즉시 처리해야 합니다.

워리어 노트는 여러 대의 제트기를 부채 없이 소유하고 있지만, 필요할 때 다른 항공기를 임대하기도 합니다. 예를 들어,

해외로 여행할 때, 때로는 11시간 동안 공중에 있어야 할 때가 있는데, 이는 우리의 페놈(phenom) 제트기로는 불가능합니다. 그 제트기는 4시간 반을 날면 "목마르다"라고 말하며 더 많은 연료가 필요하다고 합니다. 그래서 우리는 걸프스트림(Gulf Stream) 항공기를 임대하여, 해외에서 필요할 때 특정 시간만큼 사용하는데, 보통 1년에 두 번 사용합니다. 제트기와 비행기 모두 여행 시 안전을 위해 모니터링해야 하는 온갖 종류의 버튼, 다이얼, 게이지가 있습니다. 우리는 경고를 무시할 수는 없습니다.

진정한 회개와 회복이 일어나려면, 문제들은 투명하게 정면으로 다루어져야 합니다. 예를 들어, 항공기 주제를 말하자면, 사람들은 항상 워리어 노트가 왜 제트기 세 대를 필요로 하는지 알고 싶어 합니다. 우리는 우리와 함께 여행하는 직원의 규모에 따라 한 번에 두 대만 필요하고 사용하게 됩니다. 그러나 우리 제트기 중 한 대가 고장 나거나 도색 중일 때, 사용 불능 상태인 제트기를 대체할 수 있는 여분의 제트기가 있습니다. 그렇게 계획함으로써 우리는 그렇지 않으면 수행할 수 없었을 사역 약속들을 지킬 수 있었습니다. 나는 이것을 그냥 투명하게 말하고 싶습니다.

목회자들은 종종 항공기 한 대를 소유하는 것만으로도 비판을 받습니다. 워리어 노트는 세 대를 소유하고 있지만, 누구에게도 더는 말을 듣지 않습니다. 왜냐하면 우리는 사람들을 돕고, 굶주린 자들을 먹이며, 우리의 프로그램을 통해 아이들에게 사역하고 있기 때문입니다. 프랭클린 그래함은 많은 비행기를 가지고 있지만, 당신은 그것에 대해 아무도 불평하는 것을 듣지 못합니다. 왜냐하면 그것은 사마리아인의 전대(Samaritan's Purse), 즉 음식을 나누어 주고 사람들을 돕는 그들의 비영리 단체를 위한 것이기 때문입니다. 제트기나 비행기는 신분의 상징이 아니라 도구입니다. 나는 결국 화물기를 원하기 때문에 C-130 등급을 취득하여 팔레트 단위의 식량을 운반할 수 있도록 알아보고 있습니다.

레스터 섬럴(Lester Sumrall)은 C-130 군용기와 배를 소유했습니다. 그는 쌀, 콩, 다른 음식을 실었기 때문에 아무도 불평하는 것을 듣지 못했습니다. 섬럴처럼, 워리어 노트는 사람들을 돕고 어린이 프로그램을 제공하기 때문에 비판받지 않습니다. 다시 말하지만, 이것은 도구입니다. 이것은 내가 위대한 목사이기 때문이 아니므로, 결코 자랑하는 것이 아닙니다. 나는 여전히 사우스웨스트 항공사에서 일해야 했더라도 하나님의 부르심에 응답하고 이 일을 할 것입니다.

"그래서 그들은 사도들을 다시 불러들여 예수의 이름으로는 결코 말하거나 가르치지 말라고 명령했습니다. 그러나 베드로와 요한이 대답하기를, '하나님께서 우리가 그분께 순종하는 것보다 당신들에게 순종하기를 원하신다고 생각하십니까? 우리는 우리가 보고 들은 모든 것을 말하는 것을 멈출 수 없습니다'"(행 4:18-20 새생활성경).

이것을 나누는 나의 요점은 우리가 불편한 주제들을 정면으로 마주해야 한다는 것입니다. 많은 사람은 낙태나 이혼에 반대하는 것과 같은 강한 신념을 가지고 있습니다. 어떤 사람들은 목사가 모자를 쓰는 것과 같은 특정 문제에 대해 태도를 취합니다. 그러나 만약 하나님께서 이혼했거나 낙태를 경험한 사람과 결혼하라고 말씀하신다면 어떻게 될까요? 갑자기 그 주제가 당신의 삶에 직접적으로 다가오고, 당신은 그것을 다루어야 합니다. 무시하거나 밀어낼 수 없습니다. 만약 당신의 회중 절반이 마법에 빠져 있다가 회심했다면 어떻게 될까요? 당신은 그들에게 타로 카드와 도표를 치우라고 말해야 할 것입니다. 하나님께서 그러한 관행에 대해 어떻게 생각하시는지 분명합니다(레 19:26-31).

나는 혼전 동거하다가 구원받은 커플들과 대화를 나누었습니다. 그런 경우에 당신은 어떻게 하겠습니까? 나의 책임은 그들과 앉아서 하나님의 계획을 나누고 그들이 결혼할 것인지 묻는 것이었습니다. 나는 마음으로는 그저 사람들을 돕고 싶어 하는 목사입니다.

나는 이혼녀와 결혼하기 전까지는 이혼에 반대했습니다. 그런데 그것이 하나님의 계획이었습니다. 그렇다면, 사람들이 이혼했다는 이유만으로 자격이 박탈되는 것일까요? 논란이 많은 주제들을 다룰 때는 천국의 구속적인 관점을 이해하는 것이 중요합니다.

진리가 우리의 경험을 이끈다

어떤 대형 교회들에서는 회개, 지옥, 또는 예수님의 피에 대해 더는 듣지 못합니다. 2년 동안 주님은 나에게 모든 기독교 텔레비전 프로그램을 시청하고 키워드를 들으라고 인도하셨습니다. 그러고 나서 그분은 저에게 『능력 언어를 사용하라』(예찬사 역간)라는 책을 쓰라고 지시하셨습니다. 베스트셀러가 된 이 책은 텔레비전을 시청한 것을 바탕으로 했으며(그 중 80 퍼센트는 내가 보고 싶지 않았지만), 나는 모든 목회자들을 관찰했습니다. 나는 주님께서 주신 능력의 말씀 목록을 만들었습니다. 그것은 회개, 주님을 경외함, 예수님의 피, 지옥, 천국, 심지어 예수님의 이름까지 포함했습니다.

내가 모든 기독교 프로그램을 들으면서, 내 목록에 있는 능력의 말씀들이 언제 사용되었는지 기록했는데, 그 결과는 충격적이었습니다.

당신이 가장 좋아하는 목사들 중 일부는 회중이 60,000명이 넘는데도 예수님의 이름을 언급조차 하지 않는다는 사실에 놀랄 수도 있습니다. 대신, 그들은 그저 하나님이라고 말합니다. 그들은 지옥이나 예수님의 피를 결코 언급하지 않습니다. 나는 사탄이 이러한 능력의 말씀들과 다른 능력의 말씀들을 기독교 교회의 어휘에서 제거하기 위해 열심히 역사했다고 들었습니다.

하나님은 그분의 말씀을 바탕으로 표준을 세우셨습니다. 그러므로 사탄이 사람들로 하여금 그러한 단어들을 외면하게 할 수 있다면, 신자들은 항상 우리 앞에 그러한 단어들이 존재함으로써 오는 힘과 능력을 잃게 될 것입니다.

사역 단체들은 회중을 유지하기 위해 자신들이 말하는 것에 대해 조심해야 한다고 느꼈습니다. 그들은 이러한 능력의 말씀들에 대해 이야기할 때 헌금과 출석이 줄어든다는 것을 알게 되었습니다. 그런데도 우리는 누구도 그렇게 하지 않을 때에도 경건한 입장을 취하고 진리를 말하도록 부름받았습니다. 나는 사람들이 어떻게 생각하는지는 중요하게 여기지 않습니다. 왜냐하면 나는 하나님을 기쁘시게 하고 당신에게 진리를 말하는 것을 더 좋아하기 때문입니다. 만약 바울이 물러섰다면, 성경에 무엇이 있었을까요? 우리는 하나님께서 교회의 기초를 세우는 데 사용하신 선지자들과 사도들이 세운 표준을 지킬 책임이 있습니다.

기독교 텔레비전에서 목사들은 좋음(good)과 행복(happy)과 같은 단어들을 사용하는 것을 좋아하는데, 이것들은 혼의 영역에서 온 단어들입니다. 그들은 기쁨(joy)과 같은 영적인 단어들을 언급하지 않습니다. 그들은 기쁨이 성령의 열매이기 때문에 언급하지 않습니다(갈 5:22-23 참조). 기쁨은 성령에게서 온 것이므로 왔다 갔다 하지 않습니다. 반면에, 행복은 혼의 영역에 속한 것이기 때문에 덧없습니다. 이것은 혼과 관련이 있습니다. 당신은 한 순간 행복했다가 햄버거에 치즈가 없어서 행복을 잃을 수도 있습니다. 그것은 당신의 경험에 따라 변동합니다. 그러나 성령의 열매는 진리에 의해 움직이므로 변하지 않습니다.

"육신에 있는 자들은 하나님을 기쁘시게 할 수 없느니라. 만일 너희 속에 하나님의 영이 거하시면 너희가 육신에 있지 아니하고 영에 있나니 누구든지 그리스도의 영이 없으면 그리스도의 사람이 아니라"(롬 8:8-9).

경험은 진리에 의해 움직여야지, 그 반대는 아닙니다. 교회가 더 많은 초자연적인 기적을 경험하지 못하는 이유는 우리의 혼이 주도하는 교회로 바뀌었기 때문입니다. 우리는 성령의 인도를 받지 못하고 있으므로 종종 오해하고 있습니다. 그것이 아니어야 할 때에도 무작위적으로 일어납니다. 우리의 경험은 하나님이 그분 자신이시기 때문이어야 하며, 그분께서 말씀하셨기 때문이어야 합니다. 그분의 말씀이 우리의 영에 들어갈 때, 그것은 살아나고 초자연적인 만남을 일으킵니다. 이것은 매번 일어나야 합니다. 내 영혼이 변하기 때문에 항상 행복하지는 않지만, 나는 항상 성령의 열매인 기쁨을 가지고 있습니다.

> 성령에 이끌리고 혼에 이끌리지 않는
> 옛적 길로 돌아가라.

"당신에게 말하는 은사가 있다면, 하나님께서 친히 당신을 통해 말씀하시는 것처럼 말하십시오. 다른 사람을 돕는 은사가 있다면, 하나님께서 공급하시는 모든 힘과 에너지로 그것을 행하십시오. 그러면 당신이 하는 모든 일이 예수 그리스도를 통해 하나님께 영광을 돌릴 것입니다. 모든 영광과 권능이 영원히 그분께 있기를! 아멘."(벧전 4:11 새생활성경).

또한, 나는 당신이 좋아하는 기독교 작가들의 원고를 가져다가 단어 수를 세는 소프트웨어로 돌려본 적이 있습니다. 당신은 우리가 읽고 듣는 대부분의 사람들의 설교가 '하나님'(God)보다 '나'(I)라는 단어를 더 많이 사용한다는 사실에 놀랄 것입니다. 이들 목사들 중 상당수는 하나님이나 예수님보다 마귀를 더 많이 언급하고 그에 대해 더 많이 이야기했습니다. 그러나 그들은 주로 자신에 대해 이야기했으며, 분명히 하나님을 대신하여 말하는 것처럼 자신을 표현하지 않았습니다.

나는 사탄에게 하나님보다 더 많은 관심을 주는 책을 쓴 작가들을 위해 더는 서문이나 추천서를 쓰지 않기로 결정했습니다. 당신이 그때 겪고 있는 모든 것이 당신이 사용하는 필터가 될 것이고, 결과물은 그 필터의 결과가 될 것입니다. 그러나 그것이 정말로 성령께서 그리스도의 몸에 사역하기를 원하시는 것일까요? 많은 사람은 하나님의 기준이 자신 안에서는 달성 불가능하다고 느끼지만, 그분께서 말씀하시는 것이 의도적으로 불가능한 것이라면 어떨까요?

"사랑하는 형제자매들이여, 우리가 아시아 지방에서 겪었던 고난에 대해 여러분이 알기를 원합니다. 우리는 감당할 수 없을 정도로 짓눌리고 압도당하여, 결코 살아남지 못할 것이라고 생각했습니다. 사실, 우리는 죽을 것을 예상했습니다. 그러나 그 결과로, 우리는 자신에게 의존하는 것을 멈추고, 죽은 자를 살리시는 오직 하나님께만 의존하는 것을 배웠습니다. 그리고 그분은 우리를 죽음의 위험에서 구원하셨고, 또다시 우리를 구원하실 것입니다. 우리는 그분을 신뢰하며, 그분은 계속해서 우리를 구원하실 것입니다"(고후 1:8-10 새생활성경).

당신은 불가능한 상황에 처할 때 하나님께 의존해야 합니다. 이것은 불가능한 것에 대한 믿음을 낳습니다. 당신은 당신의 혼에서 성령으로 전환하고 하나님의 말씀을 붙잡아야 합니다. 그분의 약속에 자신을 연결하고 그 위에 서십시오. 이것이 만남이나 경험을 낳습니다. 이것이 올바른 순서입니다. 당신은 변하지 않는 하나님의 말씀에 의존할 수 있으며, 그것이 당신의 삶을 건설해야 할 기초입니다.

CHAPTER 09
회개라는 선물

"그러므로 너희가 회개하고 돌이켜 너희 죄 없이 함을 받으라. 이같이 하면 새롭게 되는 날이 주 앞으로부터 이를 것이요"(행 3:19).

어느 날, 나는 소파에 앉아 '회개'란 무엇인가라는 질문을 어떻게 다루어야 할지 고민하고 있었습니다. 그것은 어떤 목회자도 다루고 싶어하지 않는 수천 가지 어려운 질문 중 하나입니다. 대부분의 사람이 회개를 생각할 때, 거리의 설교자들이 "회개하라. 그렇지 않으면 지옥에 갈 것이다!"라고 외치는 것을 떠올립니다. 그것이 거리의 모든 사람이 듣는 것이고, 내가 평생 동안 들었던 것입니다.

"그러므로 이제 그리스도 예수 안에 있는 자에게는 결코 정죄

함이 없나니"(롬 8:1).

나는 예수님 앞에 섰을 때 내가 과거에 행했던 모든 일에 대한 죄책감이 모두 거짓이었음을 깨달았습니다. 천국에는 죄책감이라는 것이 존재하지 않았습니다. 이 자연계에서는 유죄 판결을 받으면 법정에 가야 합니다. 혐의가 줄어들어 석방되더라도 여전히 어떤 형태의 결과를 직면해야 하며, 이는 당신의 기록에 남습니다. 더욱이 무죄 판결을 받아도 그것 또한 기록에 남습니다.

천국은 이 깨진 세상과는 전혀 다릅니다. 내가 예수님을 만났을 때 경험했던 것을 묘사하는 데 가장 가까운 단어는 '말소'(expunged)였습니다. 이것은 혐의가 기록에서 완전히 제거되었음을 의미합니다. 이것은 법적으로 존재한 적이 없습니다. 소송 번호를 찾아보려 해도 찾을 수 없을 것입니다. 마치 그런 일이 전혀 없었던 것처럼, 기록이 없는 것입니다. 천국에서는 그렇습니다.

내가 예수님의 모든 권위 안에 서 있을 때, 나는 그분께 "제가 마귀에게 떠나라고 말했지만, 그 마귀는 떠나지 않았습니다"라고 결코 말할 수 없다는 것을 깨달았습니다. 왜냐하면 그분은 내게 "내 이름이면 충분하다. 그들은 떠나야 한다"라고 말씀하실 것이기 때문입니다. 치유도 마찬가지입니다. 그분의 피, 그분의 등에 난 채찍 자국, 그리고 그분께서 겪으신 모든 고통은 치유하기에 충분했습니다. 그분은 내게 "나는 다시 돌아가서 그 일을 하지 않을 것이다. 내 일은 다 이루었다"(요 19:30)라고 말씀하셨습니다. 그것이 절대적인 진리입니다. 당신은 하나님께서 그분의 일을 완성하지 못했다고 말할 수 없습니다. 그분 앞에 설 때까지 기다려 보십시오.

"그러므로 우리가 믿음으로 의롭다 하심을 받았으니 우리 주 예수 그리스도로 말미암아 하나님과 화평을 누리자"(롬 5:1).

당신은 예수님을 어떤 것으로도 비난할 수 없습니다. 어떤 일이 잘 되지 않았다면 그것은 당신의 책임일 것입니다. 왜냐하면 그분께서 우리를 위해 행하신 모든 것은 완성되었기 때문입니다. 삶과 경건에 필요한 모든 것은 우리에게 공급되었습니다. 그것은 모두 주님의 약속을 통해 우리에게 주어졌습니다(벧후 1:4 참조). 이러한 약속에는 죄를 짓지 않은 것처럼 죄책감으로부터의 의롭다 하심이나 자유가 포함됩니다.

당신의 삶에서 고발하는
목소리들을 잠재우는
옛적 길로 돌아가라.

하나님과의 더 깊은 관계

"이런 일을 행하는 자에게 하나님의 심판이 진리대로 되는 줄 우리가 아노라"(롬 2:2).

우리가 하나님의 약속을 믿고 그분과 관계를 맺을 때, 우리는 그 약속의 참여자가 됩니다. 신약에서 '믿음'이라는 단어는 구약에서 '신뢰'라는 단어와 동등합니다. 그것은 관계와 관련이 있습니다.[10] 내가 주님께 회개에 대해 말씀해 달라고 요청했을 때, 그분은 분명히 "바울은 결코 지옥을 설교하지 않았다"라고 말씀하셨습니다. 나는 '정말요?'라고 생각했습니다. 내가 조사해 보니, 확실히 그는 지옥에 대해 설교한 적이 없다는 것을 알게 되었습니다. 그분은 하나님의 선하심의 계시가 사람들을 회개로 이끈다고 말씀하셨지, 지옥이나 저주의 두려움이 회개로 이끄는 것이 아니라고 하셨습니다.

"몸은 죽여도 영혼은 능히 죽이지 못하는 자들을 두려워하지 말고 오직 몸과 영혼을 능히 지옥에 멸하실 수 있는 이를 두려워하라"(마 10:28).

"또 왼편에 있는 자들에게 이르시되 저주를 받은 자들아 나를 떠나 마귀와 그 사자들을 위하여 예비된 영원한 불에 들어가라"(마 25:41).

바울은 지옥과 저주에 대한 설교를 결코 하지 않았지만, 많은 목회자는 그렇게 해왔고 지금도 합니다. 그들의 메시지는 "지옥에 가고 싶지 않다면 앞으로 나오십시오. 제가 당신을 위해 기도해 드리겠습니다"인데, 이것은 성경에서 볼 수 없습니다. 예수님께서 지옥에 대해 말씀하실 때는 사람들을 두려워

---

10   "렉시콘: Strong's H982-bāṭaḥ," Blue Letter Bible, 2023년 12월 29일 접속, https://www.blueletterbible.org/lexicon/h982/kjv/wlc/0-1/.

하지 말고, 당신의 몸과 영혼을 모두 지옥에 던질 수 있는 주님을 경외하라는 가르침의 맥락에서 하신 것이었습니다.

그분은 지옥이 마귀와 그의 사자들을 위해 창조된 것이지 사람들을 위한 것이 아니라고 분명히 설명하셨습니다. 단 한 사람도 지옥에 가도록 예정되지 않았습니다(벧후 3:9 참조). 이것이 현실입니다.

다른 몇몇 극단적인 사역 단체에서는 지옥이라는 말을 아예 없애 버렸습니다. 그러고 나서 치유와 방언과 기적이라는 말도 없애 버렸습니다. 오늘날 대부분의 기독교 교단, 심지어 가톨릭 교회에 속한 사람들에게 그들이 무엇을 믿는지 물어본다면, 신약 시대 초기 교회의 기준에는 맞지 않는다고 말합니다.

"나의 자녀들아 내가 이것을 너희에게 씀은 너희로 죄를 범하지 않게 하려 함이라. 만일 누가 죄를 범하여도 아버지 앞에서 우리에게 대언자가 있으니 곧 의로우신 예수 그리스도시라"(요일 2:1).

하나님은 믿는 자들에게 과거의 죄에 대한 죄책감을 느끼는 의미에서 회개의 자리로 다시 올 것을 요구하지 않으십니다.

요한은 그리스도인들에게 회개의 열매를 맺는 생활 방식, 즉 그리스도인으로서 죄를 짓지 않는 생활 방식을 살도록 가르칩니다. 그는 본질적으로 우리가 전혀 죄를 짓지 말아야 한다고 말했지만, 우리가 죄를 짓더라도 우리에게 대언자가 있다고 말합니다.

"만일 우리가 빛 가운데 거하면, 하나님이 빛 가운데 계신 것 같이 우리도 서로 사귐이 있고, 그 아들 예수의 피가 우리를 모든 죄에서 깨끗하게 하실 것입니다. 만일 우리가 죄 없다 말하면 스스로 속이는 것이요, 진리가 우리 속에 있지 아니할 것입니다. 만일 우리가 우리 죄를 자백하면 그는 신실하시고 의로우셔서 우리 죄를 용서하시며 우리를 모든 불의에서 깨끗하게 하실 것입니다"(요일 1:7-9 새생활성경).

요한일서 1장 9절은 우리가 죄를 고백하면 하나님은 신실하시고 의로우셔서 우리 죄를 용서하신다고 말씀합니다. 그분은 우리를 모든 불의에서 깨끗하게 하실 것입니다. 이 구절은 개별적인 경우(자범죄)를 언급하며, 죄의 상태를 의미하는 것이 아닙니다. 죄의 상태에 대한 회개는 거듭날 때 한 번 일어납니다. 그러나 당신은 다시는 회개할 필요가 없다고 말할 수는 없습니다. 자백은 당신이 틀렸음을 인정하고 하나님께로 돌이키고 싶어 한다는 것을 의미합니다.

경로 수정

"그러므로 회개에 합당한 열매를 맺으라[즉 변화된 삶을 살고, 죄에서 돌이켜 하나님과 그분의 의를 구하라]. 그리고 너희 스스로 [방어 삼아] '우리는 아브라함이 우리의 아버지이다[그러므로 우리의 유산이 우리에게 구원을 보장한다]'라고 말하지도 말라. 내가 너희에게 말하노니, 하나님은 이 돌들로도 아브라함을 위한 자녀들(후손들)을 일으킬 수 있느니라[하나님은 그들의 유산과 상관없이 회개하지 않는 자들을 순종하는 자들로 대체할 수 있기 때문이다]"(눅 3:8 확대역).

모든 비행에 필요한 정보는 하루 전에 접수됩니다. 나는 우리가 무엇을 할 계획인지 정확히 알기에 모든 체크포인트를 포함하여 모든 것을 컴퓨터에 입력합니다. 그러나 종종 비행기에 탑승하고 이륙하기 전에 체크인을 할 때, 관계자들은 우리에게 경로 수정이 있다고 말하고, 그래서 나는 그것을 기록해야 합니다. 대개 조정은 군사 비행 구역과 관련이 있으며, 그곳을 우회하여 비행해야 합니다. 이륙 시에는 연료비가 몇 백 달러 더 들더라도 항로를 조정해야 합니다.

비행 이륙 후에도 도착 시간이 변경될 수 있습니다. 만약 당신이 그렇게 하지 않으면, 많은 어려움에 처할 것이고, 상당한 금액의 벌금을 내야 할 것입니다. 그 벌금은 단지 100달러가 아니라 10,000달러까지 될 수 있으며, 당신은 1년 동안 면허를 잃을 수도 있습니다. 그러므로 그들이 당신에게 하라고 하는 모든 것을 해야 합니다. 비록 불편하고 종종 이해가 되지 않더라도 그렇게 해야 합니다.

수정의 시기에는 당신 삶의 경로를 바꿔야 합니다. 당신은 실수할 것이고, 하나님의 계획에 없었던 일을 할 수도 있습니다. 그러한 순간에, 당신은 그분께서 당신이 다시 제자리로 돌아가도록 도우시도록 해야 합니다.

요한은 죄를 짓는 것이 드문 일이라고 생각했습니다. 요한일서는 대부분의 사람이 너무 무섭다고 생각하기 때문에 거의 설교되지 않습니다. 나는 그렇게 느끼지 않지만, 당신은 마지막으로 요한일서의 설교를 들은 것이 언제였습니까? 그것은 진리를 정면으로 다루는 강력하고 명확한 책입니다.

신자로서 우리가 죄를 지으면, 자백하고 회개할 수 있습니다. 그러면 우리는 그 개별적인 경우에 대해 용서받고, 죄를 유발했던 불의로부터 깨끗하게 됩니다. 이는 우리가 다시 죄를 지을 필요가 없으며, 교정을 통해 그것으로부터 배울 수 있다는 의미입니다. 죄의 경향으로부터 깨끗하게 된다는 생각은 우리가 지옥에 간다는 것이 아니라, 하나님께서 우리와 함께 일하고 계신다는 것을 뜻합니다.

죄를 짓는 그리스도인들이 단지 그들의 행동 때문에 지옥에 가지는 않습니다. 당신은 죄의 상태로부터 용서받습니다. 죄의 상태가 당신이 지옥에 갈 이유가 될 수 있는 것입니다. 만약 당신이 하나님과 동행하다가 죄를 짓는다면, 당신은 구원을 잃지 않습니다. 그러나 그분과의 교제는 깨집니다. 단지 당신이 화를 내고 의도하지 않은 말을 했다고 해서, 당신이 지옥으로 가는 도중에 있는 것은 아닙니다. 당신은 수습 기간에 있는 것이 아닙니다. 하나님은 "어이, 다음 10일 동안 너를 지켜볼 거야"라고 말씀하지 않으십니다. 비록 우리가 종종 그렇게 느낄지라도 그렇습니다.

"그분을 두려워하는 자들을 향한 그분의 변함없는 사랑은 하늘이 땅보다 높음 같이 큽니다. 그분은 동이 서에서 먼 것 같이 우리에게서 우리의 죄를 멀리 옮기셨습니다"(시 103:11-12 새생활성경).

우리의 감정에 따라 우리의 교리를 바꿀 수는 없습니다. 당신의 파일이 말소된 후 법정에 서 있는 것을 상상해 보십시오. 기억하십시오. 그 소송 사건은 번호조차 없습니다. 당신은 그곳에 서서 이 모든 사건들을 심리하는 판사를 기다립니다. 마침내 당신의 차례가 되었을 때, 서기가 "무엇을 도와드릴까요?"라고 묻습니다.

당신은 그들에게 과거 혐의로부터 여전히 자유로운지 확인하고 싶다고 말합니다. 그가 사건 번호를 묻는데, 당신은 가지고 있지 않습니다. 그래서 날짜를 알려줍니다. 그가 찾아보지만 아무것도 찾을 수 없습니다. 그가 사건에 대해 물으면, 당신은 혐의가 취하되었다고 말합니다. 그러나 당신은 용서받았다고 느끼지 않습니다. 그는 아마 당신을 쳐다보며 시간을 낭비하고 있다며 몇 마디 거친 말을 할 것입니다. 그것이 거기에 없다면, 없는 것입니다.

과거에 대해 죄책감을 느낄지라도, 당신이 죄를 고백하고 회개했다면, 당신의 기록은 말소되었습니다. 그것은 사라졌다는 의미입니다. 그것이 내가 천국에서 본 것입니다.

주님의 거룩하심

"웃시야 왕이 죽던 해에 내가 주님을 보았는데, 높고 높은 보좌에 앉으셨고, 그분의 옷자락은 성전에 가득 찼더라. 그분을 시중드는 스랍들이 있는데, 각기 여섯 날개가 있어, 둘로는 자기 얼굴을 가리고, 둘로는 자기 발을 가리고, 둘로는 날며, 서로 불러 '거룩하다, 거룩하다, 거룩하다, 만군의 여호와여! 그분의 영광이 온 땅에 충만하도다!'라고 말했다. 그들의 목소리로 인해 성전 문턱이 흔들리고, 온 건물이 연기로 가득 찼더라. 그때 내가 '화로다. 내가 망하게 되었도다! 나는 입술이 부정한 사람이요, 부정한 입술을 가진 백성 가운데 살고 있도다. 그럼에도 내가 왕이신 만군의 여호와를 보았도다'라고 말했다. 그때 스랍 중 하나가 부집게로 제단에서 집은 뜨거운 숯을 가지고 내게로 날아와, 그것으로 내 입술에 대며 '보라, 이 숯이 네 입술에 닿았으니, 이제 네 죄악이 제거되었고, 네 죄가 용서되었다'라고 말했다"(사 6:1-7 새생활성경).

한번은 내가 하나님의 성회 대학에서 공부할 때 예수님께서 내 기숙사방에 들어오셨습니다. 내 룸메이트도 나와 함께 그 방에 있었습니다. 룸메이트는 원래 이런 식으로 믿는 사람이 아니었지만, 우리가 그 경험을 했을 때 그는 어린 소녀처럼 비명을 질렀습니다. 그리하여 이것은 그에게 더는 문제가 되지 않았습니다. 예수님은 그분의 완전한 거룩함과 영광 속에 계셨습니다. 그곳은 너무나 거룩해서 영광의 무게 때문에 침대가 흔들리기 시작했습니다. 우리는 우리의 살이 뼈에서 떨어져 나갈 것 같은 느낌을 받았습니다. 그 이후로 나는 그런 것을 느껴본 적이 없습니다.

예수님께서 그분의 완전한 영광 가운데 우리 방에 들어오셨을 때, 우리 둘 다 엎드려 회개하기를 멈출 수 없었습니다. 나의 회개는 마치 기관총처럼 내 입에서 쏟아져 나왔습니다. 그것은 내가 구원받은 후에 자백하지 않았던 모든 죄였습니다.

한번은 내가 미주리주 스프링필드의 루비스(Luby's) 식당에 있었습니다. 그곳에서는 버터 한 조각당 추가 요금을 받았기 때문에, 나는 돈을 안 내려고 접시 밑에 두 개를 숨겼습니다. 그것은 개당 35센트였기 때문에 훔치는 것으로 간주되었고, 나는 그런 것들까지도 회개했습니다.

예수님께서 영광 중에 나타나셨을 때, 영적으로 뜨겁다고 생각했던 이 두 젊은 사역자는 갑자기 자신들이 영적으로 뜨겁지 않다고 느꼈습니다. 방의 분위기가 너무 뜨거워서 우리가 그분의 얼굴을 보면 죽는 줄 알았습니다. 그래서 우리는 올려다보지 않았습니다. 우리는 자비를 외치면서 우리 침대 사이에 서 계신 그분의 샌들과 옷자락을 보았습니다. 우리의 죄가 의식에서 사라졌음에도 불구하고, 우리와 주님 사이에 너무 많은 것이 쌓여 있었기 때문에 회개를 멈출 수 없었습니다. 우리는 그때까지 성령 안에서 화해되지 않았던 것입니다. 우리에게는 자백이 필요했습니다.

"너희는 믿음 안에 있는가 너희 자신을 시험하고 너희 자신을 확증하라. 예수 그리스도께서 너희 안에 계신 줄을 너희가 스스로 알지 못하느냐? 그렇지 않으면 너희는 버림받은 자니라"(고후 13:5).

신자들은 성찬을 더 자주 받아야 합니다. 우리는 정기적으로 자신을 시험하고 주님과 올바른 관계를 맺어야 합니다(고전 11:17-32 참조). 성찬은 당신이 주님과 아무것도 막힘없이 올바른 관계를 유지하도록 돕기 위한 것입니다. 우리는 특히 우리가 누구를 용서해야 하는지 하나님께서 보여주시도록 허락해야 합니다.

대부분의 그리스도인은 사람들이 자신에게 행한 일 때문에 용서하지 못한 문제로 씨름합니다. 당신을 아프게 한 사람들을 용서하고 그것을 놓아주어야 합니다. 이것은 어렵습니다. 사건이 잊힌 것이 아님을 이해하십시오. 용서란 당신이 그것을 주님께 맡겼고, 이제 당신의 손을 떠났다는 것을 의미합니다. 주님께서 그들을 다루시도록 하십시오(롬 12:19-21 참조). 그들은 그냥 넘어가는 것이 아니지만, 그들을 용서하는 것은 당신이 희생자라는 스트레스에서 벗어나는 데 도움이 될 것입니다.

> *죄를 자백하고, 교정을 받아들이며,*
> *다시 제자리로 돌아오는*
> *옛적 길로 돌아가라.*

우리가 논의했듯이, 회개에는 두 가지 유형이 있습니다. 하나는 죄의 상태에 대한 것이고, 다른 하나는 사도들이 교회를 통해 다루었던 개별적인 죄의 경우에 대한 것입니다. 그들은 죄와 회개를 삶의 고난을 다루는 한 부분으로 언급했습니다. 하나님은 우리의 실패와 약함을 이해하시지만(시 103:13-15), 당신이 이러한 죄들을 고백하여 인생의 경로를 수정할 수 있기를 원하십니다.

주님은 당신을 모든 불의에서 깨끗하게 하여 그분과 함께 일하기를 원하십니다. 당신은 항상 모든 경험에서 배우고 발전해야 합니다. 하나님은 우리에게 회개의 선물, 즉 회개할 수 있는 능력을 주셨는데, 이는 우리가 약함 속에서 그분과 함께 일할 수 있게 합니다. 우리 자신의 능력이 아니라 그분의 능력이 이러한 문제들을 해결하는 데 도움이 됩니다.

우리는 책임이 필요하다

"그리스도께서 교회에 주신 은사들은 이러하니, 사도들과 선지자들과 복음 전하는 자들과 목사와 교사들입니다. 그들의 책임은 하나님의 백성을 그분의 일을 하도록 준비시키고 그리스도의 몸인 교회를 세우는 것입니다. 이것은 우리가 모두 믿음과 하나님의 아들을 아는 지식에 있어서 하나가 되고, 그리스도의 온전하고 완전한 표준에 달하기까지 계속될 것입니다"(엡 4:11-13 새생활성경).

예수님께서는 가난한 자들과 갇힌 자들과 병든 자들에게 복음을 전하시려 오셨습니다(눅 4:18-19 참조). 복음은 좋은 소식을 의미합니다.

예수님께서는 하나님의 선하심에 대해 이야기하는 것만큼 나쁜 행동에 대해 많이 다루지는 않으셨지만, 사람들에게 의롭게 살도록 격려하셨습니다. 예수님께서는 때때로 사람들이 삶의 경로를 수정하도록 강력하게 책망하는 말씀을 하셨습니다.

나는 수입을 보충하기 위해 일해야 하더라도 진리와 함께 작은 회중을 유지하는 것을 더 선호합니다. 우리가 진리를 말하는 것을 멈추면, 그것은 사람들을 강탈하는 것입니다.

본질적으로, 사역자들은 타협에 대해 책임이 있을 것입니다. 지도자가 진리에서 물러서기를 원하는 사람은 누구든지 어쨌든 회중 내에서 문제아입니다. 당신이 그들에게 1인치를 주면, 그들은 1마일을 가져갈 것입니다. 결국 그들은 당신을 목사의 직분에서 쫓아낼 것입니다. 이 사람들은 항상 자신이 더 많이 알고, 더 낫고, 다른 사람들보다 더 영적이라고 생각합니다.

하나님은 목사를 포함한 지도자들을 교회에 세우십니다. 진정한 목사는 양 무리보다 상위에 있기 때문에 힘든 일을 합니다. 양 무리는 목사를 보호자로 보아야 하며, 그들은 모두 서로를 덮지만, 그것은 의무적인 시스템은 아닙니다. 다시 말해, 당신은 원한다면 자신만의 교회를 시작할 수 있지만, 하나님께서 부르신 것을 감지하고 모든 것을 버리고 떠난 사람을 비난하지 마십시오. 지도자가 개방적이고 정직하다면, 그들은 도움을 원할 것입니다. 그러나 그들은 이미 비전을 가지고 있기 때문에 자신의 비전이 무엇인지 말해주기를 원하지 않습니다.

다행히도 회개의 선물은 사라지지 않았습니다. 지옥에 간 사람은 담배를 피웠거나, 문신을 했거나, 당신이 언급할 수 있는 다른 어떤 죄를 지었기 때문에 간 것이 아닙니다. 사람들은 예수님의 피를 통해 해결하지 못한 죄의 상태 때문에 지옥에 있습니다(요 3:16-21 참조). 그것이 사람이 지옥에 가는 유일한 방법입니다.

"너희가 무엇을 원하느냐? 내가 매를 가지고 너희에게 나아가랴? 사랑과 온유한 마음으로 나아가랴"(고전 4:21)?

만약 당신이 그리스도인이라고 주장하면서 반항적인 삶을 살고, 하나님의 말씀에 따라 살기를 거부한다면, 당신은 잃어버릴 위험에 처해 있습니다. 그것은 성경에 있습니다. 성경에서 사도들의 서신을 읽어보면, 그들은 믿는 자들에게 자신이 그리스도 안에 있는지 확인하기 위해 자신을 시험하라고 권면합니다(고후 13:5-7, 벧후 1:10-11 참조). 바울은 사람들이 변하지 않으면 교정의 채찍을 가지고 와야 할 것이라고 말했습니다.

바울은 고린도 교회 사람들에게 그가 왔을 때 교제할 것인지 아니면 교정을 받을 것인지 선택권을 주었습니다. 결정은 그들에게 달려 있었습니다(고전 4:8-21 참조). 그는 그들이 자신에게 복종했기 때문에 그렇게 말했습니다. 이는 그들이 책임을 져야 할 의무가 있다는 것을 의미했습니다.

만약 당신이 리더십에 책임을 지지 않으려면, 그냥 당신만의 유튜브 채널이나 사역을 시작하십시오. 성경을 펴고 말하기 시작하십시오. 그러나 교회에 있을 것이라면, 당신이 보내졌다는 것을 이해해야 합니다. 만약 당신이 그곳에 배정되었다면, 하나님께서 세우신 리더와 함께 일할 수 있어야 합니다.

안타깝게도 현대 교회에는 아들들이 성전에서 죄를 짓도록 허용한 엘리와 같은 지도자들도 있습니다. 엘리는 아들들이 죽었다는 소식을 들었을 때 뒤로 넘어져 목이 부러졌습니다. 그 당시에는 그의 손자가 태어났는데, 하나님의 영광이 이스라엘을 떠났기 때문에 예언적으로 이가봇(Ichabod)이라는 이름이 붙여졌습니다(삼상 2:12-34, 4:12-22 참조). 그 모든 것은 하나님의 뜻이 아니었지만, 엘리는 그것이 일어나도록 내버려두었습니다.

엘리는 아들들이 성전을 더럽힌 것에 대해 징계했어야 했습니다. 느헤미야가 와서 성전을 정화할 때 즈음에는 사람들이 그곳에서 불법으로 거주하며 거래하고 있었습니다. 레위인들은 방치되었고, 온갖 종류의 죄악이 저질러졌습니다. 느헤미야는 악을 철저히 정화하기 위해 극단적인 조치를 취했고, 심지어 몇몇 사람을 머리채를 잡고 끌어내기도 했습니다(느 13:4-29).

사람들은 종종 스스로 회개하지 않습니다. 그래서 그들은 때로 자극 받아야 합니다. 예수님은 사람들이 스스로 그들의 길을 바꾸려 하지 않았기 때문에 힘든 말씀을 하셔야 했습니다. 그들은 자극 받지 않으면 회개하거나 방향을 바꾸거나 진리를 고수하지 않았을 것입니다. 회개의 선물은 하나님께서 그분의 은혜로 교정을 주시어, 우리가 우리의 경로를 조정하고 책임을 질 수 있는 능력을 부여하신다는 것입니다.

많은 사람이 상처를 입었고 엘리와 같은 지도자들에게 복종했기 때문에 책임을 지고 싶어 하지 않습니다.

내가 항공사에서 일할 때, 목회자들이 불륜과 같은 자신들의 문제를 해결해 달라고 나에게 다가왔습니다. 나는 그들의 목사가 아니었고, 그들이 교회로 돌아가 책임감을 가지고 스스로 잘못을 인정하도록 입장을 취해야 했습니다. 그들이 죄 가운데 있었다면, 나는 그들이 더 많은 사람을 해칠 것이기 때문에 사역하는 것을 원하지 않았습니다.

사람들이 나에게 지도자로서 다가왔을 때, 나는 승진했다고 생각할 수도 있었지만, 나는 더 잘 알았습니다. 나는 담임 목사가 되고 싶지 않았습니다. 왜냐하면 그들은 공격을 받기 때문입니다. 나는 부목사로서 그들 뒤에 서 있는 것을 더 선호했습니다. 사람들이 나에게 왔을 때, 나는 "우리는 담임 목사님과 이야기해야 합니다"라고 말하며 회피했습니다. 음악 목사들도 영적 전쟁을 겪는데, 그들은 교회에서 매우 효과적인 사역을 하기 때문입니다. 순수하게 남아 있는 음악 목사는 거의 없습니다. 그들은 표적이 됩니다.

오늘날 대부분의 사역에서는 종교적인 영 때문에 사람들에게 회개할 기회가 더는 주어지지 않습니다. 그들은 스스로 잘못을 인정할 수 없다고 느낍니다. 왜냐하면 그들이 심판받고 돌에 맞아 죽을 것이라고 생각하기 때문입니다.

성경은 하늘과 땅과 땅 아래에 있는 악의 세력에 대해 이야기합니다(엡 6:12, 빌립보서 2:10-11 참조). 나는 이 세 가지 유형을 모두 보았으며, 최악의 원수조차도 지옥에 가기를 원하지 않을 것입니다. 사람들은 주님과 올바른 관계를 맺을 기회가 필요합니다.

어떤 사람이 당신에게 아무리 나쁜 짓을 했더라도, 만약 당신이 지옥이 어떤 곳인지 안다면, 그들이 그곳에 가기를 원할 리 없습니다. 우리는 회개의 선물을 제시하여 사람들을 되찾아야 합니다. 그들이 구원받지 않으면 지옥에 갈 것이라고 말하는 것은 올바른 방법이 아닙니다. 그것은 복음 메시지를 제시하는 것이 아니라 두려움을 가져올 뿐입니다. 해결책은 이렇습니다. 그리스도의 몸으로서 우리가 함께 모일 때, 우리는 복음을 나누고, 사람들이 죄를 고백하고, 책임감을 갖도록 허용해야 합니다. 이런 식으로 사탄은 우리를 속일 수 없을 것입니다.

CHAPTER 10
겸손을 통한 승진

"그러므로 하나님의 능하신 손 아래에서 겸손하십시오[독선의 교만을 버리십시오]. 그리하면 그분께서 때가 되면 [그분을 섬길 때 영광스러운 자리로] 당신을 높이실 것입니다"(벧전 5:6 확대역).

하나님께서 당신을 위해 택하신 길 중 하나는 겸손입니다. 승진하는 길은 하나님의 능하신 손 아래에서 겸손해지는 것입니다. 그러면 그분께서 때가 되면 당신을 높이실 것입니다. 당신은 아마 그 구절을 알고 있을 것이지만, 성과를 내야 한다는 압박감 때문에 그것을 실천하기는 어렵습니다.

내가 거듭났을 때, 아무도 이 두 가지를 설명해주지 않았습니다:

1. 내 삶은 더는 내 것이 아니었습니다(렘 10:23, 고전 6:19).

2. 나는 막 전쟁에 징집되었습니다(딤후 2:3-4).

만약 내가 그런 이야기를 들었다면, 나는 며칠 동안 조사해 보고 나서야 결정했을 것입니다. 정말입니다. 나는 몰랐던 것이 오히려 다행이라고 생각합니다. 왜냐하면 나는 19세에 구원받았을 때 아마 "그게 무슨 소용이야?"라고 말했을 것이기 때문입니다. 그 당시 나는 영적인 문제에 대해 매우 순진했습니다.

교회로서 우리는 진정한 회심이 무엇인지 논의해야 합니다. 오늘날 자신을 그리스도인이라고 여기는 대부분의 사람은 매우 육신적입니다. 내가 아는 목회자들도 이것에 동의할 것입니다.

내가 당신에게 묻고 싶은 것은 이것입니다. 만약 당신이 제단 앞으로 나아가 주님께 당신의 삶을 드릴 때, 당신의 삶이 더는 당신의 것이 아니며, 중립이라는 선택지가 없는 전쟁에 징집될 것을 알았다면, 과연 제단 앞으로 나아갔을까요?

당신은 값으로 사신 바 되었으니, 심지어 당신의 몸조차 더는 당신의 것이 아닙니다(고전 6:20 참조). 솔직히 나는 이 두 가지 진리를 몰랐기 때문에 깨어 있는 그리스도인이 아니었습니다.

나는 제자 훈련을 받을 때도 그런 설명을 듣지 못했습니다. 이러한 개념에 대한 이해 부족 때문에, 나는 얼마나 많은 사람들이 진정한 회심을 경험하는지 궁금합니다.

새로운 군대 신병처럼 어린 신자들을
훈련시켜 성숙하고 열매 맺게 하는
옛적 길로 돌아가라.

나는 자신의 삶이 자신의 것이 아니라는 것과 자신이 징집되었다는 것을 이해하지 못하고 구원받은 사람들이 그리스도인이 아니라고 말하는 것이 아닙니다. 당신이 주 예수를 고백하고 하나님께서 그분을 죽은 자 가운데서 살리신 것을 마음으로 믿고 입으로 시인하면, 당신은 구원을 받을 것입니다(롬 10:9-10 참조).

그러나 나는 거듭난 경험 후에 수년 동안 열매를 맺지 못했습니다. 열매도 영적인 도구도 없었고, 전혀 진전이 없었습니다. 심지어 내가 영, 혼, 몸의 세 부분으로 구성되어 있다는 것도 이해하지 못했습니다. 물론 내 삶을 넘겨주었다는 것, 즉 내 위임장을 하나님께 드렸다는 것을 알지 못했습니다.

내가 무언가를 하고 싶어도, 주님께서 내게 말씀하지 않으시면 그렇게 할 권리가 없습니다. 우리는 우리가 하는 모든 일에 대해 책임이 있지만, 우리 대부분은 그것을 알지 못합니다.

나는 워리어 노트 사역을 통해 하나님께서 인류를 위한 해결책을 이미 제공하셨지만, 우리 안에서 우리는 문제라고 생각하는 것들을 훨씬 뛰어넘어야 한다고 말하고 싶습니다.

나는 하나님께 크게 사용된 많은 개인들을 조사했고, 그들 모두는 자신의 삶이 자신의 것이 아니며 주님을 위한 군인으로 징집되었다는 것을 이해했습니다. 그들 모두는 효과적인 삶을 살았고, 열매를 맺었으며, 초자연적인 만남을 가졌습니다.

"항상 우리를 그리스도 안에서 이기게 하시고 우리로 말미암아 각처에서 그리스도를 아는 냄새를 나타내시는 하나님께 감사하노라"(고후 2:14).

나는 한때 하나님께 강력하게 사용되고 초자연적인 만남을 가졌던 사람들이 선택받고 특별한 사람이라고 생각했지만, 실제로는 그렇지 않습니다. 내가 말했듯이, 나는 하나님의 역사에 참여하여 위대한 일을 행했던 모든 사람이 끔찍한 어려움을 겪었지만, 그것들을 극복했다는 것을 연구를 통해 발견했습니다. 사탄이 그들을 제거하려 했을 때, 하나님은 그들의 승리가 되셨습니다. 그들은 타협하지 않고 폭풍우를 올바르게 헤쳐 나갔습니다.

사탄은 당신이 자신을 스스로 높이기를 원한다

"육에 속한 사람은 하나님의 성령의 일들을 받지 아니하나니 이는 그것들이 그에게는 어리석게 보임이요, 또 그는 그것들을 알 수도 없나니 그러한 일은 영적으로 분별되기 때문이라. 신령한 자는 모든 것을 판단하나 자기는 아무에게도 판단을 받지 아니하느니라"(고전 2:14-15).

당신은 이 땅에서는 당신이 마땅히 받아야 할 가치와 존경을 받지 못할 것이라는 점을 마음에 새겨야 합니다. 아무도 당신이 마땅히 받아야 할 대우를 분별하고 줄 수 없으니, 당신은 지금 그것을 결심해야 합니다.

이 세상은 세상의 영, 즉 살인자와 도둑과 파괴자인 사탄에 의해 통제됩니다(고전 2:12 참조). 나는 말을 아끼지 않을 것입니다. 왜냐하면 당신은 사탄과 그의 악한 영들이 당신을 증오한다는 것을 이해해야 하기 때문입니다. 그들은 당신처럼 하나님께로 돌아갈 방법이 없으므로, 당신은 절대로 그들에게 동정심을 가져서는 안 됩니다.

"도둑이 오는 것은 도둑질하고 죽이고 멸망시키려는 것뿐이요. 나는 그들이 생명을 얻고 누리며, 풍성하게[충만하게, 넘치도록] 누리게 하려고 왔다"(요 10:10 확대역).

우리는 모두 더러운 영들과 싸움합니다. 그들은 사람들을 스스로 실격시키도록 부추기는 방법을 압니다. 그러나 더러운 영들은 당신을 실격시킬 수 없습니다. 그들은 당신이 스스로 실격하도록 속여야 합니다. 그들의 전략은 당신을 너무 멀리 밀어붙이거나 충분히 멀리 가지 못하게 막는 것입니다. 이것이 우리가 끊임없이 밀고 당기는 싸움을 경험하는 이유입니다.

궁극적으로 악한 영들은 당신이 자신을 스스로 승진시키도록 밀어붙이기를 원하며, 이것은 하나님에게서 자동적으로 실격되게 하는 것입니다.

"이와 같이 젊은 자들[더 낮은 지위와 경험을 가진 자들]이여, 여러분의 장로들에게 순종하십시오[그들의 조언을 구하십시오]. 그리고 여러분 모두는 서로를 향하여 겸손으로 옷 입으십시오[종의 앞치마를 매십시오]. 하나님은 교만한 자들[경멸하는 자들, 주제넘는 자들]을 대적하시고[그들을 물리치시지만], 겸손한 자에게는 은혜를 베푸십니다"(벧전 5:5 확대역)

만약 당신이 자신을 스스로 밀어붙이면, 두 걸음 뒤로 갈 것입니다. 하나님께서 당신을 한 걸음 앞으로 인도하시면, 그분께서 당신을 인도하시기 때문에 약 네 걸음 앞으로 나아갈 것입니다. 주님은 당신이 너무 멀리 가거나 충분히 멀리 가지 못할 유혹을 받지 않도록 당신을 신뢰할 수 있는 곳으로 인도하셔야 합니다. 겸손은 순종입니다. 당신은 온 마음으로 하나님을 사랑하고 당신의 몸과 영혼을 지배해야 합니다. 대부분의 사람은 그 수준에 해당하지 않습니다.

"내가 여호와를 항상 내 앞에 모심이여 그가 나의 오른쪽에 계시므로 내가 흔들리지 아니하리로다"(시 16:8).

해긴은 강의할 때 사람이 효과적으로 주님께 사용되려면 그가 약 40세가 될 때까지 교만을 불태워 없애야 한다고 주님께서 말씀하셨다고 했습니다. 그는 18세에서 25세 사이의 학생들에게 하나님께서 자신들을 원하시는 방식으로 사용하실 수 있기까지 오랜 시간이 걸릴 것이라고 미리 경고했습니다. 그는 사탄이 우리를 다른 방향으로 밀거나 당기려 할 것이므로, 어떤 상황에서도 흔들림 없이 유지할 수 있어야 할 것이라고 말했습니다.

불로 시험받음

"내가 그 삼분의 일을 불 가운데에 던져 은 같이 연단하며 금 같이 시험할 것이라. 그들이 내 이름을 부르리니 내가 들을 것이며 나는 말하기를 이는 내 백성이라 할 것이요 그들은 말하기를 여호와는 내 하나님이시라 하리라"(슥 13:9).

겸손은 하나님께서 당신을 위해 개인적으로 택하신 길입니다. 한 가지 측면은 이야기하기 어렵지만 매우 중요합니다. 바로 순종입니다. 우리 모두는 거룩한 불에 자신을 맡겨야 합니다. 그렇지 않으면 효과가 없을 것입니다. 당신은 성령이 당신 안의 불순물을 태워버리도록 허락해야 합니다. 이는 당신이 시험받을 상황에 놓일 것임을 의미합니다.

당신은 열린 문을 통해 나아가는 것이 허락되는지 아닌지 당신의 영으로 분별해야 할 것입니다. 당신은 모든 기회가 하나님으로부터 온 것이 아님을 깨달아야 합니다.

겸손은 하나님께서 당신에게 어떤 일을 하도록 임명하시고 당신을 보내실 때까지 기다리는 것입니다. 당신은 그것이 매우 분명하게 될 때가지 기다려야 합니다.

어떤 시점에서 나는 모든 스태프와 이야기하여 그들이 자신의 일에 부름 받았는지 확인합니다. 그들은 워리어 노트가 자신들이 택한 길임을 확신해야 합니다. 왜냐하면 그들이 자신만의 사역에 부름 받았다면, 그것을 해야 하기 때문입니다. 그러나 그들이 우리와 함께 일할 것이라면, 그들은 주님께서 여기서 우리에게 하라고 말씀하시는 것을 정확히 따르고 우리의 비전을 지원할 의지가 있어야 합니다.

워리어 노트 컨퍼런스들은 기름부음이 너무 강합니다. 그래서 내가 목회자들에게 마이크를 건네면 그들들은 거의 말을 멈추지 않습니다.

한번은 1,800명이 참석한 모임에서, 나는 지역 목사를 초청하여 성찬을 집례하게 했습니다. 그는 그저 성경을 읽고 빵과 포도주스를 나누는 것을 인도하기로 되어 있었습니다. 그러나 우리는 30분 후에 그에게서 마이크를 빼앗아야 했습니다. 반면에, 당신이 우리 모임에 참석해 보았다면, 내가 앞으로 나와 사역하도록 초대한 젊은이들이 얼마나 온순하고 순종적인지 눈치챘을 것입니다.

우리 컨퍼런스들에서 성령께 나를 맡긴다면, 우리는 새벽 3시까지 있을 것이고, 나는 모든 사람에게 예언할 것입니다. 긴 줄이 생기고, 불의 터널과 모든 사역이 일어날 것입니다. 왜냐하면 하나님의 능력이 그곳에 있을 것이기 때문입니다.

그러나 내가 우리 모임에서 모든 사람에게 예언하고 안수한다면, 나는 이미 죽었을 것입니다. 게다가 성령은 당신과 개인적으로 교제하기를 원하십니다. 그분은 항상 공개적인 사역에서 흐를 준비가 되어 있고 가능하지만, 당신은 그것을 언제 끝낼 지 알아야 합니다. 당신은 성령이 제한이 없기 때문에 너무 멀리 가지 않도록 멈출 수 있어야 합니다.

성령이 말씀하시지 않는 한, 사역을 제한된 특정 시간 안에 유지하는 것이 좋습니다. 왜냐하면 우리 모두 피곤하게 되기 때문입니다. 어떤 훈련이든, 일정 시간이 지나면 역효과가 납니다.

내가 비행 훈련을 받을 때, 우리는 일정을 지켰지만, 때로는 강사들에게 "지금 그만합시다. 아직 연료가 있고, 이 시간만큼 비행기가 있지만, 지금은 역효과가 납니다. 저는 완전히 지쳤습니다"라고 말했습니다. 그럴 때면 나는 움직이지 않는 의자에 앉아 있고 싶었습니다. 나는 언제 멈출지 알았습니다. 성령도 마찬가지입니다.

성령께 온전히 복종하는 지점까지
자신을 겸손하게 하는
옛적 길로 돌아가라.

주님은 때때로 사역 중에 나에게 "네가 할 일은 다했다. 네가 더 말하면, 그것은 내가 하는 게 아니다"라고 말씀하실 것입니다. 그 시점에서, 우리가 너무 포화 상태였기 때문에 내가 더 나아간다면 그것은 죄가 될 것입니다.

우리가 몇 시간 동안 앉아서 가르침을 받은 후에 그런 일이 일어났던 적도 있습니다. 겸손은 어떤 상황에서 주님의 조언을 아는 것이고, 특정 지점을 넘어서 밀어붙이면 안 된다는 것을 아는 것입니다. 또한 두려움 때문에 물러설 수도 없다는 것을 아는 것입니다. 무언가를 하지 않는 데에는 확실한 이유가 있어야 합니다. 두려워서 하나님께 순종하는 것을 피하는 것은 옳지 않습니다. 겸손은 당신의 몸과 영혼을 넘어 영과 함께 움직일 수 있는 능력입니다.

"무릇 하나님의 영으로 인도함을 받는 사람은 곧 하나님의 아들이라"(롬 8:14).

우리가 사람들을 대할 때 주님의 말씀을 듣는 것이 중요합니다. 나는 사역하는 동안 끊임없이 주님으로부터 지시를 받습니다. 성령은 때때로 나에게 특정 성경 구절을 찾으라고, 특정 장소에 서라고, 또는 특정 방향을 가리키라고 지시하십니다. 그것은 끊임없이 일어나며, 당신은 심지어 그것을 알지 못할 것입니다. 나는 주님께서 이야기를 하고 나서 성경 구절을 주라고 말씀하시면 따릅니다. 다른 때에는 그분께서 내게 "설교 메모를 버려라" 하고 말씀하시고 완전히 다른 일을 하도록 나를 이끄셨습니다. 그분은 특정 사람들 옆에 서 있다가 그들이 몸을 떨기 시작할 때까지 인도하셨습니다. 그것은 항상 일어납니다. 내가 말할 때, 당신은 내가 성령의 인도하심에 따라 여기저기로 움직이는 것을 볼 것입니다. 나는 그것이 가장 효과적인 방법이기 때문에 그렇게 하는 것을 배웠습니다.

주님은 깨어진 사람들을 사용하신다

"그러므로 형제자매들이여, 내가 하나님의 자비하심으로 여러분을 권합니다. 여러분의 몸을[여러분 자신 전체를 바쳐] 거룩하고 하나님께서 기뻐하시는 살아있는 제물로 드리십시오. 이는 여러분의 합리적이고 (논리적이며 지적인) 예배 행위입니다"(롬 12:1 확대역).

교만에 빠진 사람들, 즉 대부분의 사람은 상처를 받았기 때문에 어려움을 겪습니다. 그들은 다시는 상처받고 싶지 않기 때문에 보호벽을 쌓았습니다. 그들은 자신을 보호하기 위해 거짓된 이미지를 투영합니다. 나는 학생들과 스태프들에게 예수님처럼 겸손하게 되고 자신을 내려놓도록 훈련시킵니다.

앞서 언급된 부자 청년 관원의 이야기에서, 그는 본질적으로 예수님께 "저는 모든 것을 완벽하게 했습니다. 어릴 때부터 율법을 지켰습니다"라고 말했습니다. 그러나 예수님 외에는 아무도 율법 전체를 지킨 적이 없습니다. 예수님은 그를 보시고 사랑하셨지만, 그를 벽에 부딪히게 하는 말씀을 하셨습니다. "자, 그러면 네가 가진 모든 것을 팔아라." 예수님은 그에게 한 가지 부족하다고 말씀하시고, 모든 것을 팔아 돈을 가난한 자들에게 주라고 지시하셨습니다(마 19:16-30, 막 10:17-22, 눅 18:18-23 참조).

예수님께서 부자 청년 관원에게 가진 것을 모두 팔아 가난한 자들에게 주라고 말씀하신 것을 다시 한번 강조할 가치가 있습니다. 그렇게 하면 그는 다른 곳에 재산을 옮기거나 친구들에게 호의를 얻을 방법이 없었을 것입니다. 가난한 자들에게 주는 것은 플랜 B, 플랜 C, 플랜 D가 없다는 것을 의미했습니다. 이것이 하나님께서 사람들을 겸손하게 만드시는 방법입니다. 그러나 당신은 그런 만남을 통해 겸손이 찾아오기를 원치 않을 것입니다. 대신, 스스로 겸손해야 합니다. 자신을 내려놓고 당신이 다시 상처받지 않도록 보호벽을 세웠음을 인정하십시오. 그런 다음 주님께서 그 영역들을 치유하시도록 허락하십시오.

만약 당신이 허세를 부리거나 자기 보존에 급급하다면 하나님은 당신을 사용하실 수 없습니다. 주님은 당신이 깨어질 때까지 당신을 사용하지 않으실 것입니다. 예수님은 민감한 사람들을 통해 "음, 당신은 한 가지가 부족합니다"라고 말씀하시며 이러한 영역들을 드러내실 것입니다. 당신은 예수님께서 당신의 악행과 문제 해결 방식에 대해 당신을 책망하시기를 원하십니까? 아니면 거부당하는 것에 만족하십니까? 겸손해진다는 것은 무시당하고 인기를 얻지 못하는 불편한 정련(精鍊) 과정을 거치는 것을 의미합니다.

"주님은 마음이 상한 자들에게 가까이 계시며, 영이 짓밟힌 자들을 건지신다"(시 34:18 새생활성경).

당신은 더는 신경 쓰지 않을 때까지 밀려나고 소외되는 것을 견뎌야 할 것입니다. 그러면 하나님께서 당신을 사용하실 것입니다. 그 시점에서 당신은 신뢰할 수 있습니다. 왜냐하면 하나님께서 당신을 높이시려고 하실 때 당신은 밀리거나 당겨질 수 없기 때문입니다. 아마 당신은 이 가르침을 다른 어디에서도 들어본 적이 없을 것이지만, 나는 이런 삶을 살았습니다. 나는 사역에 전혀 있고 싶지 않은 지경에 이르렀습니다. 주목을 받거나 어떤 관심도 받고 싶지 않았습니다. 내가 그 자리에 이르렀을 때, 워리어 노트가 탄생했습니다.

때가 되면 하나님이 당신을 높이실 수 있도록,
자신을 겸손하게 하는 옛적 길로 돌아가라!

가장 빠른 길은 아래로 가는 길이다

"그러므로 여러분이 그리스도와 함께 일으킴을 받았다면[새로운 생명으로, 그분이 죽은 자 가운데서 부활하신 것에 참여했다면], 위에 있는 것들을 계속 추구하십시오. 그곳은 그리스도께서 하나님의 오른편에 앉아 계신 곳입니다"(골 3:1 확대역).

바울은 우리가 그리스도와 함께 일으킴을 받았다고 말합니다. 우리는 그분과 함께 장사되었고, 그분과 함께 일으킴을 받았습니다. 죽음의 과정은 부활을 보장하지만, 죽지 않으면 부활도 없습니다.

많은 사람에게는 죽음의 과정이 생략됩니다. 예수님은 겸손이 온유의 실천이며, 순종은 복종과 관련이 있다고 설교하셨습니다. 그것은 당신이 어디에 있고 무엇이 필요한지 분별하는 것과 당신보다 먼저 간 사람들에게 질문할 만큼 충분히 현명해지는 것을 포함합니다.

내가 대학생이었을 때, 백발의 사람을 만나면 말을 해서는 안 된다고 배웠습니다. 왜냐하면 나는 내가 아는 모든 것을 이미 알고 있지만, 그들이 아는 모든 것을 알지는 못하기 때문입니다. 백발의 사람을 만난다는 것은 내가 배울 새로운 것이 있다는 것을 의미합니다.

"나는 내 스스로 말한 적이 없고, 나를 보내신 아버지께서 무엇을 말하고 무엇을 전할지 명령을 주셨느니라"(요 12:49 확대역).

예수님은 스스로 말씀하신 것이 아니라, 아버지께서 말씀하시는 대로 말씀하셨습니다.

부자 청년 관원이 예수님께 와서 "선한 선생님, 영원한 생명을 얻으려면 제가 무엇을 해야 합니까?"라고 말했습니다. 예수님은 "네가 어찌하여 나를 선하다 일컫느냐? 하나님 한 분 외에는 선한 이가 없느니라"(막 10:17-18)고 대답하셨습니다.

예수님은 우리에게 그분도 종이심을 보여주셨습니다. 그분은 이 땅에 계실 때 자신의 신성을 내려놓으셨습니다(빌 2:7-9).

겸손한 사람들은 권위에 순종합니다. 당신은 교회와 세상에 많은 반역이 있다는 것을 알게 될 것입니다.

겸손한 자들은 하나님과 그분의 권위를 분별하고 그분께 반항하지 않습니다. 그들은 주님을 존경하고 서로를 존경합니다. 빌립보서 2장 3절에서 바울은 우리에게 "이기적이지 말고, 다른 사람들에게 인상을 주려 하지 마십시오. 겸손하게 행동하고, 다른 사람들을 자기보다 낫다고 생각하십시오"(새생활성경)라고 상기시킵니다. 아마도 그는 이때 마지막으로 설교했을 것입니다!

당신은 사람들이 하나님께 소중하다는 것을 분별해야 합니다. 당신이 다른 사람을 돕고, 다른 사람을 대신하여 고통받는다면, 하나님은 당신을 잊지 않으실 것입니다. 그분은 당신에게 상을 주실 것입니다. 우리는 서로를 존경해야 합니다. 겸손은 하나님을 올바르게 대하는 것뿐만 아니라, 서로의 고유한 가치를 분별하고 존경을 표하는 것입니다.

이것은 새로운 교리가 아닙니다. 우리는 희생해야 합니다. 우리는 다른 사람을 돕기 위해 어렵게 지낼 수 있습니다. 이것은 하나님께서 선택하신 길이며, 기적을 가져올 것입니다. 이것은 기쁨을 낳고 당신의 삶에 하나님의 영을 충만하게 가져올 것입니다. 당신은 예수님께서 보이신 단순한 일들을 기꺼이 해야 합니다. 그분은 우리가 나아가서 그분께서 하신 것보다 더 큰 일들을 행하기를 원하십니다(요 14:12 참조).

백부장들, 섬기는 사람들, 그리고 여인들

"고넬료가 공포에 질려 그를 쳐다보며 "주여, 무엇입니까?"라고 천사에게 물었습니다. 그러자 천사가 대답하기를, "당신의 기도와 가난한 자들을 위한 선행이 하나님께 제물로 상달되었습니다"라고 했습니다(행 10:4 새생활성경).

당신은 다른 사람에게 물질을 심을 때 그들이 당신에게 갚을 것을 기대하지 않습니다. 당신이 친절을 베풀 때, 다른 사람이 당신보다 더 잘 살 수 있도록 겸손하게 행합니다. 그렇게 하면 하나님께서 당신의 삶에 개입하시고 당신을 돌보실 것입니다.

사도행전 10장에서 고넬료가 기도하고 있을 때 천사가 나타났습니다. 그는 사역자도 아니었고, 심지어 그리스도인도 아니었습니다. 그는 하나님을 경외하는 사람이었고 기도하면서 가난한 자들에게 베풀었습니다. 천사가 그에게 와서 그의 기도와 그의 선행이 주님께 제물로 상달되었다고 설명했습니다. 그것은 향기로운 냄새가 났고, 하나님께서 그것을 주목하셨습니다. 고넬료는 그리스도의 믿음 안으로 개종한 최초의 이방인 중 한 명이었습니다. 그는 천사와 만난 후 베드로를 만나 복음을 들었습니다. 고넬료와 그의 가족은 성령을 받은 후 침례를 받았습니다.

당신은 이런 정신을 가져야 합니다. 즉, 그렇게 하기 위해서 당신은 지위나 직함이 필요하지 않습니다. 스데반은 직함이 없었습니다. 그는 식탁에서 서빙하는 웨이터였습니다. 그는 사도나 선지자, 목사, 교사, 복음 전도자가 아니었습니다. 그러나 그는 놀라운 기적과 표적을 행했고, 사울은 결국 그를 돌로 쳤습니다. 왜냐하면 하나님의 영이 스데반에게 너무나 강력하게 역사하셔서 바리새인들이 그에게 이를 갈 정도로 분노하게 만들었기 때문입니다(행 7:54-57 참조).

예수님을 따랐던 여인들은 어떻습니까? 여인들이 그분의 사역에 물질로 드렸다고 기록되어 있습니다(눅 8:3 참조). 내가 속한 교단에서는 여인들이 목사가 될 수 없었습니다. 그들은 설교할 수 없지만, 설교자들은 그들의 돈을 받을 수 있습니다. 마리아는 아기 예수를 9개월 동안 자신의 태중에 품고 그분의 기저귀를 갈아줄 수 있지만(그때 사용했던 것이 무엇이든), 지역 교회에서는 설교할 수 없습니다. 그들은 식인종에게 복음을 전하고 온갖 위험을 감수하도록 여인을 해외로 보낼 것이지만, 그녀는 미국에서는 사역할 수 없습니다.

우리는 사람들을 단지 그들이 남자나 여자이기 때문이거나, 지위가 있거나 없다는 이유만으로 배제할 수 없습니다. 돈이 없는 사람들도 배제할 수 없습니다.

"예를 들어, 어떤 사람이 멋진 옷과 값비싼 보석을 걸치고 당신의 모임에 들어오고, 다른 사람이 가난하고 더러운 옷을 입고 들어온다고 가정해 보십시오. 만약 여러분이 부유한 사람에게 특별한 관심과 좋은 자리를 주면서, 가난한 사람에게는 '당신은 저쪽에 서 있거나 바닥에 앉으시오'라고 말한다면, 이런 차별은 여러분의 판단이 악한 동기에 의해 인도된다는 것을 보여주지 않습니까?"(약 2:2-4 새생활성경)

당신은 야고보가 당신의 목사라고 상상할 수 있습니까? 그는 가난한 사람들을 차별하는 것이 당신의 판단이 악한 동기에 의해 인도된다는 것을 보여준다고 말합니다. 번영하는 것이 잘못된 것은 아닙니다. 내가 말하려는 것은 번영이 우리의 동기가 될 수 없다는 것입니다. 하나님은 가난한 사람을 사용하실 수 있고 사용하실 것입니다. 그분은 아이를 사용하실 것이고, 세상이 어리석다고 여기는 것들을 사용하여 자신들이 지혜롭다고 생각하는 자들을 부끄럽게 하실 것입니다(고전 1:27 참조).

겸손은 옛적 길이며, 우리에게는 지름길입니다. 그것은 빠르게 들어가도록 하는 버튼입니다. 당신이 그것을 누르면, 그곳에 도착합니다! 당신이 하나님의 능하신 손 아래에서 겸손하면, 때가 되면 그분이 당신을 높이실 것입니다(벧전 5:6 참조). 당신은 스스로 겸손해야 합니다. 당신은 하나님의 능하신 손 아래에서 스스로 겸손하기를 원합니다. 당신은 그것을 통제된 환경에서, 공개적인 일이 아닌 방식으로 할 수 있습니다. 당신은 스스로 겸손함으로써 쉬운 길을 선택할 수 있습니다. 그렇지 않으면, 당신이 공개적으로 드러나게 되어 보기 흉한 힘든 방식으로 처리될 것입니다.

땅 위에 있는 하나님의 의로운 임재

"만일 내 이름으로 일컫는 내 백성이 스스로 겸손하고 기도하며 내 얼굴을 찾고 그들의 악한 길에서 돌이키면, 내가 하늘에서 듣고 그들의 죄를 용서하며 그들의 땅을 회복시킬 것이다"(대하 7:14 새생활성경).

당신은 교회가 기도하고 스스로 겸손해지기만 한다면 얼마나 많은 악인이 사라질지 깨닫습니까? 성경에는 악한 사람들이 사라질 것이라고 기록되어 있습니다. 그들은 해 아래 꽃처럼 시들어 버릴 것입니다(시 37:1-2 참조). 악을 제거하는 것은 우리의 일이 아닙니다. 우리는 하나님께서 악을 제거하시도록 맡길 수 있지만, 교회는 교회다워야 합니다. 우리는 땅 위에 있는 하나님의 의로움이 되어야 합니다. 아멘. 우리는 예수님의 피로 의롭게 되었으니, 그 안에서 행해야 합니다.

만약 주님께서 우리가 미지근하다고 생각하신다면, 우리는 그분의 말씀을 듣고 그것을 인정해야 합니다. 그냥 스스로 점검해봅시다. 우리가 뜨겁지 않다면, 일어나서 예수 그리스도께서 세우신 교회가 되어야 합니다. 교회는 이 땅에 있는 그분의 몸입니다. 우리는 그분의 몸이고, 그분은 머리라고 성경에 기록되어 있습니다(골 1:18 참조). 이것이 무엇이 그리 어렵겠습니까? 우리에게는 정말 발언권이 있는 것 같지는 않습니다. 결정은 머리가 합니다.

마태복음 11장 29절에서 예수님은 "내 멍에를 메고 내게 배우라. 나는 마음이 겸손하고 온유하니, 너희의 영혼이 쉼을 얻을 것이다."(새생활성경)라고 말씀하십니다. 주님은 마음이 겸손하고 온유하십니다. 그분은 당신을 채찍질하거나 때리지 않으실 것입니다. 그분은 당신을 가르치실 것입니다.

<blockquote>
당신의 겸손한 스승과 멍에를 메고
동행함으로써 안식을 찾는
옛적 길로 돌아가라.
</blockquote>

회개는 회복을 가져온다

우리 학교에 한 남자가 있었는데, 그의 이름을 말하면 당신은 그를 알 것입니다. 당시에는 아무도 그를 몰랐지만, 그는 학기 첫날 학생들에게 책을 나눠주었습니다. 그는 다음 해에 교실에서 학과를 가르쳤습니다. 그는 섬겼고, 높임 받았습니다. 이것은 나에게 주목할 만한 일이었습니다. 그는 자신을 내세우지 않았고, 돈을 내고 자리를 얻지도 않았습니다. 대신, 예수님처럼 "지혜와 키가 자라며 하나님과 모든 사람에게 사랑스러워졌습니다"(눅 2:52 새생활성경). 나는 그가 성장하는 것을 지켜보았습니다. 그는 130명의 학생으로 시작하는 치유 수업을 가르쳤습니다. 그의 수업에서 30명이 치유되었는데, 그는 그들을 만지지도 않았습니다. 그는 단지 한 학기 내내 치유 성경 구절을 가르쳤고, 학생들이 치유에 대해 가르치는 방법을 배울 수 있도록 했습니다. 그는 단지 우리의 믿음을 세우고 있었습니다.

이 교사는 피아노도 연주했습니다. 그는 어떤 레슨도 받지 않았지만, 기름부음을 받으면 연주하고 노래하며 다른 영역에서 곡들을 얻었습니다. 해긴은 그를 불러냈고, 그는 자신이 무엇을 노래하거나 연주할지조차 몰랐지만, 그가 그곳에 서자마자 성령이 역사하셨습니다.

얼마 후, 그는 교만해졌고, 우리를 가르치는 데 자신의 경험을 사용했습니다. 그는 자신이 그렇게 된 것이 자신 때문이라고 생각하기 시작했고, 이 모든 것이 기적이라는 것을 잊었다고 말했습니다. 그것은 하늘에서 온 선물, 즉 임파테이션(impartation)이었습니다. 그는 주님께서 3주 동안 자신의 은사를 빼앗으셨다고 설명했습니다. 그는 노래하거나 피아노를 칠 수 없었습니다. 그는 주님과 이야기할 준비가 될 때까지 혼자 남겨졌습니다. 그는 회개했고, 주님은 그 은사를 회복시키셨습니다.

이런 종류의 교정에 대해 가르침을 받는 것이 어떻게 되었습니까? 우리는 제자리로 돌아와 구원은 선물이라는 것을 깨달아야 합니다. 우리는 그것을 획득할 수 없고, 우리의 삶은 우리의 것이 아닙니다. 당신이 주님께 당신의 삶을 드릴 때, 당신의 삶은 더는 당신의 것이 아닙니다. 당신은 값으로 사신 바 되었습니다(고전 6:19-20).

우리는 우리의 몸으로 하나님께 영광을 돌려야 합니다. 당신은 그 멍에를 메고 당신의 잠재력을 온전히 실현할 준비가 되었습니까? 당신이 겸손하면 하나님은 당신이 가진 잠재력을 실현하도록 허락하실 것입니다. 당신이 그것이 당신의 것이라고 생각한다면, 멍에에 순종하지 않는 것입니다. 당신은 주님을 끌고 다닐 것이고, 나는 그분께서 그것을 원치 않으실 것이라고 생각합니다. 왜냐하면 내가 확인해보니, 그분께서 책임자이셨기 때문입니다. 하나님의 능하신 손 아래에서 겸손해지는 옛적 길로 돌아가 왕국에서의 발전을 위한 지름길을 선택하십시오.

CHAPTER 11
성령의 인도하심을 받다

"그러나 내가 이르니 [성령 안에서] 습관적으로 행하십시오[그분을 찾고 그분의 인도하심에 반응하십시오]. 그리하면 [하나님과 그분의 계명을 무시하고 충동적으로 반응하는] 죄된 본성의 욕망을 결코 행하지 않을 것입니다"(갈 5:16 확대역).

내가 하나님의 성회 대학에 다닐 때, 누군가 내게 그림이 없는 검은색 오디오테이프를 건네주었습니다. 제목은 "성령님과 당신의 관계"였고, 나는 설교자를 알지 못했습니다. 그것을 내게 준 사람은 "이 특정 교단은 그를 인정하지 않으니 이것은 당신만 아는 것이 좋을 것입니다"라고 말했습니다. 그들은 내게 케네스 해긴이라는 다른 성경 교사가 쓴 책들을 주었습니다. 나는 대학에서 그 책들을 내 깔개 밑에 숨겨야 했습니다. 왜냐하면 그들이 이단 교리로 간주하는 것을 소지했다는 이유로 나는 쫓겨날 것이기 때문입니다.

방언으로 기도하는 능력

"사랑하는 자들아 너희는 너희의 지극히 거룩한 믿음 위에 자신을 세우며 성령으로 기도하며 하나님의 사랑 안에서 자신을 지키며 영생에 이르도록 우리 주 예수 그리스도의 긍휼을 기다리라"(유 1:20-21).

나는 『예수의 이름』과 『신자의 권세』라는 책들을 카세트테이프와 함께 내 깔개 밑에 숨겼습니다. 처음에는 테이프를 틀면 10분 이상 방언으로 기도할 수 있었지만, 테이프 없이는 할 수 없었습니다. 나는 테이프를 들으면서 성령 안에서 3시간 동안 기도할 수 있도록 나를 세워 나갔습니다. 대학 2학년이 되면서, 나는 매일 새벽 3시부터 6시까지 3시간 동안 방언으로 기도하며 이 카세트테이프가 닳아 없어질 때까지 들었습니다.

그 대학을 졸업한 후, 나는 주님의 강력한 방문을 받았고, 그분께서는 내가 오클라호마 털사에 있는 레마 성경대학에 갈 것이라고 말씀하셨습니다. 그분은 또한 내가 아직 아무 데도 가지 않을 것이라고 말씀하셨습니다. 나는 "주님, 저는 졸업하지만 입학허가를 받아야 하고 짐을 옮겨야 합니다"라고 대답했습니다. 그분은 내게 대학 행정실에 8월까지 기숙사방을 사용하고 싶다고 말하라고 지시하셨습니다. 레마 대학이 8월에 시작했기 때문에 나는 어리둥절했습니다. 주님은 이어서 "나는 네가 금식하기를 원한다. 방언으로 기도하기를 원한다. 캠퍼스 경비직을 그만두기를 원한다"라고 말씀하셨습니다.

> "그러면 어떻게 할까 내가 영으로 기도하고 또 마음으로 기도하며 내가 영으로 찬송하고 또 마음으로 찬송하리라"(고전 14:15).

나는 주님의 지시에 따라 직장을 그만두고 매일 방언으로 기도하며 금식했습니다. 이 시간의 끝에, 나는 "어메이징 그레이스" 곡조에 맞춰 방언으로 노래하기 시작했습니다. 처음에는 주님께서 내게 방언으로 노래하라고 말씀하셨을 때, 나는 '여기에선 그런 것조차 허용되지 않아. 그건 방언을 남용하는 거야'라고 생각했습니다. 그런데도 주님은 내가 큰 소리로 "어메이징 그레이스"를 방언으로 노래하게 하셨습니다. 갑자기 문을 두드리는 소리가 났고, 나는 '방언 경찰'에게 걸려서 문제가 생긴 줄 생각하여 걱정했습니다. 농담이 아닙니다. 그 교단은 방언을 이론적으로만 믿었습니다.

내가 문을 열었을 때, 한 번도 본 적 없는 남자가 서 있었습니다. 아무도 그 층에 있으면 안 되었습니다. 그는 내게 "유카탄(Yucatan) 반도 어느 지역 출신이세요? 방금 제 방언으로 '어메이징 그레이스'를 부르셨거든요"라고 물었습니다. 나는 여전히 내 문 앞에서 울고 있는 이 남자가 누구인지 알아내려 애썼습니다. 나는 그에게 내가 피츠버그 출신이라고 말했습니다. 우리는 영어로조차 제대로 소통할 수 없었습니다. 그는 내가 그의 방언으로 완벽하게 노래했고, 그렇게 편곡된 노래는 들어본 적이 없다고 말했습니다.

이 젊은이는 눈물을 흘리면서 내 방에 들어와도 되는지 물었습니다. 그는 "저는 방금 침례교 성경대학에서 쫓겨났습니다. 우리가 기도모임을 하고 있었는데, 그곳의 학생들 전체가 성령으로 침례를 받았습니다"라고 말했습니다. 그때는 우리가 전화번호부를 사용했는데, 그는 그 대학에서 쫓겨난 후에 내가 있는 대학을 찾았습니다. 왜냐하면 우리 학교는 방언을 믿는다고 생각했기 때문입니다. 그는 입학허가를 받고 내 맞은편 방으로 이사 왔습니다. 주님은 내가 그를 만나기 위해 한 달 더 머물게 하셨던 것입니다.

"그들이 다 성령의 충만함을 받고 성령이 말하게 하심을 따라 다른 언어들로 말하기를 시작하니라. 그 때에 경건한 유대인들이 천하 각국으로부터 와서 예루살렘에 머물러 있더니 이 소리가 나매 큰 무리가 모여 각각 자기의 방언으로 제자들이 말하는 것을 듣고 소동하여 다 놀라 신기하게 여겨 이르되 보라 이 말하는 사람들이 다 갈릴리 사람이 아니냐? 우리가 우리 각 사람이 난 곳 방언으로 듣게 되는 것이 어찌 됨이냐"(행 2:4-8)?

내가 방금 만난 이 학생은 내게 방언으로 다른 것을 말해달라고 했습니다. 나는 '이건 방언을 남용하는 거야'라고 생각했습니다. 그는 계속하라고 재촉했고, 나는 방언으로 계속 말했습니다. 그러자 그는 내가 방언으로 말한 내용을 내게 설명해 주었습니다. 주님은 우리가 일주일 동안 함께 시간을 보내게 하셨는데, 나는 방언으로 말하고 그는 통역했습니다. 그는 주님께서 이전에 내게 드러내신 것에 대해 아무것도 모르면서 "당신은 오클라호마에 있는 레마라는 학교에 갈 것입니다. 주님께서 계속해서 '케빈, 이 학교가 너를 풍성한 삶으로 인도할 것이니 이해해라' 하고 말씀하십니다"라고 말했습니다.

그 젊은이는 방언 통역을 통해 내게 다음 주에 떠난다는 것과 특정 날짜를 알려주었습니다. 그는 내가 저녁 5시까지 털사에 도착해야 하며, 주님께서 차와 머물 곳, 그리고 직장을 마련해 주실 것이라고 설명했습니다. 주님은 그를 통해 내가 레마에 갈 것을 다시 한번 확인시켜 주셨습니다. 나는 아직 합격조차 하지 못했다고 설명했습니다. 그는 "이미 다 처리되었습니다"라고 대답했습니다.

그 젊은이와 나는 계속해서 기숙사에서 기도했습니다. 주말이 끝날 무렵, 주님은 내가 이동할 때 탈 버스 등 더 많은 세부 사항을 알려주셨습니다. 그분은 내가 이른 아침에 떠날 것이라고 말씀하셨습니다. 나는 30달러밖에 없었습니다. 내 친구가 트레일웨이 버스 터미널에 전화했더니, 미주리 스프링필드에서 털사로 가는 버스가 하나 있는데 새벽 3시 30분에 출발하며 요금은 30달러라고 했습니다. 좌석은 하나밖에 남아 있지 않았습니다. 나는 이 모든 것을 지어내는 것이 아닙니다.

성령께 순종하는 것이 할 일

나는 겸손이 무엇을 할 수 있는지 당신에게 보여주고 싶습니다. 당신이 일단 하나님께 자신을 맡기면, 성령께서 당신의 삶에서 역사하실 수 있습니다. 하나님은 당신이 있어야 할 곳으로 당신을 인도하실 것이지만, 당신은 그분의 인도하심과 권위 아래에서 일해야 합니다. 내 방언을 통역해 준 대학생은 새벽 3시 30분에 내가 털사로 떠나는 버스 터미널까지 데려다 주었습니다. 나는 마지막 남은 좌석에 앉았습니다. 버스에 있는 모든 사람이 나를 기다리고 있었는데, 그들은 다른 곳에서 왔고, 그 좌석 하나뿐이었기 때문입니다.

나는 매우 친절한 여성 옆에 앉았고, 그녀는 내가 왜 털사로 향하는지 물었습니다. 나는 그곳에 있는 학교에 간다고 말했습니다. 그녀는 내게 레마에 가는 것이냐고 물었고, 내가 그렇다고 답하자 "저는 2학년 학생입니다"라고 말했습니다. 놀랍게도, 나는 레마에서 1년 동안 공부한 학생 옆에 앉게 되었습니다.

이 레마 학생은 내게 어디에 머무를 것이냐고 물었고, 나는 아직 모른다고 말했습니다. 놀란 그녀는 "뭐라고요? 모르신다고요? 그럼, 차는 있으세요?"라고 물었습니다. 나는 없다고 말했습니다. 그녀는 우리가 도착하면 전화를 걸어야 하는지 물었고, 나는 주님께서 오랄 로버츠 대학교(ORU) 기도탑에 가서 내 짐과 함께 서 있으라고 말씀하셨다고 그녀에게 말해주었습니다. 그래서 그녀는 나를 그곳에 내려주었습니다.

내가 나 자신에 대하여 죽고 성령의 인도하심을 배우니, 지금 워리어 노트와 함께 이 모든 위대한 일들이 일어나고 있습니다. 나는 결코 혼자서 이것을 하고 있지 않습니다. 그 여인이 나를 오랄 로버츠 대학교에 내려주면서 "그럼, 학교에서 뵙겠습니다"라고 말했습니다.

곧이어 경비원이 와서 도움이 필요한지 물었습니다. 나는 '이거 상황이 안 좋아 보이네. 그리고 어떻게 설득해야 할까'라고 생각했지만, 그에게 그저 "차를 기다리고 있습니다"라고 말했습니다. 그는 차가 있는지 물었고, 나는 없다고 말했습니다. 나는 그에게 내 이전 대학 친구에게 전화해야 한다고 말했습니다. 그는 내 기숙사동의 책임자였습니다. 그는 1년 전에 졸업하고 레마에 갔었습니다. 그때 그는 레마 2학년이었습니다.

나는 경비원에게 내 대학 친구의 이름을 말했고, 놀랍게도 나는 그의 주소를 기억하고 있었습니다. 왜냐하면 우리가 휴일마다 페인트 작업을 하러 털사에 갔었기 때문입니다. 나는 그를 위해 모든 새 건축물에 페인트 칠을 해서 꽤 많은 돈을 벌었습니다. 우리는 새 집들에 페인트를 칠했습니다. 나는 경비원에게 친구의 주소를 말했고, 그는 "제가 그곳으로 데려다 줄 수 있습니다. 저는 5시에 퇴근합니다"라고 말했습니다. 그는 조금 일찍 퇴근하여 나를 그곳으로 데려다 주었습니다.

나는 그 집에 간다고 전화조차 하지 않고 그 집의 문을 두드렸습니다. 내 친구가 문을 열며 "어디 있었어? 한 달 전에 여기 왔어야지. 내 아내와 나는 너를 기다리고 있었어. 주님께서 너를 우리와 함께 머물러야 한다고 말씀하셨어"라고 말했습니다.

내 친구는 내가 직업이 있는지 물었고, 나는 없다고 말했습니다. 그는 "알아맞혀 봐? 내 직원 중 한 명이 어제 그만뒀어. 5시에 시작할 수 있니?"라고 물었습니다. 그리고 그는 내가 자동차가 있는지 물었고, 나는 없다고 말했습니다. 그는 "우리에게 여분의 차가 있어"라고 말했습니다. 나는 4시 조금 넘어 기도탑에 서 있다가, 같은 날 5시 조금 넘어 새 직장의 내 책상에 앉게 되었습니다.

나는 친구 집에서 지내며 다음날 아침에 집이 삐걱거리는 소리를 들으며 일어났습니다. 주님께서 분명한 음성으로 "케빈, 네가 이 털사 시에 있는 동안 너에게 불가능한 것은 없을 것이다"라고 말씀하셨습니다. 나는 레마학교에 합격하지 않은 상태였습니다. 그들은 합격시킨 만큼 많은 사람을 불합격시켰습니다. 그 해에는 2,200명을 불합격시켰고 2,200명을 합격시켰지만, 나는 일주일 안에 합격했습니다. 더는 해긴의 책들을 내 카펫 밑에 숨길 필요가 없었습니다. 이것이 겸손이 하는 일입니다.

성령의 인도를 받아
당신에게 불가능한 것이 없게 되는
옛적 길로 돌아가라.

신성한 계획

"선한 사람의 걸음은 주님에 의해 인도되며, 그분은 그의 길을 기뻐하신다"(시 37:23 새킹제임스역).

털사에서 친구를 위해 일한 후, 나는 다른 직업이 필요했습니다. 그래서 시내에 있는 엑셀시어 호텔에 지원했는데, 이 호텔은 나중에 더블트리 호텔과 쉐라톤 호텔이 되었습니다. 지금은 무엇인지는 모르겠지만, 그때는 컨벤션 센터와 연결되어 있었고 5성급 호텔이었습니다. 주님께서 내게 그곳에 가서 지원하라고 말씀하셨을 때, 나는 '5성급 호텔에서 일자리를 얻을 방법이 없어'라고 생각했습니다. 하지만 프런트 데스크 전체의 책임자가 누구였는지 아십니까? 그는 또 다른 레마 2학년 학생이었습니다. 그는 "지금 바로 채용하겠습니다"라고 말했습니다. 그래서 나는 그곳의 컨시어지(concierge)가 되었습니다.

나는 호텔에서 일하면서 부서들을 거쳐 관리 훈련 부서까지 승진했습니다. 어느 날, 벨보이 중 한 명이 내게 와서 "당신이 이 사람을 좋아할 것 같은데요. 그는 당신과 비슷한 사람입니다. 그는 그리스도인입니다. 그의 짐을 806호로 가져가야 합니다"라고 말했습니다. 내가 짐을 806호로 가져갔을 때, 유명한 목사가 문을 열었습니다. 나는 그가 말하기 전까지는 그가 누구인지 몰랐습니다. 나는 성령에 관한 오래된 카세트테이프에서 그의 목소리와 이름을 들었던 것을 기억했습니다. 우리는 가볍게 대화했고, 그는 나를 안으로 초대하며 계속 나를 바라보았습니다.

이 목사의 카세트테이프를 통해 3년 동안 경험했던 그 기름부음이 이제 그 방에 있었습니다. 그의 아내와 아기가 그곳에 있었고, 그는 나를 그 가족에게 소개했습니다. 나는 그와 강한 연결감을 느꼈습니다. 마치 주님께서 이 카세트테이프를 사용하여 영 안에서 우리를 연결하신 것 같았습니다.

또 다른 때에는, 한 남자가 약 30명의 경호원들과 함께 로비로 걸어왔습니다. 그가 들어왔을 때 내가 본 유일한 것은 밝은 빛이었습니다. 그의 얼굴이 빛나고 있었습니다. 그는 컨벤션 센터에서 엘리베이터까지 검은 정장을 입은 모든 사람과 함께 걸어갔는데, 그의 모습은 밝게 빛났습니다. 나는 그때 그가 누구인지도 몰랐지만, 나중에 그가 다른 나라에서 온 유명한 목사라는 것을 알게 되었습니다. 오늘날까지도 나는 그가 걷는 것처럼 걷는 사람을 본 적이 없습니다.

완전히 당신에게 유리하게 짜여졌다

"주님, 당신은 저를 너무나도 친밀하게 아십니다. 당신은 제 마음을 열린 책처럼 읽으시고, 제가 말을 시작하기도 전에 제가 말하려는 모든 단어를 아십니다! 당신은 제 여정이 시작되기도 전에 제가 걸을 모든 발걸음을 아십니다. 당신은 미래로 나아가 길을 예비하셨고, 친절하게 제 뒤를 따르시며 제 과거의 해악으로부터 저를 보호하십니다. 당신은 제게 손을 얹으셨습니다!"(시 139:3-5 더패션성경)

내가 이 이야기를 나누는 이유는 주님께 대한 나의 순종이 그분께서 유카탄 출신의 남자를 사용하시어 나를 레마로 이끄시도록 했기 때문입니다. 이것은 내 길을 수년 동안 계속 설정해주었습니다. 내가 그곳에 도착했을 때, 이미 나보다 먼저 심기고 수년 동안 관계를 맺어온 사람들과 여정이 계속되었습니다. 나는 호텔에서 나를 고용한 여성과 이미 친구였습니다. 우리는 함께 하나님의 성회 학교에 다녔고, 나중에 그녀는 호텔에서 내 상사가 되었습니다. 흥미롭게도, 우리 둘 다 사우스웨스트 항공사에서도 일하게 되었습니다. 내가 그곳에 고용되었을 때, 그녀는 이미 발권 카운터의 에이전트였습니다. 내가 이 모든 것을 나누는 이유는 당신이 겸손의 길을 간다면 모든 것이 당신에게 완전히 유리하게 짜여져 있다는 것입니다.

카세트테이프 속의 목사가 내가 일하는 호텔에 머물고 있을 때, 주님은 내게 그에게 상담을 요청하라고 말씀하셨습니다. 어느 날 그가 내려왔을 때, 나는 그에게 사역에 대해 잠시 이야기할 수 있는지 물었습니다. 그는 "당신의 목사는 누구입니까?"라고 물었습니다. 나는 레마에 다니고 있었으니, 케네스 해긴 주니어가 내 목사라고 말했습니다.

그는 "당신에게 목사가 있으면, 저는 그분이 믿는 것에 대해 반대되는 어떤 말도 하고 싶지 않으니, 그냥 그분께 가십시오"라고 말했습니다.

나는 그에게 내 담임 목사와 이야기하고 싶지 않다고 말하며 "저는 당신과 이야기하고 싶습니다"라고 말했습니다. 나는 그에게 테이프나 일어났던 일에 대해 아무것도 말하지 않았습니다.

그는 "글쎄요. 저는 그렇게 하지 않겠습니다"라고 대답하고는 가버렸습니다. 나는 주님께서 내게 그와 이야기해달라고 요청하라고 말씀하셨기 때문에 울었습니다.

"내가 그리스도와 그 부활의 권능과 그 고난에 참여함을 알고자 하여 그의 죽으심을 본받아 어떻게 해서든지 죽은 자 가운데서 부활에 이르려 합니다"(빌 3:10-11 새생활성경).

그 목사는 엘리베이터를 타고 방으로 올라갔습니다. 그때 주님께서 그에게 다시 내려오라고 말씀하셨고, 그는 화가 났지만 내려왔습니다. 그는 "주님께서 제가 당신과 이야기해야 한다고 말씀하셨습니다. 내일 저녁 7시에 여기로 오십시오. 아니면 없었던 일로 합시다"라고 말하고는 성큼성큼 떠났습니다. 다음 날 저녁, 그는 늦었고, 나는 그저 기다리고 있었습니다. 마침내 그가 와서 나와 함께 앉아 "주님께서 당신에 대해 내게 말씀하셨습니다"라고 말했습니다. 그리고 그는 20분 동안 나에게 예언했습니다.

그는 내게 안수하고 전화번호를 주며 3주 후에 전화하라고 지시했습니다. 그는 "주님께서 당신이 내 기름부음을 가질 것이라고 말씀하셨습니다"라고 말했습니다. 그 남은 한 시간 동안 그는 앉아서 내가 사역에서 원하는 모든 것을 가질 것이지만, 죽을 것이라고 말했습니다. 그는 "성령은 당신의 현재 모습으로는 당신을 사용할 수 없습니다. 당신은 죽어야 할 것입니다. 당신은 그분께 자신을 넘겨주고, 그분께서 모든 것을 해결하시도록 해야 할 것입니다"라고 말했습니다.

그는 계속해서 내 삶에 대해 말했습니다. "주님은 당신에게 무엇을 말하고, 무엇을 하고, 무엇을 하지 말아야 할지 알려주실 것입니다. 당신은 길을 갈 것입니다. 지금은 외롭다고 생각하겠지만, 성령이 당신을 소유하고 당신을 누구와도 나누지 않을 것이니 무슨 일이 일어나는지 지켜보십시오."

당신은 이 말에 공감할 수 있습니까? 성령은 당신을 따로 데려가서 그분의 음성과 일하는 방식에 익숙하도록 훈련시킬 것입니다. 그분은 당신에게 미래를 보여주고 당신이 그것을 신뢰하기를 원하십니다.

삶의 모든 것이 당신에게
유리하게 짜여지고
주님께 온전히 순종하는
옛적 길로 돌아가라.

나의 뜻이 아니라 주님의 뜻이 이루어지게 하소서

"이르시되 아버지여 만일 아버지의 뜻이거든 이 잔을 내게서 옮기시옵소서. 그러나 내 원대로 마시옵고 아버지의 원대로 되기를 원하나이다 하시니"(눅 22:42).

이 시기에 나는 주님께서 나를 케네스 해긴 사역에 머물게 하시고 취업의 문을 열어 주실 것이라고 생각했습니다. 적어도 그것이 내 계획이었고 내가 하고 싶은 일이었습니다. 그러나 이 모든 놀라운 사건들이 일어난 후, 모든 것이 바뀌었고 주님께서 내게 말씀하셨습니다. "너는 이 사역에 머물지 않을 것이다. 너는 사우스웨스트 항공사에서 일하게 될 것이다." 흥미롭게도, 6개월 전에 나는 사우스웨스트에서 일하는 꿈을 꾸었습니다.

레마에 다니는 동안, 나는 아파트에서 잠이 들었고 털사 공항에서 사우스웨스트 항공기까지 걸어가는 꿈을 꾸었습니다. 나는 앞바퀴 기어 바로 옆에 서 있었고, 기장은 창문을 열었는데, 나는 그 창문이 열리는 줄은 몰랐습니다. 만약 비행기가 납치되면, 그 창문을 열고 땅으로 뛰어내릴 수 있습니다. 내 꿈에서, 한 번도 본 적 없는 기장이 창문을 열고 "우리와 함께 일하게 될 것이라고 들었습니다"라고 말했습니다.

나는 "네. 지금 하는 일을 끝내야 합니다. 6개월이 걸릴 것입니다"라고 말했습니다.

세월이 흘러 주님께서 내게 사우스웨스트 항공사에서 일하게 될 것이라고 말씀하셨을 때, 그분은 내게 지원서를 제출하게 하셨지만, 나는 항공사에서 아무런 소식을 듣지 못했습니다. 나는 워렌 플레이스에 있는 더블트리 호텔 연단에 선 채로 경영 훈련을 받고 있었습니다. 그때 꿈속에서 본 그 기장이 내게 다가와 "당신이 케빈 씨입니까?"라고 물었습니다. 내가 그렇다고 답하자, 그는 "모든 사람이 당신이 우리와 함께 일하게 될 것이라고 이야기하고 있습니다. 모든 승무원이 당신이 지원서를 제출했다고 말했습니다. 당신이 맞습니까?"라고 물었습니다. 나는 그렇다고 말했습니다. 그러나 나는 아무런 소식을 듣지 못했고, '어쨌든 당신과 일하고 싶지 않아'라고 생각했습니다.

기장은 내 전화기를 사용할 수 있는지 물었습니다. 그는 댈러스에 있는 인사 담당자에게 전화하여 "케빈 제다이 씨의 지원서를 찾아주세요."라고 물었습니다.

그녀는 지원서를 찾아서 "여기 있습니다. 체중 제한 때문에 10파운드를 감량해야 합니다. 그래서 케빈 씨가 연락을 받지 못한 것입니다"라고 말했습니다. 그는 나에게 돌아와 내가 방금 10파운드를 감량했다고 말하고, 다시 작성하라고 지시했습니다. 나는 작성을 마치고 그에게 그것을 건네주었고, 그는 그것을 비행기로 가져갔습니다. 다음 날, 나는 전화를 받았고 면접 일정이 잡혔습니다.

사우스웨스트의 면접에 갔을 때, 나는 바비 인형처럼 생긴

950명의 여성들과 함께 있었습니다. 나는 먼저 일어났습니다. 그냥 끝내고 그곳에서 벗어나고 싶었기 때문입니다. 먼저 일어나면 자동으로 고용된다는 것을 몰랐습니다. 나는 그곳에 서서 농담을 했고, 그들은 나를 고용했습니다. 나는 '이럴 수가!'라고 생각했습니다. 내 꿈에 나타났던 남자가 나를 고용하게 했지만, 나는 그날 이전에 그를 만난 적이 없었습니다.

요점은 하나님께서 나에게 하셨듯이 당신을 전략적으로 배치하신다는 것입니다. 당신이 옛적 길로 돌아갈 때 당신의 삶에서 비슷한 이야기를 경험할 수 있습니다. 당신은 당신의 삶을 내려놓고 주님의 음성에 온전히 순종하는 길로 돌아가야 합니다. 우리는 이제 전환점에 와 있습니다. 내가 이 책에서 나누는 메시지는 사고방식을 바꾸기 위한 것입니다. 주님은 그리스도의 몸의 사고방식을 바꾸고 사람들을 옛적 길로 다시 돌려놓기를 원하십니다.

CHAPTER 12
초지일관하라

"우리는 이제 우리 마음속에 이 빛이 비치고 있지만, 우리 자신은 이 위대한 보물을 담고 있는 깨지기 쉬운 질그릇과 같습니다. 이것은 우리의 큰 능력이 우리 자신에게서 나온 것이 아니라 하나님에게서 나온 것임을 분명히 보여줍니다"(고후 4:7 새생활성경).

당신의 상황이 불편하게 느껴질 때, 겸손을 유지하고 당신의 옛 방식대로 반응하지 않는 것이 중요합니다. 성령께서 당신과 소통하고 당신을 인도하시도록 허용하십시오. 무엇을 해야 할지 확신이 없다면, 아무것도 하지 마십시오. 무엇을 말해야 할지 모른다면, 아무 말도 하지 마십시오.

옛 방식으로 돌아가지 않기

"나는 내가 이미 얻었다고[그리스도처럼 되는 목표] 또는 이미 완전해졌다고 생각하지 않습니다. 다만 나는 그리스도 예수께서 나를 붙드시고 자기 것으로 삼으신 그 [완전함]을 붙잡기 위해 적극적으로 달려갑니다. 형제자매여, 나는 아직 내가 그것을 내 것으로 만들었다고 생각하지 않습니다. 그러나 한 가지는 합니다. 뒤에 있는 것을 잊어버리고 앞에 있는 것을 향하여 나아가 그리스도 예수 안에서 위에 계신 하나님의 부르심의 [천국의] 상을 얻기 위해 달려갑니다"(빌 3:12-14 확대역).

당신은 순종의 길을 갈 때 사탄이 당신을 괴롭혀 하나님의 위치와 타이밍에서 벗어나게 하려 할 것임을 이해해야 합니다. 우리는 종종 워리어 노트에서 사탄의 공격을 경험하며, 하나님께서 우리를 특정 시간 동안 특정 장소에 있게 하시려고 선택하셨다는 것을 알기에, 우리는 초지일관해야 합니다. 나는 이 모든 것이 전략적으로 전개되는 것을 보았습니다.

한번은 하와이에서 워리어 노트 컨퍼런스가 열리기 전에 사탄이 너무 화가 나서 우리 사역자들을 그곳으로 데려가야 하는 두 대의 비행기 중 한 대를 붙잡고 우리를 방해하려 했습니다. 비행기는 도색이 벗겨지면 동체의 무결성에 영향을 미치기 때문에 몇 년마다 도색해야 합니다. 이러한 종류의 도색 작업은 미학적인 목적이 아니라 항공기의 기능에 매우 중요합니다. 사용되는 페인트는 초강력 접착제와 같으며 가압 과정을 거쳐야 합니다. 그래서 나는 충분한 시간을 두고 여행 3주

전에 비행기를 맡겼습니다.

사역 일정을 위해 하와이로 비행할 시간이 되었을 때, 나는 비행 승무원들과 함께 가서 새로 도색된 비행기를 픽업하고 나머지 워리어 노트 팀을 수송할 계획을 세웠습니다. 우리가 도착했을 때, 3주가 지났음에도 그들은 여전히 페인트를 밀봉하는 데 어려움을 겪고 있었고, 가압이 되지 않는다고 말했습니다. 하지만 우리가 도색을 맡겼을 때는 잘 작동하고 있었습니다.

도색 서비스 업체는 해결하고 있다고 말했고, 우리는 적어도 하와이에 있는 시간의 일부라도 그 비행기를 사용할 수 있기를 바랐습니다. 그러나 며칠이 지나도 비행기는 준비되지 않았습니다. 우리는 비행기 두 대 대신 한 대밖에 없었기 때문에 팀을 필요한 곳으로 수송하기 위해 여행 내내 셔틀을 오고 가야 했습니다. 그래서 우리는 초지일관했고 하나님은 여전히 그분의 길을 가셨습니다.

원수가 당신의 순종의 길에서 당신을 공격할 때, 나는 당신이 그것을 다루던 옛 방식으로 되돌아가지 말 것을 간청합니다. 상황이 엉망일 때, 생존 모드로 돌아가지 않도록 조심하십시오. 옛 방식에서 나오는 어떤 것도 좋지 않을 것입니다. 무엇인가 불확실할 때, 나는 항상 나 자신을 내보이고 질문합니다. 예를 들어, 나는 항공 훈련 강사에게 "저는 이것이 불편합니다. 좀 더 자세히 설명해 주시겠어요? 아니면 이번에는 그냥 해 주실래요?"라고 말하고는 지켜보았습니다. 이것은 내가 무언가를 이해하지 못했을 때 나를 살게 해주었고, 나는 그렇게 말하는 것을 괜찮게 생각합니다. 그것이 겸손과 성숙입니다.

은혜로 덮이다

"내가 산을 향하여 눈을 들리라. 나의 도움이 어디서 올까? 나의 도움은 천지를 지으신 여호와에게서로다"(시 121:1-2).

하나님께서 당신에게 보여주시거나 말씀하신 것을 이해하지 못한다면, 무턱대고 해석하고 행동하기보다는 자신을 내보이는 것이 더 현명합니다. 때때로 하나님은 당신이 불편함을 느끼는 상황에 처하게 하실 것입니다. 왜냐하면 그분은 당신이 아무것도 하지 않을 만큼 충분히 성숙했는지(그분의 영에 의한 것이 아니라면 행동하지 않을 만큼) 보기를 원하시기 때문입니다. 나는 이렇게 합니다. 나는 주님께서 내 뒤에서 오셔서 은혜로 나를 덮어주시기를 기다립니다. 나는 내가 받을 자격이 있다고 생각하며 어떤 것도 내 공로로 구하지 않습니다. 나는 도움이 필요하기 때문에 도움을 구합니다. 나는 자신을 내보이며 "주님, 이것은 지금 제가 감당할 수 있는 한계를 넘어섭니다"라고 말씀드립니다.

나는 매일 하나님께서 나를 도와주시도록 기도합니다. 대부분의 사람은 이것을 알지 못할 것입니다. 그러나 지난 6년 동안 워리어 노트에서 컨퍼런스를 할 때마다 항상 강단에 올라갔지만, 나는 내가 할 수 없다고 느꼈습니다. 매번 나는 한계에 도달했고 말조차 할 수 없다고 느꼈습니다. 그러나 나는 나 자신의 공로로 오는 것이 아니라 순종으로, 성령께서 은혜로 나를 강하게 하시고 그분의 영역에서 진리를 말하도록 도와주실 것이라고 믿고 옵니다. 나는 그분께 나 자신을 내어드리고 모든 것이 잘 될 것임을 압니다.

나는 어렸을 때 내가 해야 할 일을 해낼 수 없다고 항상 느꼈기 때문에 나에게 뭔가 문제가 있다고 생각했습니다. 나는 광범위하게 공부했지만, 시험을 볼 시간이 되면 '시험'이라는 단어조차 말할 수 없었습니다. 공부한 것을 기억해낼 수 없었습니다. 나의 삶의 경험들이 내 안에 두려움을 생산하는 장벽을 만들었습니다. 나는 공부했고, 주제를 알았고, 시험에 있는 어떤 것도 할 수 있었지만, 시험 문제를 받았을 때는 그것을 풀 수가 없었습니다.

이제 나는 사역을 준비하면서 너무나 많이 공부하여 노트를 볼 필요도 없습니다. 나는 모든 것을 외우기 때문에 할 말을 잃지 않습니다. 그러나 나는 항상 약함을 느끼고 하나님의 도움이 필요하다는 것을 압니다. 아무도 이런 것들을 말하고 싶어 하지 않습니다. 호텔에서 나를 위해 기도해 준 목사는 내게 "케빈, 나는 설교하기 전에 7시간 동안 완전히 단절되어야 했습니다. 나는 나를 이 영역으로 다시 끌어들이는 어떤 것도 가질 수 없었습니다. 어떤 것이라도 나를 이 영역으로 다시 끌어들이면, 예배는 엉망이 됩니다"라고 말했습니다.

우리가 이야기했을 때쯤, 이 목사는 그 시간을 3시간으로 줄였지만, 여전히 사역 전에 누구도 자신에게 연락하는 것을 허용하지 않았습니다. 그는 계속해서 "나는 성령과 함께 갇혀 있습니다. 나는 그곳에 앉아서 그분이 나에게 역사하시도록 합니다. 그러고 나서 나는 사람들에게 사역합니다"라고 말했습니다. 그는 나에게도 똑같이 해야 할 것이라고 말했습니다.

육신적인 것을 끊어내고
성령의 영역에 자신을 가두는
옛적 길로 돌아가라.

"운동장에서 달음질하는 자들이 다 달릴지라도 오직 상을 받는 사람은 한 사람인 줄을 너희가 알지 못하느냐? 너희도 상을 받도록 이와 같이 달음질하라… 내가 내 몸을 쳐 복종하게 함은 내가 남에게 전파한 후에 자신이 도리어 버림을 당할까 두려워함이로다"(고전 9:24, 27).

당신은 내가 언급한 이 목사들을 좋아하지 않을 수도 있지만, 각 사람은 어떤 식으로든 내 삶에 가치를 더했습니다. 나는 지금 일어나고 있는 모든 것에 동의하지 않습니다. 사실, 나는 그 어떤 것에도 거의 동의하지 않습니다. 그러나 그들이 교회와 이 세상에 가치를 가져다준 것은 사실입니다. 왜냐하면 그들 각자에게는 길이 있었기 때문입니다. 원수는 주님을 위해 중요한 영향을 미치는 사람들을 공격합니다. 안타깝게도, 그들 중 일부는 그를 들어오게 허용했습니다.

"그러므로 스스로 굳건히 서 있다고 생각하는 자[유혹에 면역되어 있거나, 너무 자신감이 넘치고 의롭게 생각하는 자]는 [죄와 정죄에] 빠지지 않도록 조심하십시오"(고전 10:12 확대역).

하나님의 길에 들어서는 것은 어렵지 않습니다. 도전은 그곳에 머무는 것입니다. 하나님과 함께 걷는 것에 관해, 당신은 원하는 곳에 도달하는 것이 어렵다고 생각할 수 있지만, 그렇지 않습니다. 당신은 하나님의 능력 있는 손 아래에서 겸손할 수 있고, 그분은 때가 되면 당신을 높이실 것입니다(벧전 5:6 참조). 그러나 일단 그곳에 도달하면, 당신은 성취에 안주하고 싶은 경향이 있을 수 있습니다. 당신이 영적으로 성공했다고 생각할 때, 그때 문제가 발생합니다. 당신은 겸손하고 성령께 의존해야 합니다.

기적의 영역으로 전환

워리어 노트 선교회가 보유한 페놈 제트기는 조종사에게 가파른 학습 곡선을 요구하는 고성능 항공기입니다. 내가 그것을 비행하기 위한 기장 등급을 따러 갔을 때, 수업에 참석한 대부분의 조종사는 5,000에서 10,000시간의 비행 시간을 가진 경력자들이었습니다. 나는 500시간의 경력이 있었는데, 내 훈련사는 그것이 그 비행기에 대한 최소 시간 기록으로는 세계 기록이라고 믿었습니다. 수업에 참석한 모든 사람은 자신을 소개해야 했습니다. 많은 훌륭한 조종사는 나이 제한 때문에 큰 제트기를 비행하는 것에서 은퇴해야 했습니다. 그러나 그들은 여전히 전세 산업에서 일할 수 있었고, 페놈은 그들이 종종 사용하는 비행기입니다.

나는 페놈 비행 수업 시간에 나를 소개하고 사우스웨스트 항공사에서 은퇴했다고 말했습니다. 갑자기 뒤에서 "케빈, 여긴 웬일이요?"라는 목소리가 들렸습니다. 내가 돌아보니 25년 동안 내가 커피를 서빙했던 사우스웨스트 항공사 조종사 두 명이 있었는데, 현재 그들은 기장들입니다. 그들은 '네가 기장이 될 리 없어. 내 커피조차 제대로 만들지 못했잖아'라고 생각했을 것입니다.

놀랍게도, 수업에 참석한 조종사들이 내게 와서 자신들이 합격하지 못할까 봐 걱정된다고 말했습니다. 이것은 그들이 F-16이나 보잉 737을 비행하며 30년 또는 40년 동안 배운 것과는 달랐습니다. 페놈 제트기로의 전환은 매우 정교하고 빠르기 때문에 어렵습니다. 그것은 전투기와 같지만 승객용입니다.

내가 이 이야기를 나누는 것은 하나님께서 당신을 인도하실 길은 당신을 기적의 영역으로 전환시킬 것이라는 점을 격려하기 위함입니다. 페놈 훈련 동안, 당신은 시뮬레이터에 들어가서 화재 발생, 화면 사라짐, 엔진 고장, 유압 장치 고장과 같은 주요 문제들을 해결해야 합니다. 우리는 일주일 동안 매일 두 번 시뮬레이터에서 훈련해야 했습니다. 그들은 당신이 거의 포기하고 싶을 정도로 과부하를 주지만, 이것은 비상 상황이 발생했을 때 계속 나아갈 준비를 시켜줍니다.

어느 날, 시뮬레이터 세션 사이에 내가 사우스웨스트에서 커피를 서빙했던 기장이 커피를 마실 건지 물었습니다. 나는 농담으로 제대로 만들고 크림은 넣지 말라고 말했습니다. 그가 나를 위해 커피를 만들었을 때, 나는 '와, 상황이 이렇게 바뀔 수도 있구나'라고 생각했습니다. 그와 나는 이제 좋은 친구 사이입니다. 나는 하나님께서 내 삶에서 하신 일을 생각하면 눈물이 납니다. 내가 이것을 나누는 것은 성령께서 당신을 위해 상황을 바꾸기를 원하시지만, 당신이 교만하면 그렇게 하지 않으실 것이기 때문입니다. 당신이 육적이면 그분은 당신을 기적의 영역으로 데려가실 수 없습니다.

"형제들아 내가 신령한 자들을 대함과 같이 너희에게 말할 수 없어서 육신에 속한 자 곧 그리스도 안에서 어린 아이들을 대함과 같이 하노라"(고전 3:1).

고린도전서 2장에서 바울은 자신이 지혜를 가지고 온 것이 아니라 성령의 능력과 나타남으로 왔다고 표현했습니다. 성령은 당신의 생각과 하나님의 생각을 아십니다. 그분은 하나님의 깊은 것들을 당신의 마음에 전달하시며, 당신은 어떤 사람에게도 판단 받을 필요가 없습니다. 다음 장에서 바울은 고린도 교인들에게 영적인 사람으로 말하고 싶었지만, 그들이 육신에 속했다고 표현했습니다. 그는 그들을 단지 어린아이들이라고 불렀습니다(고전 3:1-3 참조). 그는 그때쯤이면 그들이 고기를 먹을 수 있거나 영적으로 성숙해야 하는데도 여전히 젖을 먹고 있다는 사실에 실망했습니다.

예수님도 바울과 같은 실망감을 느끼셨습니다. 그분께서는 제자들을 훈련하여 귀신을 쫓아내고 병든 자를 고치게 하셨지만, 그들은 그렇게 할 수 없었습니다(마 17:14-21 참조). 사람들은 예수님께 마치 그분이 고객 서비스인 것처럼 불평하며, 그분의 제자들이 그들이 요청한 것을 하지 않았다고 말했습니다. 제자들이 한 남자의 아들에게서 귀신을 쫓아내지 못하자, 예수님은 그들에게 돌아서서 왜 의심하는지 물으시고 "내가 너희와 얼마나 오래 함께 있어야 하겠느냐?"라고 말씀하셨습니다. 그리고 그분은 귀신을 쫓아내셨습니다. 그들이 왜 자신들은 그렇게 할 수 없었는지 묻자, 그분은 이런 종류의 귀신은 기도와 금식으로만 나간다고 대답하셨습니다.

예수님은 종종 기도하셨지만, 귀신을 쫓아내기 위해 금식하고 기도할 필요는 없었습니다. 그러나 제자들은 겸손하지 않았고 하나님의 권위 아래에서 행하지 않았기 때문에 기도와 금식이 필요했습니다. 그들은 단순히 형식적으로 행했고, 분명히 마태복음 17장에서 그들이 다루던 귀신은 거물이었습니다. 어떤 문제들은 당신이 하나님 안에서 더 깊이 들어가기 위해 기도와 금식을 필요로 합니다.

"내가 더는 너희와 많이 이야기하지 않을 것이다. 이는 세상 통치자(사탄)가 오고 있기 때문이다. 그는 나에게 아무런 주장도 할 수 없다[나에 대한 권세도 없으며 나를 대적하여 사용할 수 있는 것도 없다]"(요 14:30 확대역).

나는 어떤 악한 영들은 고집스럽고 쉽게 떠나지 않을 것이라는 점을 발견했습니다. 당신이 과거의 영역에서 어려움을 겪고 있고 그 악한 영들이 여전히 당신 주위에 있다면, 당신이 흐트러졌다고 느낄 때 약해진 시기에 당신에게 영향을 미칠 수 있습니다. 당신은 성령과의 관계를 유지하고 그분께 순종하는 법을 배워야 합니다. 그래야 당신이 길에서 벗어나지 않습니다. 당신이 예전의 육적인 방식으로 되돌아가면, 하나님의 도움을 포기한 것입니다. 성령께서 당신을 떠나시거나 당신을 돕고 싶지 않으신 것이 아니라, 당신이 스스로 그것을 선택한 것입니다.

<blockquote>
옛 본성이 아닌
하나님을 의지하여 도움을 받는
옛적 길로 돌아가라.
</blockquote>

하나님은 자유 의지를 무시하지 않으신다

"주님은 사랑하는 자녀를 징계하시고, 자녀로 받아들이시는 모든 이에게 벌을 주십니다. 이 거룩한 훈련을 견디면서, 하나님이 여러분을 그분의 자녀로 대하고 계심을 기억하십시오. 아버지가 한 번도 징계하시지 않는 자녀에 대해 들어본 적이 있습니까?"(히 12:6-7 새생활성경)

안타깝게도, 당신이 하나님을 거역하고 당신 자신의 길을 선택할 때, 주님은 당신이 스스로 하도록 허용하실 것입니다. 당신은 불순종의 고통을 느낄 것입니다. 아버지께서는 자녀들을 훈계하시어 겸손을 가져오십니다. 당신은 당신 자신의 선택으로 인한 고통을 겪어야 할 수도 있습니다. 히브리서 12장 6-7절은 자주 가르쳐지지 않지만, 여전히 진리입니다. 하나님은 사랑하는 자들을 훈계하십니다.

"사무엘이 이르되 여호와께서 번제와 다른 제사를 그의 목소리를 청종하는 것을 좋아하심 같이 좋아하시겠나이까? 순종이 제사보다 낫고 듣는 것이 숫양의 기름보다 나으니"(삼상 15:22).

하나님은 당신이 옛 방식에 굴복할 것인지, 아니면 그분이 하라고 하시는 것을 따를 것인지 선택해야 하는 상황에 처하게 하실 것입니다. 한동안 아무 일도 일어나지 않을 것입니다. 이것은 아말렉 사람들을 물리친 후 사무엘이 와서 희생제물을 바칠 때까지 기다려야 했던 사울 왕의 경우였습니다(삼상 15:1-35 참조). 사무엘이 늦어지자 사울은 초조해졌고, 왕이었기 때문에 "내가 그냥 하겠다"라고 말하며 희생제물을 바쳤습니다. 그러나 그는 왕이 제사장 역할을 맡아서는 안 됨에도 불구하고 다른 사람의 사명을 침범했습니다.

"사무엘이 이르되 왕이 스스로 작게 여길 그 때에 이스라엘 지파의 머리가 되지 아니하셨나이까? 여호와께서 왕에게 기름을 부어 이스라엘 왕을 삼으시고"(삼상 15:17).

사무엘은 사울의 불순종 때문에 하나님께서 그에게서 왕국을 빼앗으셨다고 말했습니다. 그는 본질적으로 "내가 당신이 스스로 작게 여겨졌을 때를 기억합니다. 그런데 지금 당신을 보십시오. 왕국을 잃었습니다"라고 말했습니다. 왜냐하면 그는 하나님께서 정하신 올바른 방법을 따르지 않았기 때문입니다. 당신이 무언가를 추구하고 답을 필요로 한다면, 주님을 기다리는 법을 배워야 합니다. 그 주제에 대한 모든 성경 구절을 모으고, 묵상하고, 연구하고, 약 3주 동안 기도하십시오. 하나님으로부터 조언을 받은 후에도 계속 성령 안에서 기도하십시오. 한 번만 기도해서는 안 됩니다.

"모든 때와 모든 경우에 성령 안에서 기도하십시오. 모든 믿는 자들을 위해 깨어 있고 끈기 있게 기도하십시오"(엡 6:18 새생활 성경).

우리는 워리어 노트 선교회에서 항상 성령 안에서 기도하는 것을 강조합니다. 방언으로 기도하고 성경을 묵상하는 것은 하나님께서 당신에게 하라고 부르신 것을 형성할 것입니다. 당신이 한동안 그렇게 한 후, 성령께서는 당신을 이해하도록 인도하기 시작하실 것입니다. 당신은 무엇을 해야 할지에 대한 통찰력을 얻을 것입니다. 그러나 한동안은 비밀일 것이며, 당신은 성경에만 의존해야 할 것입니다. 왜냐하면 그것이 당신의 틀이기 때문입니다. 이렇게 하면 당신은 겸손함을 유지할 것입니다.

대부분의 사람은 하나님을 기다리는 대신 육체로 돌아가 자신도 모르게 자신의 혼으로 사역합니다. 그들은 이제 나에게는 분명하지만 그들에게는 분명하지 않은 선을 넘습니다. 육적인 사람들은 혼의 영역으로 넘어갔을 때를 알지 못합니다. 또한 가족 구성원들과 당신이 사랑하는 사람들, 당신이 감정적으로 묶여 있는 사람들은 당신에게 영향을 미치고 하나님의 뜻에서 벗어나게 할 수 있습니다. 당신이 누군가와 감정적으로 묶여 있을 때 그것은 매우 기만적입니다. 감정이 실제이기 때문에, 당신은 그것이 하나님에게서 온 것이 아닐 때 분별할 수 없습니다. 당신은 '이것은 기분 좋게 하는데'라고 생각할 수 있습니다. 이것은 사람들이 죄에 빠지는 방식입니다.

"하나님의 말씀은 살아 있고 강력합니다. 그것은 어떤 양날 검보다도 예리하여 혼과 영과 관절과 골수를 찔러 쪼개기까지 하며, 우리 마음의 생각과 의도를 드러냅니다"(히 4:12 새생활성경).

성령은 항상 당신이 잘못된 것을 하는 것을 막기 위해 개입하시지는 않습니다. 그것은 시험이니, 당신은 멈추기를 선택해야 합니다. 당신은 당신이 하고 싶은 일이 하나님께서 이미 말씀하신 것과 일치하는지 판단하기 위해 말씀을 살펴봐야 합니다. 왜냐하면 당신의 혼은 당신을 책망하지 않을 수도 있기 때문입니다. 당신의 혼은 하나님께서 말씀하시는 것을 왜곡할 수 있습니다. 당신은 하나님의 음성을 듣고 있다고 생각할 수 있지만, 그렇지 않습니다. 당신의 혼은 매우 크게 말할 수 있습니다. 당신이 매우 감정적이거나 열정적인 사람이라면, 혼의 영역이 하나님의 음성보다 더 실제처럼 느껴질 수 있습니다. 성령은 그것을 무시하실 수 없을 것입니다. 당신은 과정을 지켜야 하고, 영 안에 머물러야 하며, 하나님의 말씀으로 하여금 그분에게서 온 것과 그분에게서 온 것이 아닌 것을 올바르게 나누도록 허용해야 합니다.

CHAPTER 13
성장에서 성숙으로

"[이는] 성도들(하나님의 백성)을 봉사의 일을 위하여 온전히 준비시키고 온전하게 하며, 그리스도의 몸[교회]을 세우기 위함이니, 마침내 우리가 다 믿음과 하나님의 아들을 아는 지식에서 하나가 되어, [영적으로 성장하여] 성숙한 신자가 되고, 그리스도의 충만하심의 분량에까지 도달하여 [그분의 영적인 온전함을 나타내고 연합 안에서 우리의 영적인 은사들을 행사하게 하려 함입니다]"(엡 4:12-13 확대역).

바울은 하늘로 끌려 올라가 교회의 신비를 보았습니다. 그는 교회와 몸에 초점을 맞췄습니다. 오중 직분은 몸을 세우기 위해 고안되었고, 성령의 은사들은 서로를 세우기 위한 것입니다.

우리는 이것을 완전히 잃어버렸습니다. 주님께서는 그리

스도의 몸이 이 성숙의 옛적 길로 돌아오기를 원하십니다. 우리가 지금 존재하는 모든 목표는 믿음과 성숙의 연합 안에서 서로를 세우는 것입니다. 그러나 우리는 몸으로서 마땅히 그래야 할 만큼 성숙하지 못하고, 연합되어 있지도 않습니다. 이것은 하나님의 잘못이 아닙니다. 이것은 오중 직분의 책임입니다. 우리는 우리가 무엇을 하고 있는지 살펴보아야 합니다. 우리는 서로를 세우고 있습니까? 우리는 우리가 어디로 가고 있는지 말하고 있습니까? 당신의 혀는 키와 같아서 당신이 말하는 것에 따라 당신의 미래를 좌우할 것입니다(약 3:4-5).

우리가 숨을 쉬고 여전히 여기에 있다면, 우리는 방향을 바꾸고, 함께 모여, 서로를 지지할 능력이 있습니다. 우리는 교회가 되어야 합니다. 우리는 교회 놀이를 하지 않습니다. 우리는 교회입니다. 우리가 모든 것을 결정합니다.

겸손은 성숙으로 이끈다

"그에게서 온 몸이 각 마디를 통하여 도움을 받음으로 연결되고 결합되어 각 지체의 분량대로 역사하여 그 몸을 자라게 하며 사랑 안에서 스스로 세우느니라"(엡 4:16).

성령께서는 당신을 겸손을 통해 성숙으로 이끄시기를 원하십니다. 한 그룹이 겸손 안에서 활동할 때, 성령께서는 모든 사람이 같은 마음을 가지고 있기 때문에 그들 사이에서 자유롭게 움직이실 수 있습니다.

그리스도의 몸은 겸손 안에서만 온전히 하나가 될 것입니다. 이러한 종류의 연합은 사람들을 교리적으로 교육하고 말씀을 아는 것으로는 이루어지지 않습니다. 성령께서는 우리 각자를 데려다가 직물처럼 서로 연결하고 결합하실 수 있게 되어야 합니다. 우리는 주님에 의해 함께 짜인 직물처럼 되도록 부름 받았습니다. 그리스도의 몸이 긴밀하게 결합될 때, 우리는 하나님의 뜻을 알고, 동의하며, 우리가 믿어왔던 것을 받을 수 있습니다. 예수님은 마가복음 9장 23절에서 "할 수 있거든이 무슨 말이냐? 믿는 자에게는 능히 하지 못할 일이 없느니라."고 말씀하십니다. 이것은 당신에게 접근 권한을 주는 암호입니다. 모든 것을 여는 마스터키입니다.

"진실로 다시 너희에게 이르노니 너희 중의 두 사람이 땅에서 합심하여 무엇이든지 구하면 하늘에 계신 내 아버지께서 그들을 위하여 이루게 하시리라. 두세 사람이 내 이름으로 모인 곳에는 나도 그들 중에 있느니라"(마 18:19-20).

나는 하나님의 성회 대학에 다니는 동안 그들의 총감독에 대한 간증을 들었습니다. 그는 위대한 사람이었는데 병에 걸려 죽어가고 있었습니다. 모든 희망이 사라진 것처럼 보였을 때, 우리 교수 중 몇 명이 모였고, 한 명이 말했습니다. "우리 운동은 하나님의 많은 초자연적인 움직임으로 시작되었습니다. 모든 창립자는 1914년 아주사 거리에서의 부흥 이후 아칸소 주 핫스프링스에 모여 이 합의서에 서명했습니다." 거기에 모인 모든 사람은 치유, 축귀, 방언을 말하는 초기 증거와 함께 성령 세례를 포함한 초자연적인 것을 믿었기 때문에 교제할 것에 동의했습니다. 심지어 존 G. 레이크도 그 문서에 서명했습니다. 비록 그는 하나님의 성회에 가입하지는 않았지만, 그 시작에 참여하고 이 회의에 참석했습니다.

현재 하나님의 성회는 초자연적인 현상에 의문을 제기합니다. 그들은 표적과 기적이 여전히 유효한지조차 확신하지 못하지만, 그 운동은 이러한 것들로 시작되었습니다. 그들은 한때 초자연적인 것이 실제라고 동의했습니다. 그래서 감독이 병원에서 죽을 준비를 하고 있을 때, 몇몇 지도자는 장례식을 계획하고 있었습니다. 교수 중 한 명이 멈춰서서 모두 손을 잡고 기도하자고 제안하며 말했습니다. "우리가 기적을 위해 하나님을 믿지 않는다면, 우리는 좋은 사람을 지금 잃을 것입니다."

그 교수가 이 제안을 하자, 모든 지도자가 죽어가는 사람의 침대 주위에 모여 영광이 임하기를 기도했습니다. 그 사람은 침대에서 일어나 완전히 치유되었습니다. 나는 이 이야기를 들었을 때 그리스도인이 된 지 1년밖에 안 되었는데, 이 이야기는 내 삶을 바꾸었습니다. 이 사람은 하나님을 사랑했던 가장 겸손한 교수 중 한 명이었습니다. 그는 하나님께서 기초적인 움직임을 시작하셨을 때의 뿌리가 있었기 때문에 수업을 가르치면서 울곤 했습니다. 나는 그 교수를 사랑했습니다.

결코 하나님을 의심하지 말고, 항상 믿어라

"예수께서 그들에게 대답하여 이르시되 하나님을 믿으라. 내가 진실로 너희에게 이르노니 누구든지 이 산더러 들리어 바

다에 던져지라 하며 그 말하는 것이 이루어질 줄 믿고 마음에 의심하지 아니하면 그대로 되리라. 그러므로 내가 너희에게 말하노니 무엇이든지 기도하고 구하는 것은 받은 줄로 믿으라. 그리하면 너희에게 그대로 되리라"(막 11:22-24).

내 인생을 바꾸는 또 다른 사건은 매우 예상치 못한 곳에서 왔습니다. 나는 거의 평생 장로교 교회에 다녔습니다. 그들은 칼뱅주의자였고, 예정설을 믿었는데, 나는 그것을 믿지 않았습니다. 나는 10살 때부터 십대 때까지 그곳에 다녔고 사람들에게 예수님을 전하고 싶었습니다. 나는 몰랐지만, 우리는 사람들에게 증언하는 것이 허용되지 않았습니다. 왜냐하면 그들은 어떤 사람들은 지옥으로 예정되어 있다고 믿었고, 우리는 그것을 방해해서는 안 된다고 생각했기 때문입니다. 나는 그것에 당혹스러웠고, 거듭남에 대해 들어본 적이 없었습니다. 아무도 나에게 증언하지 않았습니다. 나는 구원받아야 한다고 들은 적이 없었기 때문에 기적으로 구원받았습니다.

우리는 어렸을 때 매년 장로교 수련회에 갔습니다. 한번은 캠프파이어 주위에 앉아 있을 때, 한 여자 강사가 간증을 했습니다. 그녀는 우리 교회처럼 믿지 않았기 때문에 다른 교단에서 왔음에 틀림없습니다. 나는 그 강사가 누구인지 몰랐지만, 그녀는 엘리 메이 클램펫처럼 생겼고, 나는 그녀를 좋아했습니다. 그녀는 자신이 뇌종양으로 죽게 되었을 때 치유된 이야기를 나누었습니다.

나는 그저 불 옆에서 스모어(s'more)를 먹으며 그녀의 이야기를 듣고 있는 어린아이에 불과했습니다. 나는 그때는 설명할 수 없었던 무언가를 느꼈지만, 지금은 그것이 성령의 임재였다는 것을 압니다. 이 여인은 하나님께 기름 부음 받은 거듭난 그리스도인이었습니다. 그녀는 자신이 거의 죽게 되었을 때, 어떤 사람들이 큰 기름병을 들고 와서 자기 몸에 기름을 부었다고 말했습니다. 그들은 방에서 자신을 위해 기도하는 동안 그 기름을 모두 그녀에게 부었습니다. 그 후 그녀는 나아지기 시작했습니다. 의사들이 다시 CAT 스캔을 했을 때, 그들은 종양이 여전히 있지만 변했다고 말했습니다. 내가 이해하기로는, 그것이 뇌에 압력을 가하지 않을 정도로 충분히 줄어들어서 제거할 수 있었다고 합니다.

의사들이 그 여인의 뇌를 수술했을 때, 당신은 그들이 무엇을 발견했는지 믿지 못할 것입니다. 그들은 종양을 열었고, 안에는 유일하게 관유(anointing oil)가 있었습니다! 그녀는 우리 모두에게 "절대로 하나님을 의심하지 말고, 항상 믿으세요"라고 말했는데, 이것은 어린아이였던 내 삶을 바꿨습니다. 그녀의 간증은 내 안에 씨앗을 심었습니다. 그녀는 하나님께 크게 쓰임 받았지만, 매우 겸손하고 은혜로웠습니다. 그 교단은 결코 그녀가 말하도록 허락하지 않았을 것이지만, 하나님은 청소년 캠프에 그녀를 몰래 들여보내셨습니다. 그녀는 하나님께서 보내신 것이었습니다. 그것이 우리 모두가 되어야 할 방식입니다. 우리는 겸손하고 은혜로워야 합니다. 강압적으로 겸손하고 은혜로운 사람들이 되는 것이 아니라, 하나님께서 우리를 사용하실 수 있도록 그렇게 되어야 합니다. 우리는 주님께서 우리를 인도하시도록 해야 합니다.

믿음과 겸손으로 충만한 상태를 유지하며,
절대로 의심하지 않고 항상 믿는
옛적 길로 돌아가라.

주님께서 당신을 안정시키시도록 허용하라

"모든 은혜의 하나님 곧 그리스도 안에서 너희를 부르사 자기의 영원한 영광에 들어가게 하신 이가 잠깐 고난을 당한 너희를 친히 온전하게 하시며 굳건하게 하시며 강하게 하시며 터를 견고하게 하시리라"(벧전 5:10).

나는 사역과 삶의 다른 모든 측면에서 주님이 무엇을 하고 계신 지 감지하고 그에 따라 조절하는 법을 배웠습니다. 말씀 안에서 그 성숙 단계에 도달하여 그것을 당신의 기반으로 확립하면, 당신은 성령 안에서도 움직일 수 있습니다. 성령의 인도를 따라 올바르게 움직이는 것은 필수적입니다. 사탄이 하나님께서 주신 균형에서 당신을 무너뜨리려 하기 때문에 당신은 이것을 어떻게 해야 하는지 이해해야 합니다. 원수는 항상 당신을 밀거나 당기려고 할 것입니다. 그는 당신의 균형을 깨뜨리려고 합니다.

당신이 당신의 삶을 봉인하고 성령에 순종한다면, 모든 것이 안정될 것입니다. 당신의 삶이 하나님의 뜻과 일치하면, 당신의 가문에 역사하는 악한 영들이 당신 주위의 사람들을 사용하여 당신을 대적하려고 할 것입니다. 이 친숙한 영들이 당신에게 접근할 수 없을 때, 그들은 당신에게 접근하려고 당신 주위의 사람들에게로 옮겨가 그들을 괴롭히려고 할 것입니다. 그들은 당신에게 접근하려는 시도로 당신의 원에서 가장 약한 고리를 찾을 것입니다.

우리 모두는 우리 주위에 원이 있고, 주님은 나에게 이것을 구역별로 분류하라고 지시하셨습니다. 당신은 구역 A, B, C, D를 가지고 있으며, A는 당신의 가장 가까운 원을 나타내고 거기서부터 바깥으로 나아갑니다. E 그룹은 부정적이며 당신 주위에 있어서는 안 됩니다. 사람들은 그들의 성숙함과 주님과의 확고한 신뢰를 바탕으로 당신의 삶에 들어올 자격을 얻습니다. 당신은 어떤 사람을 안다고 생각할 수 있습니다. 마귀가 당신에게 직접 접근할 수 없고 당신의 구역을 통해 밖으로 나아가기 시작할 때까지 그럴 수 있습니다. 갑자기 가장 평범해 보이는 사람이 당신에게 등을 돌릴 수도 있습니다.

모든 제자는 겟세마네 동산에서 예수님을 배신하고, 그분을 버리고 도망쳤습니다(마 26:47-56 참조). 그 순간, 그들은 합격하지 못했습니다. 그들은 십자가에서 그분께 돌아왔지만, 그때는 아무것도 할 수 없었습니다 (눅 23:49 참조). 모든 사람에게는 숨통이 막히는 지점이 있지만, 당신은 시험받는 상황에 노출될 때까지 그것이 무엇인지 알지 못합니다.

압박을 받을 때는 성령으로부터 힘을 얻어 옳은 일을 해야 합니다. 사람들은 불안해할 때 종종 생존 모드로 들어갑니다. 다시 말해, 그들은 옛 행동 방식으로 돌아가는데, 이것이 바로 예수님의 제자들이 했던 행동입니다. 사람들은 보통 압박에 대해 싸우거나 도망치는 반응을 보입니다. 말고는 한 사람이 싸우는 바람에 귀를 잃었지만(요 18:10 참조), 나머지는 도망쳤습니다. 베드로는 자신이 주님을 부인하게 될 것이라고는 상상도 못 했을 것입니다. 하지만 이것이 사람들이 압박을 다루는 흔한 방식입니다.

예를 들어, 완벽한 시나리오에서는 비행기에 문제가 없을 때 롤이나 루프를 연습해도 아무 문제가 없습니다. 하지만 비행 등급을 위한 시험을 볼 때, 미국 연방 항공국(FAA)은 갑자기 바람을 추가하거나 전기 시스템을 끊어서 한쪽 엔진의 오일 압력이 떨어지도록 합니다. 그러면 계기판이 나가고, 통제력을 잃는 것처럼 느껴집니다. 압박감이 커지기 시작하고, 어떻게 반응할지 알기 때문에 자신에게 긴장을 풀라고 말해야 합니다. 그런 스트레스 아래서는 제대로 기능할 수 없기 때문입니다.

당신이 흐트러졌다고 느낄 때, 하나님의 도움 없이는 당신은 마비되어 옳은 일을 할 수 없습니다. 당신은 일정 지점 이상에서는 기능할 수 없기 때문에 결국 재앙이 될 뿐입니다. 성령께서는 당신이 다룰 수 있는 양을 늘릴 수 있도록 이러한 다양한 단계들을 통해 당신을 코치하기를 원하십니다. 그 사람이 전화를 걸거나 나타나므로 당신이 부정적으로 말하고 행동하기 시작할 때, 주님은 당신을 돕기를 원하십니다. 당신은 '왜 내가 이러고 있지?'라고 궁금해할 것입니다.

만약 어떤 사람이 두려움의 영과 같은 귀신에 억압받고 있고, 그가 어떻게든 영적으로 당신에게 붙어 있다면, 그는 영적 영역에서 당신에게 영향을 미칠 수 있습니다. 그러면 당신은 평소의 반응과는 다른 방식으로 반응할 수 있습니다. 당신은 이러한 상황에서 성령께서 당신을 자유롭게 하시도록 해야 합니다. 그래야 당신은 더는 원수에게 반응하지 않게 됩니다.

광야로 이끌리다

예수님께서는 성령에 이끌려 마귀에게 시험받기 위해 광야로 가셨습니다(마 4:1 참조). 이것은 그분께서 인간으로서 그것을 다룰 수 있다는 것을 증명하기 위해 일어나야 했습니다. 그분은 우리를 위해 이것을 하셔야 했습니다. 만약 당신이 그분과 이야기한다면, 그분은 당신이 당신 자신을 신뢰하는 것보다 더 당신을 믿고 신뢰한다고 말씀하실 것이지만, 당신이 얼마나 감당할 수 있는지도 아십니다. 그분은 항상 당신이 상황을 헤쳐 나가는 능력을 향상시켜서 불안정하게 느끼는 대신 안정될 수 있도록 하시기를 원하십니다.

"그는 허물과 죄로 죽었던 너희를 살리셨도다. 그 때에 너희는 그 가운데서 행하여 이 세상 풍조를 따르고 공중의 권세 잡은 자를 따랐으니 곧 지금 불순종의 아들들 가운데서 역사하는 영이라 전에는 우리도 다 그 가운데서 우리 육체의 욕심을 따라 지내며 육체와 마음의 원하는 것을 하여 다른 이들과 같이 본질 상 진노의 자녀이었더니"(엡 2:1-3).

악한 영들은 당신의 균형을 깨뜨리려 할 것이고, 당신을 괴롭히기 위해 가장 가까운 사람들을 계속 사용하려고 할 것입니다. 당신은 사람들과 이야기하고 그 사람들을 진정시키면서 열린 문을 봉인할 수 있습니다. 그러나 사람들이 주님께 순종하지 않는다면, 당신은 그 상황을 신뢰할 수 없는 것으로 분류하고, 그들 주위에 있을 때 그 사람을 면밀히 주시해야 합니다.

나는 해긴이 이것을 가르쳤을 때 충격을 받았습니다. 그는 가족 구성원이나 가까운 친구가 구원받지 않았다면, 그들은 악한 영을 저항할 수 없다고 말했습니다. 만약 당신이 구원받지 못한 사람이나 육적인 그리스도인 주위에 있다면, 악한 영들은 아무것도 스스로 할 수 없기 때문에 그들을 이용해 당신에게 접근하려고 영향을 미칠 것입니다. 어떤 사람이 육적이고 분별력이 부족하다면, 귀신들은 그들의 생각에 접근하여 그들이 당신에게 영향을 미치도록 특정 방식으로 행동하게 할 수 있습니다.

구원받지 못한 사람들은 악한 자를 저항할 수 없습니다. 바울은 우리가 한때 공중 권세 잡은 자의 통제 아래 있었다고 가르쳤습니다(엡 2:1-4 참조). 당신이 그를 저항하지 않았을 때, 당신은 그가 원하는 대로 행했습니다. 그러나 이제 당신은 자유롭습니다. 그러므로 당신은 겸손이 다수의 사람이 생각하는 것처럼 약한 것이 아니라는 것을 알 수 있습니다.

겸손은 능력입니다. 당신은 예수 그리스도의 권위 안에서 행합니다. 당신이 말할 때, 당신은 귀신들이 예수님을 보고 당신의 목소리에서 그분을 듣기를 원합니다. 당신은 귀신들이 당신의 말을 듣는 것을 원하지 않습니다. 왜냐하면 그것은 당신이 교만에 빠져 표적이 되었음을 의미하기 때문입니다. 당신이 스스로 교만하여 어떤 것을 행하거나 말한다면, 악한 영들은 당신의 말이나 행동에 그 자체로는 아무런 능력이 없다는 것을 감지할 수 있습니다.

원수는 겸손을 감당할 수 없다

"대신, 주 예수 그리스도의 임재로 옷 입으십시오. 그리고 당신의 악한 욕망을 채울 방법을 생각하지 마십시오"(롬 13:14 새생활성경).

당신은 악한 영들이 당신 안의 겸손을 감당할 수 없다는 것을 이해해야 합니다. 당신이 예수 그리스도 안에 온전히 헌신할 때 그들은 아무것도 할 수 없습니다. 그들은 성령의 능력을 봅니다. 당신은 하나님과 은밀한 장소에 들어가 그곳에 머무는 법을 배워야 합니다. 당신은 그리스도 안에 머무르고 흔들리지 않는 책임을 가지고 있습니다.

예수 그리스도를 위해 죽는 것은 특권일 것입니다. 그러나 나는 빨간 불을 지나갔다고 해서 죽거나, 누군가가 나를 죽게 만드는 것을 강요해서 죽지는 않을 것입니다. 나는 기꺼이 예수님을 위해 죽을 것입니다. 왜냐하면 그분 없이는 나는 아무것도 아니기 때문입니다. 만약 당신이 그분 없이 당신 자신이 대단하다고 생각하거나 다른 사람보다 더 잘할 수 있다고 생각한다면, 많은 문제에 신속히 빠질 것입니다. "교만은 패망의 선봉이요 거만한 마음은 넘어짐의 앞잡이입니다"(잠 16:18).

악한 영들은 당신이 어떻게 반응하는지 시험하여 당신이 어느 위치에 있는지 알게 됩니다. 그들은 당신의 생각을 알지 못하지만, 당신에게 생각과 감정을 투사하여 반응을 일으킵니다. 그들은 당신을 지켜보며 당신에게 익숙해지고 어떤 버튼을 누를 수 있는지 기록합니다. 그들은 당신이 그들의 전술에 유혹되거나 영향을 받을 수 있는지 관찰합니다. 만약 당신이 그러한 감정과 생각에 반응한다면, 그들은 당신에게 접근할 수 있다는 것을 알고 그 영역에서 거절의 순환(cycle of rejection)을 시작합니다. 곧 시험과 유혹에서 넘어짐, 범죄 등으로 반복합니다. 당신은 이것을 인지하고 반응하지 않는 것이 최선의 선택임을 알아야 합니다. 기억하십시오. 귀신들은 당신의 생각을 알지 못합니다.

> **"깨어나십시오! 여러분의 큰 원수 마귀를 경계하십시오. 그는 울부짖는 사자처럼 돌아다니며 삼킬 자를 찾고 있습니다"**(벧전 5:8 새생활성경).

원수는 당신이 예측 가능하게 반응하기를 원하므로, 귀신들은 당신을 거절의 순환에 몰아넣습니다. 일반적으로 당신은 21일 안에 습관이나 중독을 끊을 수 있습니다. 21일을 극복하면 대부분의 악한 영들이 포기하기 때문에 더 쉬워집니다.(단 10:13 참조) 당신이 그들을 저항하면, 그들은 팀을 이루어 더 강력한 존재를 데려올 수도 있습니다. 대부분의 경우, 악한 영들은 포기하고 더 약한 자를 찾아 나설 것입니다. 그들은 삼킬 자를 찾고 있습니다. 만약 당신이 삼킬 수 없는 존재라면, 그들은 그냥 사라질 것입니다. 당신은 겸손을 유지하고 마귀에게 반응하지 않아야 합니다. 마귀가 당신을 시험할 때 당신은 반응해서는 안 됩니다.

원수가 도망칠 때까지 대적하는
옛적 길로 돌아가라!

악한 영들은 자신들에게 반응하지 않는 그리스도인에게 무엇을 해야 할지 모릅니다. 대부분의 귀신은 누군가가 저항하거나 강력하게 나올 때 놀랍니다. 믿는 자가 영향을 받기를 거부할 때, 악한 영들에게는 플랜 B가 없습니다. 귀신들은 보통 그리스도인을 거절의 순환에 빠뜨리려는 첫 번째 시도에서 성공합니다. 그들은 누군가가 하나님의 말씀으로 자신들을 저항하며 "아니, 이것은 이렇고, 여기서는 내가 상사다"라고 말할 때 발끈합니다. 당신이 반응하지 않으면 그들은 당신을 내버려두고 다른 사람에게 갈 것입니다.

"그러나 그가 붙잡히면, 훔친 것의 일곱 배를 갚아야 하며, 심지어 집에 있는 모든 것을 팔아야 할지라도 그렇게 해야 한다"(잠 6:31 새생활성경).

당신이 겸손하게 성령의 말씀을 듣고, 예컨대 그 사람을 때리고 싶어도 반응하지 않기로 결정한다면, 주님은 당신에게 상을 주실 것입니다. 나는 항상 원수에게 "그게 다냐? 네가 가진 게 그것뿐이냐?"라고 말합니다.

귀신들은 '농담하는 거지'라고 생각합니다. 나는 원수가 나에게서 훔친 것의 일곱 배를 나에게 갚고, 그의 집에 있는 가구까지도 갚을 것이라고 선언합니다. 왜냐하면 도둑은 잡히면 훔친 것의 일곱 배를 갚아야 하기 때문입니다.

귀신들은 나에게 "오, 너는 은퇴할 돈을 못 받을 거야. 너는 은퇴 자금이 없을 거야"라고 말하곤 했습니다.

나는 "이제 두 배가 되었다"라고 대답했고, 특정 금액을 믿었습니다. 그들은 내가 그것도 얻지 못할 것이라고 말했고, 그래서 나는 "글쎄, 다시 두 배가 되었네. 계속 말해봐"라고 말했습니다. 내 은퇴 자금은 원래 금액의 네 배로 늘어났습니다. 주식은 13번 분할되었고, 나는 한 푼도 투자하지 않았습니다. 그것이 최고점에 도달했을 때, 나는 마귀로부터 단 한 마디도 더 듣지 못했습니다. 왜냐하면 나는 계속해서 두 배로 늘렸기 때문입니다.

방언으로 기도하는 것도 마찬가지였습니다. 원수는 나에게 "방언은 쓸모 없어"라고 말하곤 했습니다. 나는 그때부터 두 시간 동안 방언으로 기도하기 시작했고, 시간을 늘려 14시간까지 기도했습니다. 다시 한번, 나는 그 마귀에게서 단 한 마디도 듣지 못했습니다. 왜냐하면 그들은 당신이 방언으로 기도하는 것을 원하지 않기 때문입니다. 그들은 또한 당신이 재정을 믿는 것을 원하지 않습니다. 사람들은 원수에 대한 권위를 가지고 있지만, 우리 대부분은 그것을 알지 못합니다. 악한 영들은 그들의 계획이 역사하도록 하기 위해서는 당신으로 하여금 그들의 계획에 동의하도록 해야 합니다.

많은 문제가 당신의 삶에 허용된 것은 당신이 그것들에 동의했기 때문입니다. 예를 들어, 당신이 책을 출판하고 그것이 베스트셀러가 될 것이라고 생각하지 않는다면, 아마도 그렇게 될 것입니다. 당신은 원수의 거짓말에 동의하고 있다는 것을 깨닫지 못했습니다. 로마서 8장 11절에 따르면, 예수님을 죽은 자 가운데서 살리신 동일한 능력이 우리 안에 거하며, 이 능력은 우리의 죽을 몸을 살릴 수 있습니다.

예수님의 몸을 통해 넘쳐 흘러 그분을 죽은 자 가운데서 살리신 동일한 능력이 당신 안에 있습니다. 그 능력은 당신을 치유하기를 원합니다. 성령은 시험과 연단을 통해 우리를 성숙으로 이끄시고, 연합과 하나됨으로 이끄시기를 원하십니다.

우리는 겸손해야 하고, 성령께서 자유롭게 움직이시도록 허용해야 하며, 일치 안에서 서로를 세우는 이 옛적 성숙의 길로 돌아가야 합니다.

CHAPTER 14
거룩한 제단들을 되찾다

"여호와께서 아브람에게 나타나 이르시되 내가 이 땅을 네 자손에게 주리라 하신지라. 자기에게 나타나신 여호와께 그가 그 곳에서 제단을 쌓고"(창 12:7).

하나님께서는 우리를 거룩한 제단으로 다시 데려오십니다. 제단은 하나님께서 기념물을 만들기로 선택하실 때 세워지는데, 그것은 기억의 장소 또는 접근 지점입니다. 제단은 신성합니다. 당신은 주님을 만나고 제단을 세울 때 자신을 그 제단에 연결해야 합니다.

"주 너의 하나님이 너 승리하는 용사의 가운데 계신다. 그분이 너로 말미암아 기쁨을 이기지 못하시며, 너를 잠잠히 사랑하시며, 너로 말미암아 즐거이 부르며 기뻐하시리로다"(습 3:17

새미국표준성경).

우리 각자를 향한 하나님의 계획은 처음부터 세워졌습니다(엡 1:4 참조). 내가 하나님의 성회 대학에 다닐 때, 나는 주님께서 나를 새 이름으로 부르시는 경험을 했습니다. 그 이름은 흰 돌에 기록되어 있습니다(계 2:17 참조). 하늘에서는 우리 모두가 새 이름이 적힌 흰 돌을 받을 것입니다. 나의 돌은 이 환상에서 나에게 주어졌고, 그 위에는 "승리"(Victory)라고 적혀 있었습니다. 나는 내가 승리하는 용사라고 들었고, 이것이 내가 우리 사역을 워리어 노트(Warrior Notes)라고 명명하게 된 이유입니다. 그것은 용사의 기록(notes)입니다.

주님께서 나를 하늘에서 돌려보내실 때, 그분은 내가 실패할 수 없다고 말씀하셨습니다. 아무도 그렇게 나에게 말한 적이 없었습니다. 사람들은 모두 내가 실패할 것이라고 말했습니다. 내가 태어난 순간부터 사람들은 내가 어떤 것에서도 성공하지 못하게 하는 것을 그들의 임무로 삼은 것 같았습니다. 나는 많은 사람이 이것에 공감하기 때문에 당신을 격려하기 위해 이것을 나눕니다. 나는 내 삶의 다양한 시기에 다른 제단들이 세워졌다는 것을 알았습니다. 예를 들어, 나는 전투기를 조정할 수 있는 기장 자격을 받았습니다. 민간인이 군용 제트기를 비행하는 것은 전례 없는 일이지만, 그것을 소유하고 나에게 빌려준 단체는 승리 항공(Victory Aviation)이라고 불렸습니다.

주님은 이러한 종류의 표지를 흔히 사용하십니다. 종종 주님께서 나에게 말씀하셨을 때, 내가 시계를 보면 시간이 오전

4시 44분 또는 오후 4시 44분입니다. 이것은 항상 일어납니다. 나는 미신을 믿지 않습니다. 나는 초자연적인 것을 믿습니다! 이것은 캐시와 나에게 자주 일어났고, 444는 그녀가 가장 좋아하는 숫자가 되었습니다. 우리는 심지어 그것을 우리 사역에 다양한 방식으로 통합할 수 있었습니다. 즉, 제단과 우리에게 주신 그분의 약속의 기념물로 말입니다. 나는 제단이 반드시 홈디포(Home Depot)에서 건축용으로 구매하여 가져오는 돌이 아니라는 것을 나누는 것입니다.

주님은 우리가 항상 다시 방문할 수 있도록 닻을 세우고 기념물을 만들기를 원하십니다. 나는 주님께서 워리어 노트 선교회를 시작하게 하신 그분의 방문을 항상 되돌아봅니다.

내가 첫 책을 쓰기 전에, 나는 내가 본 환상을 바탕으로 영화 대본을 만들었습니다. 그 영화는 십대 소년들 그룹에 관한 것이었습니다. 소년 중 한 명이 잠에서 깨어났을 때, 그는 자신의 책상에서 일기장을 발견했습니다. 그가 그것을 살펴보았을 때, 그것에는 날짜와 시간을 포함하여 친구 그룹과 이전에 일어났던 모든 일이 기록되어 있었습니다.

십대 소년이 발견한 일기장에는 "그들이 자전거를 타고 가다가 맞을 뻔했을 때 내가 개입해서 막아줬어"라거나 "나는 이것이 일어나는 것을 막았고, 그들의 부모에게 돈을 주었어"와 같은 코멘트가 포함되어 있었습니다. 그들에게 지정된 전투 천사가 실수로 이 일기장을 두고 갔습니다. 이 기록들은 이 아이의 책상에 남겨져 그가 접근할 수 있도록 했습니다.

"당신은 제가 저 자신이 되기 전에 저를 누구로 창조하셨는지 보셨습니다! 제가 태어나기 전부터, 당신이 저를 위해 계획하신 날들의 수가 이미 당신의 책에 기록되어 있었습니다"(시 139:16 더패션성경).

영화는 이 아이들의 전체 이야기를 다루지만, 실제로는 워리어 노트의 종말 시나리오입니다. 소년은 일기장을 넘겨 현재에 도달하고, 일기장은 아직 일어나지 않은 이야기들을 말합니다. 그는 일이 일어나기 전에 알게 되었고, 그래서 아이들은 모여서 마을마다 다니며 전도하기 시작했습니다. 주님은 이것이 다음 세대가 될 것이라고 말씀하셨습니다. 그분은 나에게 아이들을 초자연적으로 성령 안에서 행하도록 훈련하라고 말씀하셨습니다. 영화의 끝에서, 소년은 하늘에 있고, 그는 그 책을 천사에게 돌려주며 "이것은 당신 것 같아요"라고 말합니다.

천사는 "아니, 네 것이야"라고 대답했고, 그 책에는 소년의 이름이 적혀 있었습니다. 그것은 그의 책이었고, 천사는 단지 그 사건들이 일어나게 하고 있었습니다.

"주님의 지시를 따르고, 온전한 길을 걷는 사람들은 복이 있도다. 주님의 법을 지키고 온 마음으로 그분을 찾는 사람들은 복이 있도다. 그들은 악과 타협하지 않고, 오직 그분의 길로만 걷는다"(시 119:1-3 새생활성경).

영화 계약을 협상할 때, 제작자는 나에게 많은 부분을 변경하라고 요구했고, 그래서 나는 거절하고 큰 계약을 포기했습니다. 이것은 내 책에서도 마찬가지였습니다. 그들은 내용의 일부를 변경하기를 원했습니다. 나는 영화를 위해 유명한 제작자와, 책을 위해 출판사와 함께 일할 수 있었겠지만, 그들의 이름을 언급하지는 않겠습니다.

주님은 "아니, 모든 내용을 변경하지 않을 사람을 찾아야 한다"라고 말씀하셨습니다. 처음에는 내가 직접 책을 출판했고, 영화를 만들지 않았으며, 수백만 달러를 포기했습니다.

영화와 책에 관하여, 천사들의 무리가 나에게 나타나 "누구도 이것들에 손대게 하지 마라. 하늘에 계신 너의 아버지께서 너를 신뢰하시기 때문에 이것들을 너에게 주셨다. 어떤 사람도 이것들에 손대지 못할 것이다"라고 말했습니다.

책을 쓴 후, 나는 TBN(트리니티 방송 네트워크)에 출연했고, 그 다음에는 시드 로스의 '이것은 초자연적이다!'에 출연했습니다. 시드와 함께 일했던 피디 중 한 명이 내가 TBN에 출연했을 때 그 장면을 보았습니다.

주님께서 이 피디에게 말씀하셨고, 그는 시드에게 "이 사람은 진짜다"라고 말했습니다. 이에 시드 측에서 나에게 전화했습니다. 이것이 또한 내가 데스티니 이미지 출판사 및 해리슨 하우스 출판사와 연결된 방식입니다. 그들은 아무것도 변경하기를 원하지 않았습니다. 그들의 비전은 주님께서 주신 대로 진정성을 유지하는 것이었습니다. 우리는 오늘 워리어 노트 선교회의 진실성 때문에, 그리고 우리가 우리 길을 지켰기 때문에 압도적으로 축복받았습니다.

주님과의 만남

"또 주께서 이르시되 그 날 후에 내가 이스라엘 집과 맺을 언약은 이것이니 내 법을 그들의 생각에 두고 그들의 마음에 이것을 기록하리라. 나는 그들에게 하나님이 되고 그들은 내게 백성이 되리라, 또 각각 자기 나라 사람과 각각 자기 형제를 가르쳐 이르기를 주를 알라 하지 아니할 것은 그들이 작은 자로부터 큰 자까지 다 나를 앎이라"(히 8:10-11).

주님은 나에게 제단 시간을 만들라고 말씀하셨습니다. 제단 시간은 집에서도 예배하고, 주님께 반응하고, 그분 앞에 서는 시간입니다. 당신이 알듯이, 교회들에서 제단 시간(개인적인 경건의 시간)은 거의 사라졌습니다. 주님은 나에게 사람들에게 제단에서 함께하는 친밀한 시간을 다시 주라고 지시하셨습니다. 해긴은 목사로서 제단 시간을 가졌다고 수업 시간에 말했습니다. 그는 설교 후 모든 사람에게 주님을 만나러 나오라고 요청했습니다. 레마에서는 제단 시간을 위해 앞에 반쯤 크기의 작은 벤치들이 있었는데, 나는 그것을 다시 가져오고 싶습니다.

해긴은 사람들에게 제단에서 반응할 시간을 주는 것이 주간 상담의 필요성을 극적으로 줄였다고 말했습니다. 사람들이 그에게 다가와 대화를 요청했을 때, 그는 그들에게 예배 후에 돌아오라고 말하며 "우리는 여기서 계속해야 합니다"라고 말했습니다.

나가는 길에 사람들은 "목사님과 이야기할 필요가 더는 없어요. 주님께서 저에게 말씀하셨어요"라고 말하곤 했습니다.

나는 '저건 완벽해. 그래야 하지'라고 생각했습니다. 나는 사람들이 진리가 적용 가능하다는 것을 교육하여 하나님을 만나고 그분에게서 들을 수 있도록 하고 싶습니다. 당신은 선지자가 필요 없습니다. 당신이 선지자를 찾는다면, 선지자가 아닌 사람을 만날 수도 있습니다.

제단 시간의 경험을 통해
주님께 반응하는
옛적 길로 돌아가라.

"그러므로 형제들아, 예수의 피를 힘입어 지성소에 들어갈 담력을 얻었으니, 그가 우리를 위하여 휘장 곧 자기 육체를 통하여 열어 놓으신 새롭고 산 길이요"(히 10:19-20).

신약 성경의 선지자는 하나님께서 당신에게 이미 말씀하신 것을 확인하는 역할을 해야 합니다. 신약 성경에서 우리는 지극히 높으신 하나님의 선지자, 제사장, 왕입니다. 예수님께서 우리를 아담보다 더 나은 상태로 회복시키셨다는 것을 기억하십시오(롬 5:12-19 참조).

내가 하늘에 있었을 때, 나는 예수님께서 그분의 피를 통해 우리를 위해 새롭고 산 길을 여셨다는 것을 보았습니다. 우리는 예수님이 계신 지성소로 곧장 들어갈 수 있습니다. 당신은 제사장, 왕 또는 선지자를 통해서 그분께 나아갈 필요가 없습니다. 문에는 아무도 없습니다. 문은 활짝 열려 있고, 당신은 그냥 아무런 예고 없이 들어갈 수 있습니다.

라이프지(Life Magazine)에 존 F. 케네디의 유명한 사진이 있습니다. 그의 아들 주니어는 아빠가 앉아 있는 책상 아래에서 작은 빨간색 소방차를 가지고 놀고 있습니다. 그 작은 소년은 집무실(Oval Office)에 들어갈 허락을 받을 필요가 없었습니다. 그는 단지 아빠가 일하는 동안 아빠 앞에서 노는 것을 즐기고 있었습니다. 나는 그것에 매우 감동받았습니다. 그것은 우리 아버지의 보좌에 대한 우리의 접근권을 상기시켜 주었습니다.

위조된 제단을 드러내다

"우리의 싸움은 혈과 육에 대항하는 것이 아니라[육체적인 적들과만 싸우는 것이 아니라], 통치자들과 권세들과 이[현재의] 어둠의 세상 권세들과 하늘에 있는 (초자연적인) 악의 영적 세력들에게 대항하는 것입니다"(엡 6:12 확대역).

북부 쿠웨이트와 이라크에서는 이상한 초자연적인 현상들이 많이 일어납니다. 왜냐하면 그곳은 고대 바벨론의 옛 위치였기 때문입니다. 그 당시 그곳에 살았던 사람들은 니므롯의 지도 아래 하늘 영역과 접촉하기 위해 탑을 건설하려고 시도했습니다. 그래서 주님은 혼란을 가져다 주고 그들을 흩어지게 하기 위해 그들에게 다른 언어들을 주셔야 했습니다(창 10:8-11, 11:1-9).

이 탑들을 통해 영적인 관문들(gateways)이 만들어졌고, 이것은 이런 이상한 사건들을 설명해줍니다. 이 탑들은 하늘에 도달하기 위해 설계된 것이 아니었습니다. 그들은 하늘과 접촉을 시도했습니다. 그들은 하늘과 불법적으로 접촉하기 위해 불경한 통로들(portals)을 만들었습니다. 이러한 관문들은 인간에게 허용되지 않은 지구의 부분과 다른 영역에 대한 접근을 허용했습니다.

이집트인들이 고대 바벨론이 있던 곳에 정착했을 때, 그 피라미드들은 이미 그곳에 있었습니다. 그들은 다른 피라미드들을 만들려고 시도했지만, 그것들은 열등했습니다. 그들은 그것들이 원래 무엇에 사용되었는지 몰랐습니다. 우리는 오늘날 피라미드를 지을 수 없습니다. 왜냐하면 '강한 자들'이라고 불리는 존재들이 그것들을 초자연적으로 지었기 때문입니다. 니므롯은 그 강한 자들 중 한 명이었습니다. 그는 히브리어로 '하야 기보르'(hāyâ gibôr)[11]였는데, 고대의 영웅 중 한 명이었습니다.

주님께서 창세기 11장에서 탑을 건설하려 했던 사람들을 흩으셨을 때, 니므롯은 동쪽으로 도망쳐 길가메시로 이름을 바꾸었습니다. 당신은 '길가메시 서사시'(Epic of Gilgamesh)에서 그에 대해 읽을 수 있습니다. 그는 최초의 프리메이슨(Freemason)이었고 일종의 적그리스도였습니다. 프리메이슨들은 그의 이니셜 G를 길가메시를 상징하는 그들의 컴퍼스 상징

---

11 "렉시콘: Strong's H1961-hāyâ," Blue Letter Bible, 2024년 1월 2일 접속, https://www.blueletterbible.org/lexicon/h1961/kjv/wlc/0-1/; "렉시콘: Strong's H1368 - gibôr," Blue Letter Bible, 2024년 1월 2일 접속, https://www.blueletterbible.org/lexicon/h1368/kjv/wlc/0-1/.

안에 넣습니다. 이것은 흔한 지식이 아닙니다. 왜냐하면 원수는 어둠 속에 숨어 있기를 좋아하기 때문입니다.

"회당에 더러운 귀신 들린 사람이 있어 크게 소리 질러 이르되 아 나사렛 예수여 우리가 당신과 무슨 상관이 있나이까? 우리를 멸하러 왔나이까? 나는 당신이 누구인 줄 아노니 하나님의 거룩한 자이니다. 예수께서 꾸짖어 이르시되 잠잠하고 그 사람에게서 나오라 하시니 귀신이 그 사람을 무리 중에 넘어뜨리고 나오되 그 사람은 상하지 아니한지라"(눅 4:33-35).

지배력을 확립하다

아브라함은 갈대아 우르에 살았습니다(창 11:31 참조). 그래서 오늘날로 따지면 그는 이라크인이었을 것입니다. 그는 니므롯이 한때 숨어 있던 곳으로 옮겨졌습니다. 하나님은 그를 변화시키셨고 그에게서 한 민족을 만드셨습니다. 주님은 그를 사용하여 니므롯, 즉 프리메이슨 계보의 영인 길가메시에 대항하게 하셨습니다. 이것은 이해하기 쉽지만, 우리는 너무나 복잡하게 만들어서 놓쳤습니다.

"거기서 벧엘 동쪽 산으로 옮겨 장막을 치니 서쪽은 벧엘이요 동쪽은 아이라. 그가 그 곳에서 여호와께 제단을 쌓고 여호와의 이름을 부르더니"(창 12:8).

아브라함이 벧엘에 갔을 때, 주님은 그곳에 제단을 쌓으라고 지시하셨습니다. 아브라함은 하나님의 말씀에 순종하여 돌들을 모았고, 그곳에서 그분을 경배했습니다. 그는 나중에 몇 번 더 그곳에 갔고, 우리가 6장에서 논의했듯이 그의 아들 이삭도 그곳으로 갔습니다. 흥미롭게도, 아브라함과 이삭은 모두 똑같은 긍정적이고 부정적인 상황을 겪었습니다. 같은 왕이 아브라함의 아내와 이삭의 아내를 원했고, 그들은 둘 다 자신들의 아내를 여동생이라고 속였습니다(창 20:1-18, 26:1-11 참조).

하나님께서 한 가문에서 역사하실 때, 일반적으로 삼대 째는 하나님이 과거에 그 가문에 하신 일을 잊습니다. 이삭의 아들 야곱이 형 에서를 피해 도망쳤을 때 벧엘에서 잠들었는데, 하나님이 거기에 계신 것을 몰랐습니다. 우리는 이전에 그가 돌로 베개를 삼았다는 것과, 아마도 그의 할아버지가 제단을 쌓았던 돌 중 하나였다는 것과, 그가 그 돌을 베고 잠들었다고 논의했습니다. 그는 천사들이 자신에게 오르락내리락 하는 꿈을 꾸었습니다(창 28:10-22 참조).

"또 이르시되 진실로 진실로 너희에게 이르노니 하늘이 열리고 하나님의 사자들이 인자 위에 오르락 내리락 하는 것을 보리라 하시니라"(요 1:51).

거룩한 제단이 세워진 곳에서는 천사들이 하늘에서 그곳으로 오르락내리락 합니다. 야곱이 아브라함 이후 세 번째 세대였듯이, 교회는 지금 세 번째 세대에 있습니다. 우리는 우리에게 주어진 옛적 길을 잊었습니다. 야곱은 두 번째로 하나님과 만나고 그분과 씨름하여 이겼습니다. 주님은 그가 더는 야곱이라 불리지 않고 이스라엘이라 불릴 것이라고 말씀하셨습니다.

"그가 이르되 네 이름을 다시는 야곱이라 부를 것이 아니요 이스라엘이라 부를 것이니 이는 네가 하나님과 및 사람들과 겨루어 이겼음이니라"(창 32:28).

우리 세대는 지금 야곱과 같지만, 우리는 이스라엘이 되어야 합니다. 우리는 잠이 들어 우연히 벧엘에 이르게 되었습니다. 우리는 돌을 잡고 베개로 사용했습니다. 나는 그 제단 돌 위에 그러한 기름부음이 있었다고 믿습니다. 그것은 기념하는 장소였고, 야곱이 그것을 발견한 것은 우연이 아니었습니다. 하나님께서 말씀하시면, 그분은 그것을 이루셔야 합니다(사 55:11 참조).

주님은 아브라함에게 그의 후손에 관한 말씀을 주셨고, 그의 손자인 야곱은 벧엘로 가야 했습니다. 야곱은 할아버지의 제단에 대해 몰랐지만, 그것을 발견했습니다. 그는 천사들을 보았을 때 우리 세대를 대표하는 진술을 했습니다. "나는 하나님께서 이 장소에 계신 것을 몰랐다." 우리는 야곱처럼 같은 말을 하고 있습니다. 그러나 우리는 유산을 가지고 있고 하나님께서 여기에 계심을 알아야 합니다.

*우리 앞서 간 사람들의 제단과
기름 부음의 잔재를 분별하는
옛적 길로 돌아가라.*

하나님께서 특정 지역에서 움직이실 때, 사탄은 그 도시들에 정착하여 그분을 대적하여 일합니다. 거인들은 약속의 땅에서 이스라엘 자손들보다 앞서 자신들을 배치하는 방법을 어떻게 알았을까요? 원수의 전략은 더러운 영들을 가진 거인들이 그들과 싸우게 하여 그들을 막으려는 것이었습니다. 혼혈 거인 종족들이 이스라엘 백성들이 도착하기 전에 이미 그곳에 있었다는 점에 유의하십시오. 여호수아는 이스라엘 백성들이 가나안으로 건너갔을 때 도시마다 다니며 이 거인들을 멸해야 했습니다(수 11:16-23 참조).

"그러나 책망을 받는 모든 것은 빛으로 말미암아 드러나나니 드러나는 것마다 빛이니라. 그러므로 이르시기를 잠자는 자여 깨어서 죽은 자들 가운데서 일어나라. 그리스도께서 너에게 비추이시리라 하셨느니라. 그런즉 너희가 어떻게 행할지를 자세히 주의하여 지혜 없는 자 같이 하지 말고 오직 지혜 있는 자 같이 하여 세월을 아끼라. 때가 악하니라"(엡 5:13-16).

원수는 미국에서도 같은 전략을 사용했습니다. 사람들이 자유를 찾기 위해 유럽에서 건너오자마자, 사탄적인 비밀결사들이 들어왔습니다. 프리메이슨들은 워싱턴 D.C.를 설계했고, 니므롯의 적그리스도의 영의 영향을 받는 가톨릭 교회도 마찬가지입니다. 나는 이것에 대해 수년 동안 알고 있었지만, 많은 것을 말하지 않았습니다. 그러나 이제 나는 더 자유롭게 말하도록 허락을 받았습니다. 사람들은 깨어나야 합니다. 그래서 나는 원수를 드러내도록 허락을 받았습니다. 당신이 영적으로 잠들어 있다면, 깨어나야 합니다.

제자 삼는 일에 집중하라

"그러므로 너희는 가서 모든 민족을 제자로 삼아 아버지와 아들과 성령의 이름으로 세례를 베풀고 내가 너희에게 분부한 모든 것을 가르쳐 지키게 하라. 볼지어다. 내가 세상 끝날까지 너희와 항상 함께 있으리라 하시니라"(마 28:19-20).

우리는 원수의 계략을 알아야 하지만, 그것에 사로잡히지 않아야 합니다. 주님은 나에게 복음을 전하고 제자를 삼는 데 집중하라고 말씀하셨습니다. 그분은 "개종자를 만들지 말고, 제자를 삼아라."고 말씀하셨습니다. 다시 말해, 우리는 사람들을 단지 믿게 하는 것만이 아니라 하나님의 길을 걷도록 훈련해야 합니다. 믿지 않는 신자들이 있는데, 이것은 새로운 하이브리드 종족입니다. 당신은 믿지 않는 신자가 되고 싶지 않을 것입니다. 그들은 비밀스러운 사람들의 그룹입니다.

원수를 정복하는 유일한 방법은 영적으로 문제를 처리하는 것입니다. 당신은 악한 영들을 그들이 사용하는 사람들로부터 분리해야 합니다. 당신은 귀신들을 묶음으로써 그들에게 대항해야 합니다(막 3:27 참조). 그리고 나서 당신은 그 사람들에게 가서 그들의 영이 아닌 그들의 혼을 얻어야 합니다. 어떤 사람이 거듭나지 않았다면, 당신은 영 대 영으로 소통할 수 없습니다. 당신은 당신의 영으로 그들의 혼에 말하게 됩니다.

솔로몬은 잠언 11장 30절에서 '혼들'(souls, 새킹제임스역)을 얻는 자는 지혜롭다고 말했습니다. 솔로몬 시대에는 거듭남의 경험이 없었습니다. 그렇다면 그가 말한 것은 무엇을 의미하는 것이었을까요? 그가 사용한 히브리어 '혼'은 '네페쉬'(nep̄eš)[12]인데, 이는 인간의 심리적인 부분을 일컫습니다. 만약 당신이 어떤 사람의 혼(마음, 의지, 감정)을 얻는다면, 당신은 현명한 사람입니다. 왜냐하면 당신은 그들과 동기화될 것이기 때문입니다. 우리는 신약 시대의 신자들로서 사람들을 먹이고, 사랑하고, 친구가 되고, 교제나 교회에 초대하고, 복음을 전하여 거듭나게 함으로써 그들의 영혼을 얻고 싶어 합니다.

나는 직장에서 정기적으로 사람들의 혼에 사역했습니다. 나는 그들을 칭찬하고 할 수 있는 모든 것을 도왔습니다. 어떤 이가 시계가 필요하면 내 시계를 주었습니다. 농담이 아닙니다. 어떤 대가를 치르더라도 그렇게 했습니다. 나에게는 백만장자 친구가 있었는데, 그의 어머니는 나를 캐시에게 소개해 준 분입니다. 나는 이 친구와 외출했던 것을 기억합니다. 그는 항상 밥값을 내고 싶어 했습니다. 나는 그에게 "아니야, 아니야, 내가 점심을 살게. 내가 계산할게"라고 말했고, 이에 그는

---

12 "렉시콘: Strong's H5315-nep̄eš," Blue Letter Bible, 2024년 2일 접속, https://www.blueletterbible.org/lexicon/h5315/kjv/wlc/0-1/.

감동을 받고 눈물을 흘리기 시작했습니다. 아무도 그에게 점심을 사준 적이 없었습니다. 왜냐하면 그들은 그가 부자라는 이유로 밥값을 항상 그가 낼 것이라고 생각했기 때문입니다. 나의 말은 그에게 사역했고 그의 혼을 얻었습니다.

왜 우리는 제단이 필요한가?

우리는 예수님께서 영원한 대제사장이 되셨고 그분의 피가 영원히 단번에 드려졌다는 것을 알기에, 어떤 사람들은 왜 지금 제단이 필요한지 궁금해할 수도 있습니다. 그것은 이제 우리가 겸손한 마음과 주님을 경외하는 마음으로 예배하며 하나님께 나아가야 하기 때문입니다. 당신은 은밀한 장소에서 기도하는 시간 동안 주님께 제단을 만듭니다.

구약 시대의 족장들처럼, 이것은 거룩한 장소였고, 그들이 제단을 쌓음으로써 하나님을 존경했던 시간과 장소였습니다. 그들이 성막에 들어갔을 때, 제단과 기념물이 있었습니다. 그들은 그곳에서 하나님을 존경하기 위해 왔습니다.

"또 다른 천사가 와서 제단 곁에 서서 금 향로를 가지고 많은 향을 받았으니 이는 모든 성도의 기도와 합하여 보좌 앞 금 제단에 드리고자 함이라. 향연이 성도의 기도와 함께 천사의 손으로부터 하나님 앞으로 올라가는지라"(계 8:3-4).

그러므로 만약 우리가 구약 시대에 요구되었던 방식으로 피와 동물로 희생제물을 드리지 않는다면, 제단의 현재 연관

성은 무엇일까요? 주님은 나에게 하늘의 제단이 이미 준비되어 있다는 것을 보여주셨습니다. 당신이 기도하고 하나님을 예배할 때, 그 제단에서 나오는 향은 하늘의 성도들의 찬양, 예배, 기도와 섞여 하나님께 올라가고, 그분은 그것들을 맡으실 수 있습니다.

제단은 매우 거룩한 장소입니다. 주님은 나에게 당신이 오직 주님만을 위한 제단을 만들 것을 권유하시기를 원하십니다. 그것은 당신이 기도하고 그분을 찾는 제단, 즉 당신이 마음을 따로 떼어놓고 예배의 분위기를 만들고 다른 모든 것을 차단하는 제단입니다. 그것은 방해받지 않는 예배의 은밀한 장소입니다.

교회 예배 후에는 제단으로 가서 기도하고 하나님을 찾는 시간을 갖는 것이 중요합니다. 이 시간 동안 당신은 예배와 메시지를 묵상하고 하나님을 찾을 수 있습니다. 제단은 매우 중요합니다. 하나님께서는 우리에게 거룩한 장소에서 무릎을 꿇고 그분을 찾을 수 있는 능력을 주셨습니다.

"노아가 여호와께 제단을 쌓고 모든 정결한 짐승과 모든 정결한 새 중에서 제물을 취하여 번제로 제단에 드렸더니 여호와께서 그 향기를 받으시고 그 중심에 이르시되 내가 다시는 사람으로 말미암아 땅을 저주하지 아니하리니 이는 사람의 마음이 계획하는 바가 어려서부터 악함이라. 내가 전에 행한 것 같이 모든 생물을 다시 멸하지 아니하리니"(창 8:20-21).

구약 시대에 사람들은 하나님께서 자신들의 기도를 들으

신다는 것을 알았습니다. 그들은 제단의 중요성을 인식했습니다. 창세기 8장 20절에서 노아는 주님께 제단을 쌓고 희생제물을 드렸고, 그 향기가 그분께 올라갔습니다. 그래서 이제 우리가 기도하고 예배할 때, 우리의 존재에서 나오는 그 향기가 하나님의 콧구멍으로 올라갑니다.

"여호와께서 아브람에게 나타나 이르시되 내가 이 땅을 네 자손에게 주리라 하신지라. 자기에게 나타나신 여호와께 그가 그 곳에서 제단을 쌓고 거기서 벧엘 동쪽 산으로 옮겨 장막을 치니 서쪽은 벧엘이요 동쪽은 아이라. 그가 그 곳에서 여호와께 제단을 쌓고 여호와의 이름을 부르더니"(창 12:7-8).

우리는 아브라함이 제단을 예배의 장소이자 기억의 장소로 쌓았다는 것을 알 수 있습니다. 아브라함은 계속해서 하나님을 찾고 그분의 이름을 부르기 위해 제단을 쌓았습니다. 창세기 22장에서 하나님은 아브라함에게 아들 이삭을 희생제물로 바치라고 말씀하셨습니다. 그래서 아브라함은 산꼭대기에 제단을 쌓았습니다. 그는 아들 이삭을 묶어 제단 위에 눕혔습니다. 물론 하나님은 아브라함이 아들을 죽이는 것을 막으셨습니다. 그러나 여기서 요점은 우리가 우리 자신을 드릴 수 있다는 것입니다. 우리는 산 위의 이러한 장소들에서 우리의 예배와 찬양을 그분께 드릴 수 있습니다.

"그러므로 형제들아 내가 하나님의 모든 자비하심으로 너희를 권하노니 너희 몸을 하나님이 기뻐하시는 거룩한 산 제물로 드리라. 이는 너희가 드릴 영적 예배니라. 너희는 이 세대를 본받지 말고 오직 마음을 새롭게 함으로 변화를 받아 하나님의 선하시고 기뻐하시고 온전하신 뜻이 무엇인지 분별하도록 하라"(롬 12:1-2).

이 성경 구절은 우리를 하나님의 산 제물이라고 말씀합니다. 주님은 나에게 그분께서 그분의 영으로 강력하게 움직이기 시작하시는 것을 보여주셨습니다. 지금 영적 영역에서는 많은 활동이 일어나고 있으며, 하나님은 우리를 첫사랑(계 2:4 참조)으로 다시 부르고 계시는데, 여기에는 겸손이 포함됩니다. 하나님은 통회하는 마음과 겸손한 마음을 가진 자와 함께 거하십니다. 그분은 교만한 자를 대적하시고 겸손한 자에게는 은혜를 주십니다(약 4:6 참조).

> 당신의 여정 곳곳에 제단을 쌓고,
> 그곳에서 친밀함과 깨어진 마음으로
> 하나님과 교제하는 옛적 길로 돌아가라.

우리는 무릎을 꿇고 주님 앞에 엎드려야 합니다. 우리는 얼굴을 땅에 대고 그분께 나아가야 하며, 제단에서 그분께 순종하며 그분을 찾아야 합니다. 때때로 우리는 그냥 하나님께 부르짖고 자비를 구해야 합니다. 심지어 나는 어떤 시기에 1년 이상 그렇게 했습니다. 나는 다른 어떤 기도도 할 수 없었고, 오직 주님께 자비를 구할 수밖에 없었습니다.

나는 제단을 만들었고, 그분 앞에서 깨어져 계속해서 나에게 자비를 베풀어 달라고 간구했습니다. 이 제단 시간은 내 삶을 변화시켰습니다. 그곳에서 나는 전례 없이 하나님과 교제했습니다. 우리는 이제 신약 시대에 우리의 몸을 산 제물로 드려야 합니다. 마치 아브라함이 구약 시대에 하나님께서 그를 막기 전까지 이삭을 제단 위에 드린 것처럼 해야 합니다. 우리는 우리 자신을 제단 위에 드려야 합니다. 우리가 이렇게 할 때, 우리는 우리 자신을 구별하게 됩니다. 우리는 "주님, 우리는 주님과 함께 십자가에 못 박혔습니다. 우리는 계속해서 우리의 삶을 주님께 드릴 것입니다"라고 말하는 것입니다. 이것은 하나님께 거룩하고 합당합니다. 이것이 우리가 하는 일입니다. 이것이 매일 하나님께 드리는 우리의 봉사입니다.

야곱이 자신의 유산 때문에 하나님께서 그 장소에 계신 것을 알았어야 했듯이, 우리는 우리에게도 확고한 유산이 있다는 것을 상기해야 합니다. 해긴과 같은 영적인 사람들은 우리가 말씀의 사람일 뿐만 아니라 성령의 사람도 되어야 한다고 예언하고 경고했습니다. 만약 과거 세대가 그들의 유산을 포기했다면, 하나님의 모든 움직임이 사라졌을 것입니다. 이제 우리의 유산을 이어가는 것은 우리에게 달려 있습니다.

예수님은 해긴에게 마지막 날에 많은 사람이 더는 성령을 따르지 않을 것이며, 결국 타락할 것이라고 상기시키셨습니다(살후 2:3 참조). 해긴은 나의 영적 아버지이기 때문에, 나는 그가 남긴 곳을 이어받아 우리가 길에서 벗어났다는 것을 선포해야 한다고 느낍니다.

해긴은 사람들에게 직접 "당신은 벗어났습니다"라고 말했습니다. 지금은 다시 그렇게 되었습니다. 나는 이 메시지를 나누는 데 있어서 잃을 것도 얻을 것도 없습니다. 그러나 예수님은 만약 우리가 회개하고 바로잡지 않으면, 다음 세대의 작가들이 우리가 성령의 방문의 날(day of visitation)을 놓쳤다고 쓸 것이라고 말씀하셨습니다(눅 19:44 참조). 나는 그렇게 이야기되는 것을 원하지 않습니다.

 이 세대는 우리가 지금 방문 받고 있다는 것을 이해해야 합니다. 성령께서는 땅에서 역사하시며, 우리가 그 역사하심에 참여하기를 원하십니다. 우리는 거룩한 제단을 통해 하나님의 역사하심에 참여할 수 있습니다. 당신은 제단을 통해 다른 영역으로의 접근 지점을 가져야 합니다. 겸손하십시오. 그것은 기념비입니다. 공동체 모임에서 의인들의 회중이 그 문을 엽니다.

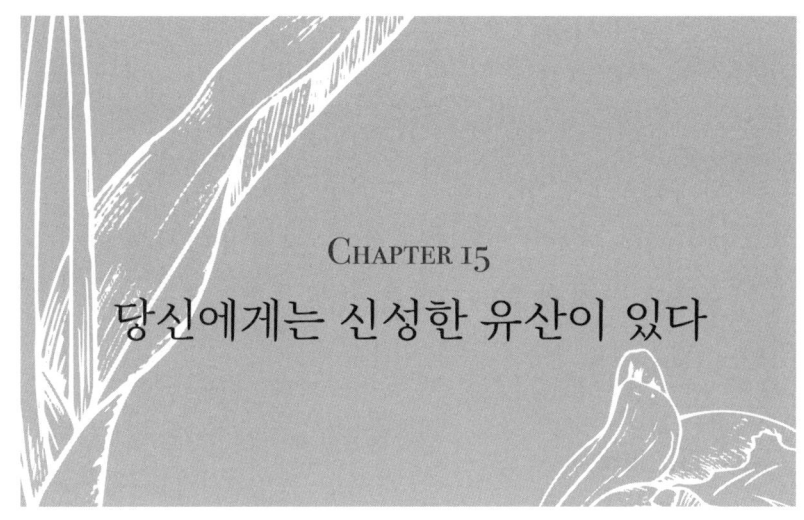

CHAPTER 15
당신에게는 신성한 유산이 있다

"여호와는 나의 산업과 나의 잔의 소득이시니 나의 분깃을 지키시나이다. 내게 줄로 재어 준 구역은 아름다운 곳에 있음이여 나의 기업이 실로 아름답도다"(시 16:5-6).

당신이 신성한 유산에 접근하기 위해서는 불의 터널이나 안수, 혹은 예언이 필요하지 않습니다. 당신은 내가 가진 것을 얻기 위해 나를 어디든 따라다닐 필요도 없습니다. 기름부음은 내 것이 아니라 내 아버지와 당신의 것입니다.

"하나님이 그들로 하여금 이 비밀의 영광이 이방인 가운데 얼마나 풍성한지를 알게 하려 하심이라. 이 비밀은 너희 안에 계신 그리스도시니 곧 영광의 소망이니라"(골 1:27).

교회는 다른 사람의 기름부음을 갈망하는 사고방식에서 벗어나야 합니다. 바울은 과거에 숨겨졌던 비밀이 이제 드러났다고 말했습니다(골 1:26 참조). 이 비밀은 교회(그리스도의 몸)를 통해 하나님의 다양한 지혜가 드러날 것이라는 것입니다. 그것은 해긴이나 선지자, 나, 또는 개인으로서의 당신을 통해 오지 않습니다. 그것은 우리 모두를 통해 교회로서 드러나는 것입니다 (엡 3:10).

많고 많은 얼굴

"각 사람에게 성령을 나타내심은 유익하게 하려 하심이라"(고전 12:7).

주 예수님은 나에게 "영웅의 시대는 끝났다. 이제는 몸의 시대다. 많고 많은 얼굴의 시대다"라고 말씀하셨습니다. 당신과 많은 사람 안에는 하나님의 불이 타오르고 있습니다. 당신은 당신 안에 성령의 은사들이 있어서 말하고 싶을 것입니다. 당신은 자신의 은사들을 행사하고 안에 있는 것을 발휘하기를 원해야 합니다. 그것이 하나님의 계획이기 때문입니다. 불행히도, 사역은 한 사람이 모든 것을 통제하는 것으로 축소되었습니다. 목사 외에는 아무도 예언할 수 없습니다. 성령의 아홉 가지 은사가 있다는 점에 유의하십시오. 단 하나가 아닙니다(고전 12:4-11 참조). 목사 혼자 있는 것이 아닙니다.

목사는 잔잔한 물과 푸른 초장으로 당신을 인도해야 할 목자입니다(시 23:1-3 참조). 그들은 당신의 얼굴을 거기에 박고 물을 마시거나 꿀을 먹게 하라고 부름 받은 것이 아니라, 당신을 그곳으로 인도하라고 부름 받은 것입니다. 목사들은 당신을 먹고 마시게 하려고 많은 압박을 받습니다.

마찬가지로, 사도는 한 장소로 보내져 사역을 시작합니다. 그는 다른 목장의 양들을 데려가는 것이 아니라, 새로운 회심자들을 얻습니다. 그것이 바울이 한 일입니다. 그는 사람들을 양육했기 때문에 그들에 대한 권위를 가졌습니다. 현대 교회는 사도적 권위에 대해 거의 알지 못하는 것 같습니다.

우리가 논의했듯이, 바울은 당신에게 선생은 많지만, 아버지는 많지 않다고 말했습니다(고전 4:15 참조). 그는 본질적으로 고린도 교회에 "나는 여러분을 양육했으니, 여러분은 내 것입니다. 그래서 나는 사람들이 거짓 교리를 가지고 들어와 여러분을 빼앗아 가는 것에 대해 질투합니다"(고후 11:5-15 참조)라고 말했습니다. 바울은 다른 어떤 것보다 거짓 교리에 대해 더 많이 언급했습니다. 그것은 그가 그들의 아버지였기 때문입니다. 다시 말해, 그는 사도였기 때문이 아니라, 사람들을 양육했기 때문에 그들에 대한 권위를 가졌습니다.

선지자들은 주님께서 말씀하신 것을 말하도록 보내졌는데, 그것은 반드시 예지(foreknowledge)일 필요가 없습니다. 그들은 점을 치라고 부름 받은 것이 아닙니다. 참된 선지자들은 하나님의 마음을 말합니다. 때로 그것은 미래를 내다보는 것일 뿐입니다. 그러나 당신의 주민등록번호와 신용 카드 마지막 네 자리를 말하는 사람들은 선지자로서 제대로 행동하는 것이 아닙니다.

나는 소위 선지자가 누군가에게 "당신의 오른쪽 주머니에

15. 당신에게는 신성한 유산이 있다 **261**

50달러가 있습니다. 주님께서 그것을 저에게 주라고 말씀하십니다"라고 말하는 예배에 참석한 적이 있습니다. 그것은 접신영의 역사이지 성령의 역사가 아닙니다. 비록 그 남자가 주머니에 50달러짜리 지폐를 가지고 있었지만, 그것은 하나님에게서 온 메시지가 아니었습니다. 나는 당신의 신용 카드 번호의 마지막 네 자리를 알 필요가 없으며, 거짓 선지자도 알필요가 없습니다. 귀신들은 이런 것들을 압니다. 데릭 프린스는 그것을 '기독교 심령회'라고 불렀고, 어디에서나 일어나고 있다고 말했습니다.

아주 소수의 사람만이 이것을 말할 용기가 있으니, 내가 말하겠습니다. 나는 당신의 영웅들 중 일부를 통해 접신영들이 역사하는 것을 보았습니다. 이 영들은 곧바로 들어와 사람들에게 오한을 주어서 그들이 그 말이 맞다고 생각하게 합니다. 그 정보는 정확할 수 있지만, 그것은 서커스입니다. 그들은 당신의 어머니 이름을 말할 필요가 없습니다. 당신의 어머니 이름을 말한다고 해서 그것이 당신에게 확증하는 것은 아닙니다.

진정한 예언적 확증의 예는 "오늘 새벽 두 시에 무릎 꿇고 누구와 결혼해야 할지 기도했군요. 주님께서 당신이 사귀고 있는 사람, [그 또는 그녀의 이름]이 당신이 결혼해야 할 사람이라고 말씀하십니다"입니다. 그러나 당신은 이미 그것을 알았을 것입니다. 왜냐하면 예언은 단지 확증일 뿐이기 때문입니다. 당신이 기도하는 동안, 하나님은 이미 당신에게 말씀하셨습니다. 어떤 선지자도 당신에게 새로운 것을 말할 필요가 없습니다.

가속이 일어나야 한다

제단은 다른 영역으로의 접근을 엽니다. 그러나 야곱은 거기에 안주하여 하나님을 온전히 추구하지 않았습니다. 이 세대가 하는 것도 이와 같습니다. 우리는 더 앞서갔어야 했는데 그렇지 못했습니다. 우리는 따라잡고 하나님께서 그분의 사역을 마무리하시도록 해야 합니다. 가속이 일어나야 합니다. 그래서 하나님은 이 메시지를 나누기 위해 사람들을 일으키십니다. 우리가 뒤쳐져 있기 때문에 가속과 교정이 일어나야 합니다. 우리가 제때에 있었다면, 하나님은 이렇게 말씀하지 않으셨을 것입니다. 야곱처럼, 우리는 이름 변경(정체성의 변경)을 받아야 합니다. 야곱은 하나님과 씨름해야 했습니다. 그는 자신의 모습으로는 맞지 않았기 때문에 들어갈 수 없었습니다. 그러므로 그는 이름을 바꾸어야 했습니다. 이스라엘은 하나님의 목적을 이룰 수 있었지만, 야곱은 그럴 수 없었습니다(창 32:22-32 참조).

하나님은 야곱의 아들 요셉을 구원자로 택하셨습니다. 그는 가족 구성원 모두가 자신에게 절하는 환상을 보았는데, 그것은 그가 자기 백성을 구원하기 위해 준비되고 있었기 때문입니다(창 37:1-11 참조). 요셉(청소년과 청년들을 대표함)은 애굽(세상을 대표함)으로 다시 보내질 것입니다. 주님은 그들을 일터에서 사용하실 것입니다. 그래서 워리어 노트 선교회는 청소년 요셉들을 훈련하여 일터에 나가 모든 것을 소유하게 하고 있습니다.

미국 노동 통계국에 따르면, 매년 상업 및 항공 조종사 직업은 약 16,800개가 개설될 것으로 예상됩니다.[13] 이 분야의 고용은 현재부터 2032년까지 매년 4퍼센트 성장할 것으로 예상됩니다.[14] 어떤 경우에는 조종사 부족으로 인해 비행기를 주기장에 세워 두고 항공편을 취소하기도 했습니다. 주님은 나에게 항공 프로그램을 시작하여 아이들을 훈련하고, 모든 시험에 합격할 준비를 시킨 다음, 비행하게 하라고 말씀하셨습니다.

조종사로서 나의 연봉은 23만 달러였겠지만, 나는 선교회에 청구하지 않습니다. 나는 기꺼이 무료로 합니다. 당신의 십대 자녀가 억대 연봉 이상으로 시작하는 직업을 보장받는다면 어떻겠습니까?[15] 내 요점은 우리가 기름부음 받은 사역자와 선지자로 젊은이들을 일터에 세우고 있다는 것입니다. 그들은 승무원들, 조종사들, 그리고 승객들에게 이야기할 것입니다. 이것이 우리가 부름 받은 일입니다.

나는 주님께서 이 메시지를 그분의 교회에 말씀하고 계신다고 믿습니다. 왜냐하면 그분은 적그리스도가 자리에 앉는 것을 지연시키기를 원하시기 때문입니다(살후 2:6 참조). 이것은 모든 세대에 걸쳐 일어났습니다. 나는 모든 주요 부흥 사건을 연구했고, 모든 세대마다 사람들이 회개하고 제단으로 돌

---

13   미국 노동통계국, 직업 전망 핸드북, 항공 및 상업 조종사, 2024년 5월 8일 접속, https://www.bls.gov/ooh/transportation-and-material-moving/airline-and-commercial-pilots.htm

14   상동

15   상동

아오며, 하나님이 이미 말씀하신 것과 일치하도록 불을 지피는 사람이 있다는 것을 발견했습니다. 비밀은 이미 드러났으니, 우리는 그것을 기다리지 않습니다.

바울은 예수님께서 몇 달 안에 돌아오실 것이라고 생각했던 사람들에게 데살로니가전서와 후서를 썼습니다. 그는 그들에게 일터로 돌아가라고 말해야 했습니다. 그는 "일하기 싫으면 먹지도 말라"고 말했는데, 이는 그들이 직장을 그만두었기 때문입니다(살후 3:10 참조). 사람들은 예수님께서 돌아오시기를 기다리며 지붕 위에 있었습니다. 모든 세대마다 사람들은 종말 DVD를 사고, 주님의 재림 날짜를 예측하며, 그분께서 오신다고 생각하지만, 그것은 일어나지 않습니다.

> 변화를 일으키고 좁은 길로 돌아오도록
> 이 세대를 불태우는 '불쏘시개'가 되는
> 옛적 길로 돌아가라!

하늘은 더 많은 사람을 기다리고 있다

"너희는 지금 그로 하여금 그의 때에 나타나게 하려 하여 막는 것이 있는 것을 아나니 불법의 비밀이 이미 활동하였으나 지금은 그것을 막는 자가 있어 그 중에서 옮겨질 때까지 하리라. 그 때에 불법한 자가 나타나리니 주 예수께서 그 입의 기운으로 그를 죽이시고 강림하여 나타나심으로 폐하시리라"(살후 2:6-8).

바울에 따르면, 교회가 아직 여기 있는 동안, 적그리스도는 자리에 앉는 것이 저지되고 있습니다. 우리가 이미 논의했듯이, 그를 붙잡고 있는 자, 즉 억제하는 힘은 여전히 제자리에 있습니다. 우리를 제외한 모든 사람이 교회가 그렇다는 것을 아는 것 같습니다. 우리가 예수님께서 돌아오시기를 기다리는 동안, 그분은 우리가 거리로 나가 사람들에게 음식을 주고 하나님의 사랑을 나누기를 기다리고 계십니다. 그분은 그들이 하나님의 자비를 받고, 악한 길에서 돌이켜 예수님을 믿기를 원하십니다. 그것이 예수님께서 기다리시는 것입니다.

"그러나 그 날과 그 때는 아무도 모르나니 하늘의 천사들도, 아들도 모르고 오직 아버지만 아시느니라"(마 24:36).

주님은 나에게 직접적으로 그분이 언제 다시 오실지 모른다고 말씀하셨는데, 이것은 성경에서 그분께서 말씀하신 것과 일치합니다. 성령과 천사들도 모르고, 오직 아버지께서만 아십니다. 나는 예수님께서 아셨다면 그리스도의 몸에 말씀하셨을 것이라고 믿습니다. 그분은 나에게 "힌트를 줄 수 있다. 내가 돌아오기 전에 중국, 중동, 러시아에서 추수가 일어나는 것을 보아야 한다"고 말씀하셨습니다. 예수님은 아버지의 뜻이 그들 중 아무도 지옥에 가지 않는 것이라고 표현하셨습니다. 이것은 이치에 맞습니다. 만약 이 모든 나라가 구원받아 들어온다면, 그들이 전 세계 인구의 상당 부분을 차지하므로 우리는 목표를 향해 순조롭게 나아가고 있는 것입니다.

"주님은 [행동할 수 없는 것처럼] 지체하지 않으시고, 어떤 사람들이 더디다고 여기는 것 같이 자신의 약속에 대해 더디지 않으시며, 오히려 여러분을 향해 [대단히] 오래 참으시며, 아무도 멸망하지 않고 모두 회개에 이르기를 바라십니다"(벧후 3:9 확대역).

아버지께서는 아직 하늘에 충분한 사람이 없기 때문에 예수님께서 돌아오시는 것을 허락하지 않으실 것입니다. 당신이 좁은 길을 찾는 사람이 얼마나 적은 지 알면 놀랄 것입니다(마 7:13-14 참조). 만약 당신이 알았다면, 오늘 전도하러 나섰을 것입니다. 캐시와 나는 우리가 하는 일에 너무나 확신해서 다른 사람들이 하는 것과 반대되는 일을 했습니다. 우리는 컨퍼런스에서 헌금을 받는 대신 그곳에 참석한 모든 사람에게 돈을 주었습니다! 국세청은 당신이 돈을 주는 모든 사람에 대한 영수증을 가지고 있어야 하고, 그들이 그것을 필요로 했다는 것을 증명해야 한다고 말합니다. 그것이 우리 변호사들이 나에게 말한 것이고, 그래서 나는 "캐시, 좋아요. 은행에 갑시다"라고 말했습니다. 이것이 바로 우리가 하는 일에 내가 얼마나 큰 믿음을 가지고 있는지 보여줍니다.

나는 단지 캐시와 내가 사람들을 얻기 위해 한 일을 당신도 할 수 있기 때문에 나눈 것입니다. 나는 당신이 할 수 있는 일을 하도록 진심으로 격려합니다. 우리 부부는 우리의 돈으로 워리어 노트 사역을 시작했습니다. 우리는 우리의 카메라를 사고 첫 책들을 출판하는 데 돈을 썼습니다. 18륜 트럭이 내가 직접 돈을 지급한 첫 책들을 배달했습니다. 우리는 이것을 믿습니다. 캐시는 항상 나에게 "여보, 이 사람에게 돈을 주고 싶어요? 우리가 그들에게 줘야 할 것 같아요" 또는 "당신은 오늘 누구에게 수표를 써주고 싶어요?"라고 묻습니다. 그녀는 가장 너그럽게 베푸는 사람입니다.

이 세대의 사람들을 불 붙이고 하나님의 권능 아래서 움직일 줄 아는 사역자들이 필요합니다. 우리는 자신들의 일에 능숙했던 많은 장군을 잃었습니다. 해긴은 사역할 때 음악도 필요 없었습니다. 이제 그와 동일한 기름 부음이 내게 있습니다. 우리의 하룻밤 행사에서, 나는 음악이나 사람들을 끌어들일 어떤 것도 없이 강단에 올라갑니다. 그러나 하나님의 권능은 너무나 강하고, 사람들은 그분을 너무나 갈망해서 자리가 없을 때 벽에 기대어 서 있습니다.

나는 당신이 성령 안에서 강력하게 흐르고 어떤 환경에서도 활동할 수 있기를 바랍니다. 이제 당신은 영적 열쇠와 마귀의 작전 지침서를 가지고 있습니다. 그는 내가 그의 '비책'(black book)을 당신에게 주었다는 것에 화가 나 있습니다. 귀신들은 당신이 이런 것들을 알기를 원하지 않습니다. 나는 또한 당신이 많은 피가 흘려진 땅에 살고 있다면, 많은 저항에 직면할 것을 알게 되었습니다. 사람들은 영적 환경 때문에 짜증을 낼 것입니다. 그들은 그것을 느낄 수 있습니다. 당신이 어디에 있든, 당신은 제단들을 활용해야 합니다. 사람들이 기도하고 하나님과 언약을 맺었던 곳을 찾아 그곳으로 가십시오. 당신의 거룩한 유산인 옛적 길로 돌아가십시오.

당신을 위한 기도

아버지, 우리 안에 거하시는 예수 그리스도의 부활의
능력이 이제 우리 주변에 강력하게 역사하게 하십시오.
예수님의 이름으로 모든 육체의 질병, 아픔, 연약함을
끊어냅니다.
예수님의 이름으로 모든 악한 질병에게 떠나라고
명합니다.
모든 불균형을 꾸짖고 예수님의 이름으로
지금 당신의 몸이 하나님의 뜻과 일치하도록 명합니다.
우리의 치유를 위해 등에 채찍질을 맞으신 예수 그리스도의
권세로 당신의 모든 체계가 교정되도록 명합니다.
모든 질병은 예수님의 이름으로 떠나갈지어다.
주님, 재정을 풀어주시기를 기도합니다.
우리는 재정을 붙잡고 있는 모든 악한 영에게 지금
그것들을 놓을 것을 명합니다.
모든 장애물이 제거되기를 명하고,
백성을 위한 모든 재정의 축복을 불러냅니다.
재정의 축복은 예수님의 이름으로 와야 합니다.
재정이 풀려 지금 그들의 정당한 소유자에게 오도록
명합니다.
주님, 재정의 기적을 베푸심에 감사드립니다.
주님, 우리 가족들을 치유하십시오.
가정들, 가족 구성원들, 친척들을 부패하게 하는 모든
친숙한 영에게 하나님의 백성을 대적하는 계략을

중단하라고 명합니다.
나는 예수님의 이름으로 아이들에 대한 권능, 속임수,
거짓말, 통제를 끊어냅니다.
주님, 당신의 천사들을 보내셔서 가족들이 좋은 관계를
유지하도록 하십시오.
아이들과 가족 구성원들을 다시 데려와 주십시오.
주님, 우리 땅과 가족들을 치유해 주셔서 감사드립니다.
아버지, 당신의 의로운 공의의 막대기가 이 나라에
임하게 하십시오.
주님, 당신의 의로움으로 오셔서 심판하십시오.
당신의 사람들을 분리하고 모든 위기 속에서 당신의
백성에게 축복이 임하게 하십시오.
주님, 고센 땅과 같게 하시고 당신의 백성을
보존하십시오.
아버지, 당신의 제단의 거룩한 불이 당신에게서 온 것이
아닌 모든 나무와 건초와 그루터기를 태우기를
간구합니다.
주님, 우리 안에서 역사하셔서 우리가 당신의 사역을
하는데 방해받지 않게 하십시오.
우리가 당신의 성령에 순종하도록 도우시고,
우리가 처한 상황에서 더 나아갈 수 있도록
우리를 당신의 형상으로 만드십시오.
우리가 당신의 성령을 따름으로써 당신을 기쁘시게 할
은혜를 주십시오.
우리는 우리 자신의 공로, 능력 또는 육체로 어떤 것도

하고 싶지 않습니다.
주님, 모든 상황에서 당신께 순복하도록 도와주십시오.
예수님의 이름으로 기도합니다. 아멘.

주님은 당신의 마음을 풀어 당신이 자유롭게 되기를 원하십니다. 그분은 당신을 있는 그대로 원하십니다. 그분은 당신을 사랑하십니다. 그분은 당신을 깨끗하게 하실 것입니다. 그분은 그분의 영으로 당신이 생산적이고 효과적이 되게 하실 것입니다.

성령은 지금이 환상의 때(성령으로 볼 수 있는 때)라고 말씀하십니다. 지금은 오는 시대의 권능을 보고 아는 때입니다. 하나님은 그분의 백성에게 환상을 주셨고, 다시 꿈꾸라고 명령하십니다. 다시 꿈꾸십시오.

성령은 "순종하고 치유를 받으라. 예수의 피면 충분하다. 치유를 받으라. 해방되라. 지금 자유롭게 되라"고 말씀하십니다. 주님은 "내가 너를 나에게 오라고 불렀다. 내가 너를 문제에 빠진 자들, 즉 악하고 악을 행하는 모든 자 중에서 불러내고 있다. 분리가 일어났다. 내가 너를 불러내고 있다. 너는 내 것이다. 나는 너를 존중하고 싶다. 나는 네 원수들 앞에서 상을 차리고 너를 존중할 것이다. 왜냐하면 너는 내 것이기 때문이다"라고 말씀하십니다.

주님은 "나오라. 그들 중에서 나오라. 이제부터는 모든 것이 내가 가진 것에 관한 것임을 알라. 그것은 내가 하는 일이다. 항상 내가 무엇을 하고 있는지 나에게 물어라. 이제부터는 모든 것이 내 계획에 관한 것이다. 나는 너를 그 계획에 포함시킬 것이다. 나는 그것이 일어나기 전에 너에게 말할 것이다. 네가 알지 못하는 위대하고 강력한 일들을 말할 것이다. 너는 이 일들을 능히 할 수 있다"라고 말씀하십니다.

성령은 "그것은 준비된 일이다. 내가 너를 준비시켰다. 무슨 일이 일어나는지 지켜보아라. 나는 물러서지 않을 것이다. 나는 들어갈 것이다. 나는 너를 도울 것이다. 그것은 성령으로 준비된 일이다"라고 말씀하십니다.

아버지, 우리를 위해 행하신 모든 것에 감사드립니다.
영원히 열린 하늘이 우리 위에 있게 하십시오.
우리는 되돌아가지 않을 것입니다.
예수님의 이름으로 기도합니다. 아멘.

부록

케네스 E. 해긴이 전달한 예언[16]

참고: 이 예언은 명확성을 위해 약간 편집되었지만,
메시지의 의미는 그대로 유지되었습니다.

2003년 2월 18일, 주님은 오클라호마 털사에서 열린 연례 겨울 성경 세미나에서 케네스 E. 해긴 목사가 전달한 예언을 통해 그리스도의 몸에 미래를 살짝 보여주셨습니다.

많은 사람이 미래에 대해 걱정하고, 무슨 일이 일어날지 궁금해합니다. 어둠이 덮칠까요, 아니면 빛이 밝게 빛날까요?
만군의 주님께서 말씀하십니다. "너희는 내 손 안에 있음을 기억하라. 그리고 너희가 과거를 아는 것보다 내가 미래를 더 잘 안다는 것을 기억하라. 그리고 모든 것이 잘 되어가고 있다! 내가 너희에게 영향을 미칠 것에 대해 경고하리라. 내가

---

16 해긴, "겨울 성경 세미나"

너희에게 갈 길을 보여 주리니, 너희는 그 길을 걷고 복을 받으리라. 땅 위에 있는 세상의 모든 백성들보다 너희가 복을 받으리라. 너희는 내 백성이요, 내 백성은 다스리고 통치하리라. 하나님의 복이 그들 위에 임하리라."

늦은 비가 부어질 것입니다. 그렇습니다. 지금 메마르고 공허한 민족들 위에 비가 부어질 것입니다. 씨앗이 심길 것입니다. 추수가 올 것입니다. 하나님의 영광이 땅 위에 빛날 것입니다.

세상 사람들은 그들이 걸었던 길을 걸을 것입니다! 그리고 어둠이 그들을 덮칠 것입니다.

그러나 여러분은 빛 가운데 걸으십시오! 그분의 말씀이 들어감으로 빛을 줍니다! 말씀에 따라 걸으십시오. 말씀 안에서 걸으십시오. 성령 안에서 걸으십시오.

권능이 여러분의 위에 머무를 것입니다. 그리고 하나님의 영광이 여러분의 얼굴에 보일 것입니다! 많은 사람이 주님께로 돌아설 것입니다. 위대한 날들, 위대한 시간들, 위대한 복들이 앞에 있습니다. 그러므로 기뻐하고 즐거워하십시오.

많은 사람이 일어난 일들, 즉 많은 사람의 마음을 사로잡은 테러에 대해 걱정하고 있습니다. 많은 사람이 전쟁에 대해 걱정하고 있습니다. 많은 사람이 미래에 대해 걱정하고 있습니다. 어둠이 짙어지는 것 같습니다. 어두운 구름이 시간의 지평선에 걸려 있습니다.

그러나 만군의 주님께서 말씀하십니다. "육체의 눈으로 보는 것에 따라 걷지 말라. 내 말씀이 말하는 바에 따라 걸으라. 성령이 너희에게 말씀하시는 바에 따라 걸으라!"

이는 그분께서 많은 마음에 말씀하고 계시기 때문입니다. 그리고 그들은 육체적으로 걷고 그들의 마음에 주의를 기울이지 않습니다. 그분께서 많은 영혼들에게 말씀하십니다! 그들은 정신의 영역에서 걷고, 자기 생각대로 생각하며, 자기 방식대로 계획합니다.

그러나 만군의 주님께서 말씀하십니다. "성령이 너희 마음에, 너희 영에 말씀하시는 바를 들으라. 그리고 그가 너희에게 말씀하신 것을 행하라! 행하라! 그런 것처럼 행동하라!"

역경 앞에서 기뻐하고 즐거워하십시오. 자연적인 패배처럼 보이는 것 앞에서 기뻐하고 즐거워하십시오. 이는 여러분에게 내적 정보, 말씀 안의 정보, 성령이 주신 정보가 있기 때문입니다.

그리고 모든 것이 이루어질 것입니다. 아멘.

우리는 말씀 교회와 말씀 백성이라는 것을 자랑스럽게 생각합니다. 그리고 그것은 옳고 좋습니다.

주님께서 말씀하십니다. "너희는 진정으로 말씀 백성이다. 그러나 너희가 또한 영적인 백성, 즉 성령 백성이라는 것을 잊지 말라. 그렇다. 말씀이 나아간다. 그러나 거듭거듭, 성령은 너희 가운데서 역사하려고 애썼으나 너희는 그를 무시하고 침묵했다."

어떤 이들은 잠시 성령에 순종했습니다. 성령은 자신을 나타내기를 원하십니다. 그분은 계시로 자신을 나타내실 것이며, 지식의 말씀, 지혜의 말씀, 영을 분별함을 통해 여러분에게 드러내실 것입니다.

그리고 하나님은 말씀하려고 하십니다. 그분은 성령으로,

방언과 통역으로, 예언으로 그분의 백성에게 말씀하십니다. 많은 사람이 주저하고 말하지 않았습니다. 그렇게 함으로써, 그들은 성령을 소멸했을 뿐만 아니라, 성령을 근심하게 했습니다.

성령이 말씀하시는 것을 들으십시오. 이는 이 마지막 날에 성령의 부어 주심이 있을 것이기 때문입니다. 이른 비와 늦은 비가 땅의 열매를 거둘 것입니다, 이는 그분께서 다시 오시기 전에 받기를 기다리시는 것입니다. 그렇습니다. 그것이 오고 있습니다!

그리고 올해, 2003년은 준비의 해, 분리의 해입니다. 여러분에게서 스스로 분리되어 자기 길을 걷고, 자기 계획을 실행하며, 아무런 능력도, 영광도, 성령도 없는 자들이 있을 것입니다. 그러나 죽음이 그들을 덮칠 것입니다.

그러나 충만함으로 응답하며 "예, 주님. 예, 주님, 저는 지난번에 놓쳤습니다. 심지어 불순종하기도 했습니다. 용서하십시오"라고 말할 자들이 있을 것입니다. 그리고 그분께서 용서하신다는 것을 기억하십시오. 자비가 있다는 것을 기억하십시오. "그러므로 우리는 긍휼하심을 받고 때를 따라 돕는 은혜를 얻기 위하여 은혜의 보좌 앞에 담대히 나아갈 것이니라"(히 4:16) 하고 말씀한다는 것을 기억하십시오.

그러므로 자비와 은혜가 있습니다. 다시 일어나 앞으로 나아가 배우십시오. 성령의 길을 배우십시오. 공부하십시오! 묵상하십시오!

회복이 있을 것입니다! 지금 이 순간에도 회복이 진행 중입니다. 회복! 영적으로 말하자면, 성령의 충만한 나타남이 회복

될 때… 그분은 여기에 앉아 있는 많은 사람에게 나타남을 나누어 주려고 힘쓰셨지만, 당신은 응답하지 않았습니다.[17]

두려워하지 마십시오. 사람은 인간적이고, 매우 자주 실수합니다. 사람은 잘못 해석하고, 그분께서 말씀하시는 것을 놓칩니다. 그런 것들이 여러분을 단념하게 하지 말고, 배움의 경험이 되게 하십시오.

그렇습니다! 그렇습니다! 지금은 회복의 때입니다. 그리고 세상에, 자연적인 영역에 회복이 오고 있습니다. 부부의 회복이 오고 있습니다. 서로 교제하지 못했던 사람들의 회복이 오고 있습니다.

많은 사람이 교제하지 못하고 있습니다. 교제 안으로 들어가십시오. 서로와의 교제 안으로 들어가십시오. 그리고 한마음이 되어 하나님을 찬양하고 경배하십시오. 그러면 당신이 전에 본 적이 없는 방식으로 영광이 임할 것입니다.

그러므로 2003년은 준비의 해입니다. 준비의 해일뿐만 아니라 회복의 해입니다. 2003년은 영광스러울 것입니다. 말하자면, 이전 것을 바탕으로 쌓이고 또 쌓일 것입니다.

그러나 모든 것이 영광스럽지는 않을 것입니다. 하나님의 축복은 항상 영광스럽습니다. 그러나 기억하십시오, 예수님은 성령에 이끌려 광야로 가셨습니다. 그리고 그 광야 경험은 끝날 때까지 모두 영광스럽지는 않았습니다.

그래서 잠시 동안, 그다지 영광스러워 보이지 않는 어려움

---

17 말 줄임표는 원본 문서에 있습니다. 확실하지는 않지만, 해긴은 아마도 여기서 방언으로 말했을 것입니다.

들이 올 것입니다. 눈물이 흘러내릴 것입니다. 슬픔을 견뎌야 할 것입니다. 그러나 아침에 기쁨이 옵니다.

그래서 여러 면에서 2003년은 기회의 해, 회복의 해, 재건의 해입니다.

그러나 2004년은 어떻습니까? 2004년은 더 많은 것을 위한 해가 될 것입니다. 더 많은 권능, 더 많은 영광, 더 많은 나타남, 더 많은 구원, 더 많은 성령 충만, 더 많은 치유! 2004년은 더 많은 것을 위한 해가 될 것입니다.

2005년은 어떻습니까? 시간이 계속될까요, 아니면 멈출까요? 2005년은 심판의 해입니다. 심판의 해입니다. 우리가 우리 자신을 판단하면, 심판받지 않을 것입니다. 그러나 우리가 심판받을 때, 주 예수님의 날에 영혼이 구원받도록 육체의 멸망을 위해 사탄에게 넘겨질 것입니다.

개인적인 영역에서, 가족 영역에서, 국가적인 수준에서 심판이 있을 것입니다. 그것은 엄격함의 날입니다. 훈련의 날입니다. 교정의 날입니다.

그러나 연말은 영광스러울 것입니다. 보상이 이루어질 것입니다. 많은 사람이 자신들을 판단할 것입니다. 나라들이 하나님께로 돌아설 것입니다. 그리고 영광스러운 방식으로 끝날 것입니다.

2006년은 어떻습니까? 나는 이에 관해 말할 방법이 없습니다! 오 주님, 오! 어떻게 그것을 묘사하겠습니까? 그리고 그것은 단지 시작일 뿐입니다. 내가 "시작"이라고 말할 때, 나는 연초에 일어나는 일에 대해 말하는 것입니다!

그리고 그 강도는 더욱 커질 것입니다. 영광스러운 해가 될 것입니다. 땅에 하늘이 임하는 해가 될 것입니다! 그러나 끝은 시작보다 더 영광스러울 것입니다.

그러므로 기뻐하고 즐거워하십시오. 원수는 패배한 적입니다! 예수님께서 승리하셨습니다. 승리는 모든 사람에게 속합니다. 아무도 빈손으로 돌아오지 않아야 하며, 모든 사람은 그리스도 예수 안에서 자신들의 권리와 특권을 명령하고 요구하며 온전한 승리 가운데 걸어야…[18] 모든 것이 이루어질 것입니다. 마침내 모든 것이 이루어질 것입니다.

그리고 성령께서 오늘 밤 여기에 있는 여러 사역자들에게 말씀하셨습니다. 그분은 지난번에 여러분에게 말씀하셨습니다. 그분은 여러분에게 정확히 무엇을 해야 할지 말씀하셨습니다. 여러분은 아직 그것을 하지 않았습니다!

여러분은 왜 그분께서 특정 것들을 보류하시는지 궁금해합니다. 왜 힘들고 길이 험한 지 궁금해합니다. 계속해서 성령께서 말씀하시는 것을 들으십시오.

여러분의 교회를 말씀 교회일 뿐만 아니라 성령 교회로 만드십시오. 항상 말씀을 먼저 두십시오. 말씀과 일치하여 성령 안에서 행하십시오.

그러면 영광이 나타날 것입니다. 많은 사람이 영광을 보게 될 것입니다. 주님의 축복이 강물처럼 흐를 것입니다. 주 예수님, 감사합니다.

---

18   말 줄임표는 원본 문서에 있습니다. 확실하지는 않지만, 해긴은 아마도 여기서 방언으로 말했을 것입니다.

구원을 위한 기도

주 하나님,
저는 죄인임을 고백합니다.
저는 당신의 아들 예수님이 필요함을 고백합니다.
그분의 이름으로 저를 용서해 주십시오.
주 예수님, 저는 당신이 저를 위해 죽으셨고,
지금 살아 계셔서 제 말을 듣고 계신다고 믿습니다.
저는 이제 죄에서 돌이켜
당신을 제 마음에 영접합니다.
오셔서 제 삶을 다스려 주십시오.
저를 당신이 원하시는 사람으로 만들어 주십시오.
이제 저를 당신을 위해 어떻게 살아야 할지
보여주실 당신의 성령으로 채워주십시오.
저는 사람들 앞에서 당신을 저의 구원자이자
주님으로 인정합니다.
예수님의 이름으로 기도합니다. 아멘.